鐘鼎書三代以此體刻銘鐘鼎

紙々の文字繰りからに経を誦《よ》む

玄月

edit gallery

撮影　熊谷聖司

千夜千冊エディション

ことば漬

松岡正剛

角川文庫
21682

千夜千冊
EDITION

松岡正剛

ことば漬

辞

前口上

あいつは花の蕾《つぼみ》だ。ミラーニューロンを隠している。
そいつは連射式機関銃だ。意味の弾丸がこもる。
こいつは漬物《つけもの》だ。糠床《ぬかどこ》がなければ発酵しやしない。
縮みもするし、分けられもする言葉たち。
国語にも条文にも、洒落《しゃれ》にもポップスにもなる連中。
走らせてもみたく、脱してもみたく、千代紙にもしてみたい。

目次

第一章　省く・縮める

第二章　類で分けて

第三章　日本語の謎

第四章　ことばと背景

付録

第一章 省く・縮める

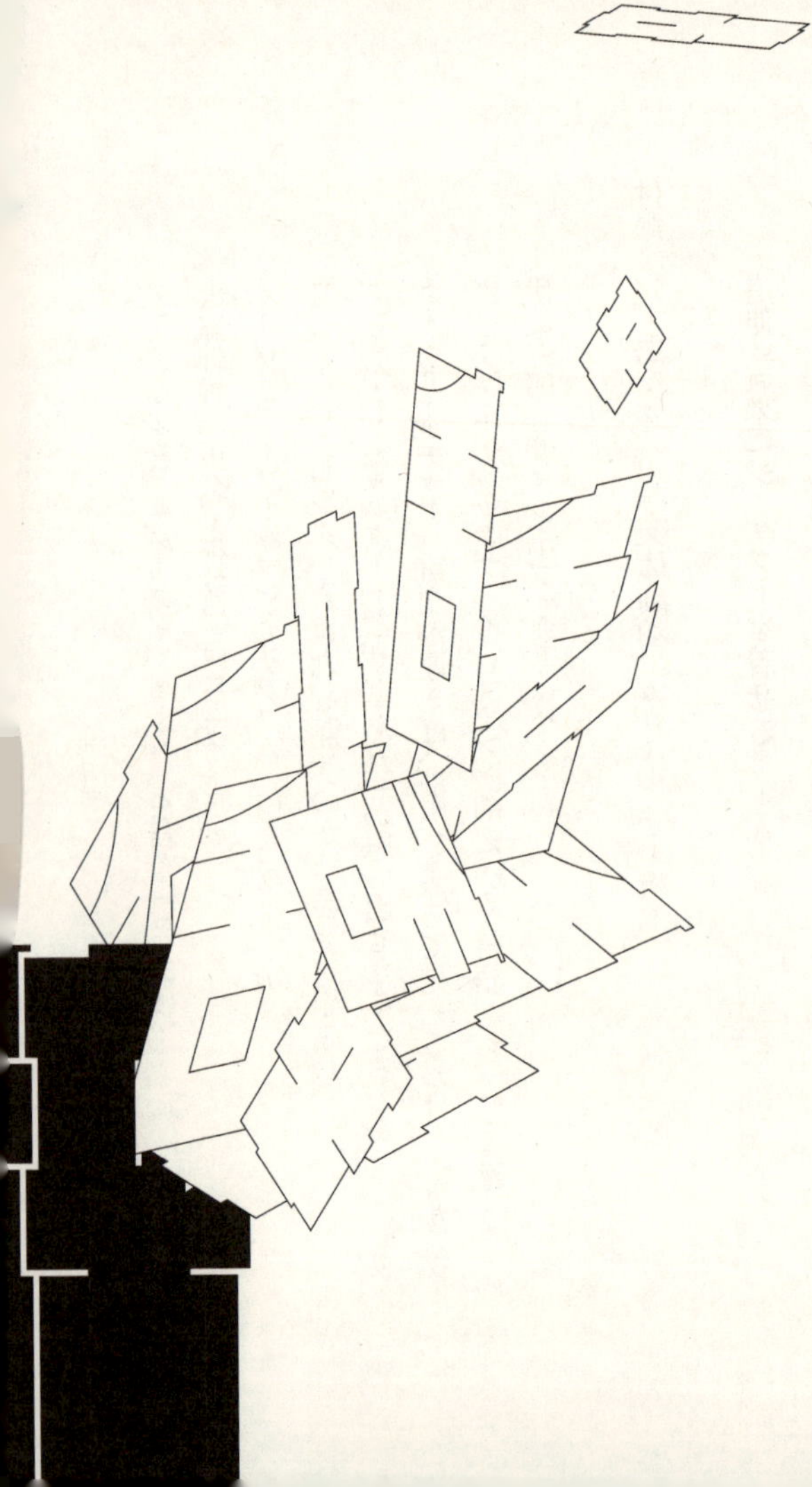

高柳蕗子『はじめちょろちょろなかぱっぱ』
金子兜太監修・あらきみほ編著『小学生の俳句歳時記』
蕗谷虹児『花嫁人形』
種田山頭火『山頭火句集』
石川桂郎『俳人風狂列伝』
寺山修司『寺山修司全歌集』
俵万智『サラダ記念日』
平田俊子『平田俊子詩集』
外山滋比古『省略の文学』
芥川龍之介『侏儒の言葉』

松という字を分析すれば
キミ(公)とボク(木)とのさしむかい

高柳蕗子

はじめちょろちょろなかぱっぱ

集英社　二〇〇三

小学校に平林君がいた。メガネをかけていてノッポだ。あるときラジオから「平ら林《たいばやし》か、ヒラリンか、一八十《いちはちじゅう》のモークモク」を連発する落語が聞こえてきた。大笑いした。「平林」という文字の書き順を因数分解して笑わせる落語だ。

吉見先生が学校で何かの拍子に落語の話をした。最初はたぶん「千早《ちはや》ふる」だったと憶《おも》うが、そのうち「おい、平林を落語で何と言うか知ってるか」と聞いた。ノッポの平林君は背を縮めてギョッとしていた。ぼくがおそるおそる「平ら林か、ヒラリンか、一八十のモークモク」を言ったところ、休み時間になって平林君が真っ赤になって怒っていた。「おまえなあ、ナサケっちゅうもんがあるやろ」。

中国では「字謎《ズーミー》」という。文字をおぼえるために歌にした。日本にも多い。「熊」ならば「ムこうの山に月が出た、ヒが出たヒが出た四つ出た」とか、「戀」ならば「戀という字を分析すれば、糸し糸しと言う心」というふうに、分解しておぼえる。松岡の「松」はやや洒落《しゃれ》ていて、「松という字を分析すれば、キミ（公）とボク（木）とのさしむかい」なんてことになる。

日本の歌には五七調・七五調が多い。なぜ多いのか、その起源の謎を解くのはいまはさておき、かくも七五・五七は日本人ならすぐアタマに入る。春の七草を「せり・なずな、ごぎょう・はこべら、ほとけのざ、すずな・すずしろ、これぞ七草」という歌を抜きに、その名を列挙できる日本人はまずいない。

では秋の七草は？「萩すすき、桔梗《ききょう》かるかや、女郎花《おみなえし》、ふじばかま葛《くず》、秋の七草」だ。こういう語呂《ごろ》で人口に膾炙《かいしゃ》したものは多い。ただし全部はおぼえにくくて、途中までしか知られていない歌もある。「一富士、二鷹《たか》、三なすび」などだ。これはそのまま「四扇、五煙草、六座頭」というふうに続いていた。

本書はこのような七五調によって成立してきた言いまわしを、分類を加えながら愉快に渉猟したもので、たいそうよくできている。著者はれっきとした歌人である。『ユモレスク』『あたしごっこ』『潮汐性母斑通信』（いずれも沖積舎）などの歌集、『短歌の生命反応』（北冬舎）などのエッセイがある。かなり語感や律動に敏感な人で、かつ国語にも和歌にもひとかたならぬ愛惜をもっている。齋藤孝の〃声に出してなんとかかんとか〃シリーズを読むのなら、この人のものを読んだほうがずっといい。何かせつないものさえ伝わってくる。機知と意表とサブカルにも富んでいる。

言葉というものは通じるためにある。しかしどんな言葉も通じるとはかぎらない。逆に容易に通じないことをもって安直なコミュニケーションを回避するという方法もある。ダダやシュルレアリスムにはそういう効果があった。

一方、わかりにくい言葉が呪能をもつということもあった。密教の真言や陀羅尼《ダラニ》は梵《ぼん》語《ご》を背景にしているために、つねにそういう呪能《じゆのう》をもたらした。たとえば光明真言は「オン　アボキャベイロシャノウ　マカボダラマニ　ハンドマ　ジンバラ　ハラバリタヤウン」。「…ハンドマ　ジンバラ～」あたりで何か霊験《れいげん》のようなものが、存亡に迫ってくるものがある。阿弥陀《あみだ》如来が「オン　アミリタ　テイ　セイ　カラウン」、薬師如来が「オン　コロコロ　センダリ　マトウギ　ソワカ」なのだから、薬師のコロコロ・センダリ・マトウギあたりにさしかかるとなると、これはお薬師さんの胸中に飛びこんでしまいたいような心地になってくる。

こういう「通じる」「通じない」の両面性をつねにもつ言葉だからこそ、選び抜いた文字と言葉をたくみに連ねていくと、そこに理解を共有するための詩歌や標語や諺《ことわざ》が、さまざまに生まれてくるわけである。

法然には「月影のいたらぬ里はなけれども眺むる人の心にぞすむ」という歌がある。仏の心と人の心のありかたの関係を衝《つ》いてまことにうまいし、美しい。しかも「住む」「澄む」が掛けてある。一遍にもすぐれた和讃《わさん》が多いのだが、「すべての思量をとどめつつ、仰いで仏に身を任せ、出《い》で入る息をかぎりにて、南無阿弥陀仏と申すべし」などという「百利口語《ひゃくりくご》」の一節は、これで伝えたいことのすべてが言い尽くされているといってよいほどだ。言葉はいかに短くたって、千里を走る。ただ、その言葉をいつどのように使うかなのだ。

ぼくは語呂合わせが大好きである。平林君のおかげだったかもしれない。謡曲や俳句をやっていたせいかもしれない。それはわからないけれど、たとえば「遊《ゆう》」(工作舎)には木谷三千子の筆名で「バロック・アジテーション」という名の〝狂歌まがい〟を毎号にわたって御披露したものだ。筆名で書いたので、ずいぶんの好き放題だった。

たとえば、「遊ばれたい、遊びたい、遊ばされたい君にあそばします一夜」「下手《へた》の横数寄《ずき》、数寄こそ霊《もの》の上手なれ」「ソニア・リキエル瀑布《ケーブ》引っかけ、女はみんなセルジュ・ルタンスの高電圧」「毒解けますか、時《とき》溶けますか、咎《とが》説けますか、二〇・八世紀ぶり」「キッスは目にして、パンクは耳にして、ニューロマンティックは足の指」「セシウムの色付きはじめて冬将軍、原子時計より分子こぼれる」「破墨したあたし、デヴィッド・ボウイよりなお三三七拍子」といったような……。およそ二十年前の女装言語だ。

これで懲りはしなかった。月刊のプライベート・メディア「半巡通信」ではぐっと縮めて、こんな語呂に遊んだ。「読んで、いい仮名」「花して、星い」「きのう引くて、あす鷹く」「藍《あい》たくて、糸しくて」「底んとこ、そんな門で」「一緒に、雪ます」「ああ仕手、こう摺《す》る」「ああん、式りたいのに、指揮れない」「道な男に、紙縒《こより》な女」「篆転《てんてん》点丸、手がそれて」「円は威なもの、錐《すい》なもの」……てなように。

語呂というのは当初は「語路」と綴《つづ》って、言葉の続きぐあいのことをさしていた。言葉の路地ぐあいのことである。『去来抄』にも「上は疑ひ下は決し、語路不通」などとある。それがしだいに言葉遊びに変化した。「猫に小判」が「下戸《げこ》にご飯」、「一つ積んでは父のため」が「一つ脱いでは質《しち》のため」「一つつまんで乳のため」というふうにヴァージョンをふやしていく。本書にもこうした語呂がいろいろ紹介されている。

語呂はバカにできない。身近なところでは歴史の年号というもの、「七九四《なくよ》うぐいす平安京」「一一九二《いいくに》見つけた鎌倉幕府」などと語呂でおぼえないかぎりはまったくお手上げであるし、元素周期表などとくに強敵で、「エッチ（H）でリッチ（Li）な（Na）母（K）ちゃんは、ルビー（Rb）せし（Cs）めて、フランス（Fr）へ」とでもしないかぎりは、化学の試験は受けられない。リトマス試験紙が青になったらアルカリだというのは、「青くなったら歩かれる」などと勝手な語呂でおぼえたものだ。言葉遊びは駄洒落のようでいて、実は言葉の本質的な活用なのである。

言葉の技を駆使したものが「こと・わざ」(諺)であり、言葉の意味を割ってでもその条理を取り出そうというのが「こと・わり」(理)である。「こと・ぶき」(寿)とはそもそもがコトダマとしての「言吹き」であったのだし、「こと・がら」も事柄であって、また「言柄」でもあった。言葉にはいろいろな柄があったのだ。著者はこうしたコトダマ感覚にも長《た》けている。

こうなると、言葉遊びもギリギリの言い回しで肯定と否定を入れ替えられるほどの技法に達するときもある。「世の中は三日見ぬ間に桜かな」という大島蓼太《りょうた》の句は、三日ほど家にいるあいだにもう桜になっていたという意味なのだけれど、これがいつしか諺になると、「世の中は三日見ぬ間の桜かな」というふうに、三日見ないだけで桜は散ってしまった、そのように世の中なんてものはすぐに変わるもんだというふうになる。「に」が「の」になっただけの、鮮やかな逆転編集だった。

本書の表題の「はじめちょろちょろなかぱっぱ」は、よく知られているようにご飯の炊き方を教えている。「はじめちょろちょろなかぱっぱ、ぶつぶついうころ火を引いて、一握りの藁《わら》燃やし、赤子泣いても蓋《ふた》とるな」。お釜《かま》でご飯を炊く主婦や飯炊き係のためのナビ・ガイドなのである。「赤子泣いても蓋とるな」が効いている。

つまらぬマニュアルや注意書きを見せられるより、このほうがずっとよい。どこかワークソングに通じるものもある。われわれ男性陣はかつてトイレに駆けこむと、よく「朝顔の外へこぼすな棹《さお》の水」とか「朝顔の外へこぼすな手を添えて」という貼り紙に出くわした。ワークソングというには手を添えるだけだが、男性用便器のことを朝顔というのもそんなところで知った。マルセル・デュシャンなら《泉》である。これが「汚さないように。みんな迷惑しています」では、ただの厭味《いやみ》な説教になる。

言葉とは「そこにそれがなくてもそれが補えること」ができるような間主観的な指示的ツールのことである。言葉はリンゴでもブランコでもなく、鉄でもエントロピーでもないけれど、それを指示もしくは暗示する。

松永貞徳は俳諧の初めの何句かに詠んではならない言葉のルールを、「名所・国、神《じん》祇《ぎ》・釈教・恋・無常、懐旧述懐、おもてにぞせぬ」と詠んでみせて、さすがに達人ぶりを発揮した。

剣豪の塚原卜伝《ぼくでん》は「映るとも月も思はず映すとも水も思はぬ広沢の池」と詠んで、月と水が互いに相手を映すとはおもっていないのに共映しあう心境で剣法を心得よと言った。実はこれは、後鳥羽院の「広沢の池に宿れる月影や昔をてらす鏡なるらむ」を踏んでいる。何事も、こういう方向に何かが待っている。そもそも和歌は『古今和歌集』の仮名序に貫之が二首の歌を掲げているように、つねに「倣い」を「習い」としてきたものだった。しかし、その原点には容易ならざるものも秘められていたと言うべきなのである。

難波津《なにわづ》に咲くや此《こ》の花冬ごもり今は春べと咲くや此の花
安積山《あさかやま》影さへ見ゆる山の井の浅き心をわが思はなくに

これが貫之が示した二首である。前の歌は著者が「咲いた咲いたチューリップの花が」に近いような素直な歌であると言っているほど、素朴な歌である。後の歌はやや複雑で、「安積山影さへ見ゆる山の井」が「浅き影」を通して「浅き心」に複雑に掛かる修辞によって作られている。つまり言葉というものを直截《ちよくせつ》にも曲折にも使いなさいという指示なのだ。

和歌は、このような二つの言葉づかいをともがらに成立させつつ作っていく文芸なのである。二つは矛盾しているのだが、著者も「およそ矛盾を抱えないものはたいしたものでない」と書いて、和歌が五七五七七の枠のなかでこの矛盾に挑みつづけたことを評価した。その和歌の口ぶりや本意を下敷きに、さまざまな言葉遊びや地口《じぐち》や暗示が生まれてきたのだった。本書はそうした言葉に調子をもたせて極意を伝授し、注意を促してきた「はじめちょろちょろなかぱっぱ」型のヴァージョンの数々を次から次へと繰り出して、読者を上手に日本語のコトダマの律動に導いてくれる。

言葉は言いまわしによって、標語にも逆説にも反論にも暴力にもなる。御存じ、「飛び出すなクルマは急に止まれない」。ごくごく僅《わず》かな変更で、「飛び出すぞコドモは急に止まれない」。この、互いに鎬《しのぎ》を削りあう丁々発止こそが言葉の社会というものなのである。できれば助詞ひとつで岩を動かしたい。

第七七九夜　二〇〇三年五月二二日

参照千夜

四六四夜：吉見昭一『虫をたおすキノコ』　一二三九夜：法然『選択本願念仏集』　五七夜：マルセル・デュシャン『デュシャンは語る』　五一二夜：紀貫之『土佐日記』

書：松岡正剛　「はじめちょろちょろなかパっパ」

海の夏ぼくのドラマはぼくが書く（小二男）
なのはなが月のでんきをつけました（小一女）

金子兜太監修・あらきみほ編著

小学生の俳句歳時記

蝸牛新社　二〇〇四

昔、「がっがっが鬼のげんこつ汽車がいく」という小学生の俳句に腰を抜かしたことがある。教えてくれたのは初音中学の国語の藤原猛先生だった。難聴の藤原先生は「がっがっが」と大きな声でどなり、「どうや、こういうのが俳句なんや」と言った。トンボを手づかみするように、桃をほおばるように、子供は言葉を五七五にしてしまうのだ。本書にもそういう句がいっぱいある。腰を抜かしたものもある。この本と同じ版元で同じ金子兜太《とうた》監修の『子ども俳句歳時記』という有名な本があって、そこにもびっくりする句が多かったが、この本の句もすごい。あらきみほのナビゲーションも絶妙である。

ともかくも、以下の句をゆっくり味わってほしい。すぐに俳句をつくりたくなったらしめたものだが、おそらくそれは無理だろう。あまりの出来に降参するというより、しばし絶句するというか、放心するにちがいない。とくに理由はないが、季節の順や年齢の順をシャッフルしておいた。

あいうえおかきくけこであそんでる（小二女）

★最初からドカン！　これはね、レイモン・クノーか井上ひさしですよ。

ぼんおどり大好きな子の後につく（小六女）

★トレンディドラマの青春ものなんて、これを超えてない。

まいおちる木の葉に風がまたあたる（小五男）

★とても素直だが、こういう詠み方にこそ斎藤茂吉《もきち》が萌芽《ほうが》するんです。

ねこの耳ときどきうごく虫の夜（小四女）

★「ときどきうごく」と「虫の夜」がエントレインメントしています。

くりごはんおしゃべりまぜて食べている（小三女）

★ぼくのスタッフでこんな昼食の句をつくれる奴はいない。

あきばれやぼくのおりづるとびたがる（小一男）

★おい一年生、おまえは山村暮鳥《ぼちょう》か、それとも大手拓次なのか。

座禅会むねの中までせみの声（小六男）

★座禅もして、蟬しぐれを胸で受けるなんて、なんとまあ。胸中の山水だ。

かいすいよくすなやまかいがらすいかわり（小一女）

★単語だけのタンゴ。漢字にすると、海水浴砂山貝殻西瓜割。

風鈴に風がことばをおしえてる（小四女）

★あれっ、これは渋めの草田《くさた》男《お》か、日野草城《そうじょう》にさえなっている。

ドングリや千年前は歩いてた（小五男）

★縄文学の小林達雄センセイに教えたくなるような悠久の名句でした。

海の夏ぼくのドラマはぼくが書く（小二男）

★おいおい、ミスチルやスマップよりずっと男らしいぞ。

ぶらんこを一人でこいでいる残暑（小六男）

★ふーっ、てっきり種田山頭火《さんとうか》か黒澤明かとおもってしまった。

春風にやめた先生のかおりする（小四女）

★うーん、まいったなあ。中勘助《なかかんすけ》あるいは川上弘美ですねえ、これは。

ガリバーのくつあとみたいななつのくも（小一女）

★雲を凹型で見ている。空に押し付けた雲だなんて、すごい。

なつみかんすっぱいあせをかいちゃった（小一男）

★「なっちゃん」なんて商品でごまかしている場合じゃないか。

なのはなが月のでんきをつけました（小一女）

★これは未来派のカルロ・カッラかイナガキタルホだ。今回の最高傑作。

せんぷうき兄と私に風分ける（小五女）

★扇風機は羽根のついたおじさんなのです。

転校の島に大きな天の川（小四男）

★まるでボグダノヴィッチや新藤兼人が撮りそうな風景でした。

つりばしがゆれてわたしはチョウになる（小三女）

★「あなたに抱かれて私は蝶《ちょう》になる」なんて歌、こうなるとはずかしい。

水まくらキュッキュッキュッとなる氷（小五女）

★知ってますね、「水枕ガバリと寒い海がある」西東三鬼《さいとうさんき》。

そらをとぶバイクみたいなはちがくる（小一男）

★見立てもここまで音と速度が入ると、立派な編集術だ。

しかられたみたいにあさのバラがちる（小二女）

★朝の薔薇が散る。そこに着目するとは、利休？　中井英夫？

かっこうがないてどうわの森になる（小三女）

★「桃色吐息」なんて小学三年生でもつくれるんだねえ。

星を見る目から涼しくなってくる（小四男）

★マックス・エルンストが「星の涼風を目に入れる」と書いていた。
いなごとりだんだんねこになるわたし（小一女）
★「だんだんねこ」↓「段々猫」↓「だんだらねえ子」だね。

夏の日の国語辞典に指のあと（小五女）
★完璧です。推敲の余地なし。辞典も引かなくなった大人は反省しなさい。

墓まいり私のごせんぞセミのから（小四女）
★おお、虫姫様の戸川純だよ。まいった、参った、詣《まい》りたい。

あかとんぼいまとばないとさむくなる（小一男）
★飛ばない蜻蛉《とんぼ》。小学校一年でウツロヒの哲人？

青りんご大人になるにはおこらなきゃ（小六女）
★よくも青りんごを持ち出した。大人になんかならなくていいよ。

あきまつりうまになまえがついていた（小二女）
★この句はかなりすごい。談林《だんりん》派の句風がこういうものなのだ。

あじさいの庭まで泣きにいきました（小六女）
★こういう子を引き取って、ぼくは育ててあげたいなあ。

天国はもう秋ですかお父さん（小五女）
★いやはや。何も言うことはありません。そう、もう秋ですよ。

台風が海をねじってやって来た（小六女）
★ちょっとちょっと、このスケール、この地球規模の捩率《れいりつ》感覚！
話してる文字が出そうな白い息（小六男）
★はい、寺山修司でした。イシス編集部に届いたいくらいだ。
えんぴつが短くならない夏休み（小六女）
★鉛筆も思索も短くならない夏休みを大人は送っています。
秋の風本のページがかわってる（小二女）
★石田波郷《はきょう》か、ピーター・グリーナウェイだ。風の書物の到来ですね。

どうだろう？　そこいらの俳人や詩人も顔負けだ。われわれはときに小学一年生の感性に向かってバネに弾《はじ》かれるごとく戻るべきだとさえ思わせられる。もっとも、大人も負けてばかりはいられない。ヘタうまには逃げず、その気になって子供のような句をあえて詠むときもある。

無邪気とはいいがたいけれど、たとえば「去年今年《こぞことし》貫く棒のごときもの」（虚子）、「春の夜や都踊はよういやさ」（草城）、「買物のやたらかさばるみぞれかな」（万太郎）というふうに。なかには「さくらんぼ鬼が影曳《ひ》くかくれんぼ」の坪内稔典《としのり》のようなこの手の句の達人もいる。また、多田道太郎の『おひるね歳時記』（筑摩書房）がそうなのだが、軽い句を集成して遊んだ本もある。そもそも西脇順三郎にして、この手の名人芸を発揮した。「大人だって負けていられぬ季語遊び」。

第三六二夜　二〇〇一年八月二二日

参照千夜

一三八夜：レイモン・クノー『文体練習』　九七五夜：井上ひさし『東京セブンローズ』　二五九夜：斎藤茂吉『赤光』　一五〇夜：大手拓次『大手拓次詩集』　一二八三夜：小林達雄『縄文人の文化力』　三三〇夜：種田山頭火『山頭火句集』　三一夜：中勘助『銀の匙』　五二三夜：川上弘美『センセイの鞄』　八七九夜：稲垣足穂『一千一秒物語』　八四夜：新藤兼人『ある映画監督の生涯』　一二四六夜：マックス・エルンスト『百頭女』　四一三夜：寺山修司『寺山修司全歌集』　一〇〇三夜：石田波郷『鶴の眼』　一五九七夜：高浜虚子『虚子五句集』　七八四夜：西脇順三郎『雑談の夜明け』

文金島田に髪結ひながら
花嫁御寮はなぜ泣くのだらう

蕗谷虹児

花嫁人形

国書刊行会　一九八四

◆「金襴緞子《きんらんどんす》の帯しめながら花嫁御寮はなぜ泣くのだろ」

三傳。新潟新発田《しばた》で蕗谷家《ふきや》が営んでいた廻船《かいせん》問屋の屋号だ。三傳は没落し、明治三一年に虹児《こうじ》が生まれたころには街の小さな活版屋になっていた。廻船問屋から印刷屋へ。ここには蕗谷虹児がのちにめざめることになるメディアの夢がひそんでいた。

母親の実家は有馬湯という湯屋で、明治末期にはそこそこの賑《にぎ》わいだった。そこから蕗谷傳松のところに嫁いできた母のエツは病弱で、酒呑《の》みの父の家計がまわらなくなると姉の嫁ぎ先の髪結いを手伝ったりしていたのだが、虹児ほか三人の男児を育てながら虹児十二歳のときに亡くなった。二七歳の若さである。きれいなままだった。

母が若くして死んでしまうことがどのようなことをもたらすのか、ぼくにはとうてい推り知れないが、蕗谷虹児にとっての少女の母型はこの「嫁いできて自分を生んで死んでいった美しいお母さん」にあったことは確実である。

◆「文金島田に髪結ひながら花嫁御寮はなぜ泣くのだらう」

新潟には反骨覇気の気性をもつ文人や芸術家が育つ。大愚良寛や會津八一や、日本画家の小林古径《こけい》や土田麦僊《ばくせん》や横山操がそうだった。横山の《越路十景《こしじ》の内 蒲原《かんばら》落雁》など冬の越後を描いて絶品の水墨山水だった。

蕗谷虹児がめぐりあったのも新潟を代表する画人の血液だ。尾竹《おだけ》越堂・竹坡《ちくは》・国観の三兄弟と出会い、そのうちの尾竹竹坡に日本画を習った。竹坡は尾竹三兄弟のうちでも最も激しい気性の持ち主で、すでに文展の新しいスターになっていたが、そのころ横山大観と激突して文展を去っていた。内弟子になった虹児はその孤立した竹坡のデスペレートな活動にまきこまれる。

竹坡は大正四年に衆議院選挙に打って出て、落選。その後は絵の濫作に溺《おぼ》れる。五年ほどこうした混乱を内側で支えた虹児は下積みをあきらめて、父親が新聞社の仕事で行っていた樺太《カラフト》に渡る。ここで二年半にわたって放浪をしながら絵を描いた。そのころの樺太はロシアとも日本ともいえる〝国〟で、十代の最後の青春をこのようなエキゾチックだが、広く荒れ果てた厳寒をもつ〝国〟におくったことは、虹児にさらに新たな寂寞《せきばく》の物語因子とでもいうものを注入したようだ。

やがて樺太から新発田に戻った二一歳の虹児は決心を新たに上京し、竹坡門の先輩戸田海笛《かいてき》の紹介で日米図案社に入る。住み込みだ。今度はデザイナー修業である。デザイナー虹児の仕事は、いまなお多くが発掘されていないのだが、《アルルの女》のレコードジャケット、「現代叙情曲集」や南部修太郎の『鳥籠《とりかご》』の装幀《そうてい》などを見るかぎり、日本アールデコ風で、香りを重視する先駆的なデザインだった。

◆「あねさんごつこの花嫁人形は赤い鹿《か》の子の振袖《ふりそで》きてる」

大正九年、虹児は竹久夢二を訪ねた。出会いは決定的だ。すぐに「少女画報」主筆の水谷まさるを紹介され、それがきっかけで挿画家としての活躍が始まっていく。虹児の雅号もこのときに生まれる。のちにライバルになるかもしれない虹児の才能を気前よくメディアに紹介した竹久夢二を、虹児はその後、生涯にわたって「夢二先生」として尊敬しつづけた。

大正十年、吉屋信子が朝日新聞に『海の極みまで』(新潮社)を連載することになり、虹児は挿絵を担当した。翌年には「令女界」が創刊され、時代は一挙に少女文化の開花になっていく。鈴木三重吉の「赤い鳥」を筆頭にして、三木露風・北原白秋・西條八十《さいじょうやそ》・野口雨情らが率先した大正童少文化とも大正童心芸術運動ともいうべきムーブメントのなかで少年主義が先行していたのに対し、夢二・吉屋・髙畠華宵《かしょう》・中原淳一らのいわゆる少女派がこの感覚を一挙に少女にもちこんだ。

これを試みに「令嬢文化」とか「令女文化」とよぶといい。この感覚は少年主義が少年の魂に広く鬱屈《うっくつ》したものや粗野なるものを含んだのにくらべると、どちらかといえば社会に晒《さら》されていない深窓の少女たちの感覚を引き出そうとしたもので、それこそ小林一三《いちぞう》による宝塚少女歌劇団の登場および阪神文化の抬頭などと軌を一にしていた。その大正令女文化が蕗谷虹児のデビューとともに開花したのである。

◆「泣けば鹿の子の袂《たもと》がきれる涙で鹿の子の赤い紅にじむ」

かくて大正十三年、「令女界」に『花嫁人形』が発表される。あの「金襴緞子の帯しめながら花嫁御寮はなぜ泣くのだろ」というメッセージは、たちまち少女だけではなく大人の心も捉《とら》えた。作曲は杉山長谷夫があたった。

一躍、虹児は寵児《ちょうじ》となった。『花嫁人形』もいくつかの詩や童謡とともにすぐに詩画集となって出版された。いま読んでもなかなか哀切に訴える詩歌が載っている。いくつか紹介しておこう。

わたしはなんにも言へなんだ
あの子もなんにも言はなんだ
ふたりはだまって花つんだ……　（『萌芽』）

海辺にちらばる貝がらは
みんなむかしは生きた貝
みんなむかしは生きた貝
銀色キシャゴやさくら貝
象牙《ぞうげ》のやうなはまぐりも
みんなむかしは生きた貝……　（『松葉の十字架』）

聞いたか　聞いたか　長崎の
異人屋敷の不思議さを
青い目玉で見えるとサ

赤い髪の毛　ちぢれっ毛
お鼻がこんなに高いとサ
のっぽで緋羅紗《ヒラシャ》の笠《かさ》だとサ
磔《はりつけ》すがたの　神さまを
毎日拝んで暮らすとサ
聞いたか　聞いたか　長崎の
異人屋敷の不思議さを……（『異人屋敷』）

◆「泣くに泣かれぬ花嫁人形は赤い鹿の子の千代紙衣裳《いしょう》」

虹児は大正十四年にパリに発《た》った。歓送会の写真を見ると両側に竹久夢二と野口雨情がいる。このときがシンデレラボーイの絶頂である。パリでは藤田嗣治《つぐはる》や東郷青児らとも交流し、何枚もの絵がサロンの美術展に入選し、さらに昭和四年には画廊ジヴィで個展も開いているのだが、もうひとつパッとしない。いや、パリでどんな絵を描いていたのか、資料が少なすぎてパリ時代の蕗谷虹児が立ち上がってこない。

そんなふうに見ていたら、一九九一年に朝日新聞社が「蕗谷虹児展」を開いて、そこに《ベトエイユの風景》が飾ってあった。いままで白黒の写真でしか見たことがなかった作品だが、パリ郊外の一隅をふっくら胸に入れたような絵で、なんともいえない柔らかさがある。これと「令女界」に連載した「巴里流行通信」の絵がこの時期の作品では、ぼくが好きなものである。
　蕗谷虹児。いまはあらかた忘れ去られてしまった画家だ。先だって、帝塚山《てづかやま》の女学生たちに美輪明宏のファンが多かったのでホワイトボードに「蕗谷虹児」と書いて、「ハイ、これはだれ？」と訊《き》いてみたら一人として知らず、「先生、どう読むんですか」。フキヤコージ。美輪明宏が好きな挿画家だと言うと、今度、絵を見せてくださいと言う。あのね、少女漫画のルーツだよと言ってみたが、どうも遠すぎた。

第五六九夜　二〇〇二年六月二八日

参照千夜

一〇〇〇夜：良寛『良寛全集』　七四三夜：會津八一『渾斎随筆』　一四七〇夜：近藤啓太郎『大観伝』　二九二夜：袖井林二郎『夢二のアメリカ』　一〇四八夜：北原白秋『北原白秋集』　七〇〇夜：野口雨情『野口雨情詩集』　五三〇夜：美輪明宏『ああ正負の法則』

水音しんじつおちつきました
しぐるるやしぐるる山へ歩み入る

種田山頭火

山頭火句集

村上護編　ちくま文庫　一九九六

無一物と書くのは容易だが、意図して実践できるものじゃない。乞食《こじき》になるのも、よほどの零落か無気力か、あるいは何か放棄する思想がなければ、なれるものじゃない。まして乞食として諸国を動くのは、中世近世の遊行民ならいざ知らず、いかに禅門の雲水でも昭和の時世にはめずらしい。

俳人である。俳人はどこか医院や学校に勤めていても、それで存分に俳人でありえた。それを山頭火は茫然《ぼうぜん》と遊行したまま、なしとげてしまった。

中学校を首席で出て、一応は早稲田大学に入り、退学してからは酒造場を開業し、さらに荻原井泉水《せいせんすい》に師事したうえでのことである。それでいて「無駄に無駄を重ねたやうな一生だつた、それに酒を注いで、そこから句が生まれたやうな一生だつた」と、ただそれだけを振り返った。種田山頭火、明治十五年の生まれ、昭和十五年の没。自死を図ったが叶《かな》わず、町を渡りながら逝った。

山頭火はなぜ山頭火になったのか。いろいろな推測がたっている。十一歳のとき、母親が自宅の井戸に投身自殺した。山頭火は井戸から引き上げられた水死体を見て、愕然《がくぜん》とした。その衝撃はおそらく山頭火から離れたことはない。よほどのことである。父親は政治運動に狂奔していたから家政は乱脈で、それに耐えられなかった自殺だったらしい。のちのちまで山頭火はこの母親の異常な死のことをデスペレートに追想している。「母に罪はない、誰にも罪はない、悪いといへばみんなが悪いのだ、人間がいけないのだ」というふうに。

山頭火の日々は弟の自殺、関東大震災、離婚というふうにつづいた。母が自殺して、弟も自殺する。呪われているとしかおもえない。そのあいだ井泉水の「層雲」に依《よ》って句作に励み、国字国語問題に関心をよせ、ロシアからの亡命者と同居して革命を想い、何度か故郷の山口県防府《ほうふ》に戻り、また熊本に愛着をおぼえて熊本を訪れたりもした。

ただ、何が身辺におころうとも、まったく山頭火から離れないものがあった。酒である。それも大酒飲みだった。飲めば正体をなくし、前後不覚となった。約束も職場も友情も、酒はたちまち食い破っていった。だからいつも貧乏だった。それを山頭火は「生活難ぢゃない、生存難だ、いや、存在難だ」と書いて清算しようとしていた。そして、そんなことばかりつづいて四十代になった。

　山頭火の変身は関東大震災あたりでしだいに煮詰まっている。大杉栄と伊藤野枝が虐殺された東京をあとに熊本に向かったとき、山頭火は奇っ怪な行動をした。熊本市公会堂の前を疾走中の路面電車の前に仁王立ちをしたのだ。

　ひどく酔っ払っていた。電車を止めようとしたのか死のうとしたのかはわからない。人だかりの中、一人の新聞記者が「貴様、こっちこい」と引っぱりあげ、そのまま禅寺の報恩寺に放りこんだ。

　山頭火も知っていた寺である。山頭火はこの禅寺の末寺に住みこむことになる（味取《みとり》観音堂）。住職の望月義庵がめんどうをみた。これが山頭火を変えた。義庵はおそらく『無門関』を与えた。第一則から自己の本性を問い、本来の面目に立ち向かわせる公案の多い禅語録だ。翌年、出家得度する。酒で気分を紛らわさずにはいられない寂しがり屋には耐えられないだろう山林独住の日々が始まった。

　そこへもうひとつ、新たな変化がやってきた。やはり関東大震災と大杉栄虐殺の前後に妻と別れて京都の一燈園に入った尾崎放哉《ほうさい》が、「層雲」に『入庵雑記』を連載していたことだ。「この度、仏恩によりまして、此庵《このあん》の留守番に座らせてもらふ事になりました云々」「私の流転放浪の生活が始まりましてから、早いもの已《すで》に三年となります云々」とある。山頭火はこの放哉の一文を読んで泣き尽くした。

放哉の五回にわたる連載にはあっと驚くような「こんなよい月を一人で見て寝る」などの自由な句が入っていた。感動した。こうして「松はみな枝たれて南無観世音」といった句を詠む日がはじまったのである。

ぼくが山頭火を知ったのは、高校生なら誰もがそうだろうとおもうが、何かで「分け入っても分け入っても青い山」「まったく雲がない笠をぬぎ」「いつも一人で赤とんぼ」「塔をめあてにまっすぐまゐる」などの変わった句を見た程度のことで、それで急に動かされたというわけではなかった。

どちらかというと、自由律にはなじめなかったのだ。碧梧桐《へきごとう》や井泉水よりも、そのころは誓子《せいし》や茅舎《ぼうしゃ》のほうに惹《ひ》かれていた。大学生になるとシュールレアリスムを感じる俳句、たとえば富澤赤黄男《かきお》や秋元不死男《ふじお》がおもしろくなった。ありがちなことだ。そういう現代俳句とくらべるのは不公平だとはおもうが、当時の正直な実感でいうと、おそらくは山頭火の句にわざとらしいものを感じたのだと思う。

抜けたものには感じられなかったのだ。ヘタをすると日本酒や煎餅《せんべい》のための心温まる広告コピーのようにさえ見えた。こんなところで挟む話ではないのだが、ぼくは相田みつをのたぐいの色紙ふう説教人生訓の書が大嫌いなのである。

それが、ちょっと待てよ、なぜかれらがこんな句をつくるようになったのか、放哉も山頭火もどうして井泉水に依ったのか、それが気になって井泉水の周辺を追うようになって、しだいに見方が変わってきた。

もうすこし正確にいうと、最初は井泉水の『一茶随想』（講談社文芸文庫）を読んでみて、井泉水が一茶全集の編集に多大の時間を費やしたことを知ってからのことだ。そのうち井泉水を慕って集まった俳人たちの動向に巻きこまれ、山頭火にあらためて出会ったという順番だった。だから、出家以前の山頭火の句を見ることが、ぼくの初めての山頭火だったのである。

壁書さらに「黙」字をませり松の内
徹夜ほのぼの明けそめし心水仙に
風はきままに海へ吹く夜半の一人かな
夢深き女に猫が背伸びせり
光と影ともつれて蝶々死んでをり
蝶ひとつ飛べども飛べども石原なり
蠅打つてさみしさの蠅を見つめけり

いつ見ても咲いてゐる花赤い花

このへんが、初期の句だ。それがやがてピカソの絵が変わるように変わっていく。これらは、たしかに山頭火なのである。「いつ見ても咲いてゐる花赤い花」など、なかなか作れない。ただし、山頭火自身はそれではダメだとおもったようだ。ここをどう省略していくか。剝《は》いでいくか。蝶々がひとつ「飛べども飛べども」ではしょうがないと思ったのである。「石原なり」では「なり」もつまらない。そこで、これはのちの『柿の葉』に入った句だが、

ぬれててふてふどこへゆく
ひらひら蝶はうたへない

と、いうふうになった。

「光と影ともつれて蝶々死んでをり」も考えてみれば、うるさい。そこで「てふてふもつれつつかげひなた」というふうにやってみた。逆に、その消去や剝離《はくり》の行為を通らないで、すぐにポツンと句が出るかどうか。そこをやってもみたかった。たとえば「風はきままに海へ吹く」と言ったうえで「夜半の一人かな」と言ったのでは遅いのだ。

あれこれ調べてみると、山頭火はいつもそういう推敲をしたようだ。技巧の推敲ではなく、気分の推敲だったろう。「おさまり」のための推敲ではなく「はぐれる」ための推敲だ。そこで、これも『柿の葉』や『行乞途上』や『山行水行』などに入った句であるが、

風の明暗をたどる
旅は笹山の笹のそよぐのも
けふもいちにち風をあるいてきた
風の枯木をひろうてはあるく

などと、そこへ放り出した。

もともと禅には「このまま」から「そのまま」へというところがある。白隠や盤珪《ばんけい》はそういうことを突き出したまま、禅をした。山頭火にも「このまま」から「そのまま」へ、がある。うまいかどうかではない。うまいともヘタとも言えないものになっていく。そこが山頭火の俳句だった。

こうして山頭火の日々の一挙手一投足は「行乞《ぎょうこつ》」というものになる。乞食に身をやつ

して町々や村々を歩くことだ。修行僧としては当然の行脚だが、どうも山頭火のそれは一途《いちず》な行脚とちがっていた。味取観音堂でじっとしていられない。

寂しくて寂しくて、それで旅に出る。そうすると寂しいことが動いていく。その動きが見える。いや、見えるときがある。寂しさというものが山や道のどこかでふうっと動く。それを句に仕立て、また行乞をする。山頭火はそこで「途上、がくねんとして我にかえる」ということを知った。そうであれば、それこそが最善だとおもうようになっていった。

山頭火はそこを「空に飛ぶ」とも言っていた。「空」は色即是空の「空」であって、「飛ぶ」はおそらくは「遊化《ゆげ》」であろう。

四九歳、「三八九居」と名づけて、熊本に旅の拠点をつくった。サンパクキョと読むらしい。なぜサンパクかはわからない。昭和五年のことである。

ともかくもこの三八九居から九州一円を歩き、四国八十八ヵ所をめぐり、良寛の越後を訪れ、中国路をてくてく回った。が、あいかわらず酒は欠かせない。呑みたい。いじましく酒を求め、ありつけば浴びるように飲んだ。その一方で井泉水を招き、句会を開きもしたし、友人たちと交わりもした。

行乞の日々ではあったし、無一物に近い生活ではあったが、また消費の日々でもあったのである。そこはバタイユだった。決して蕩尽《とうじん》を怖れなかった。すべてを費《つか》い尽したかったのだろう。ただ女にはまったく関心をもたなかった。けれども結局はそうした自分に厭《あ》きて、五二歳の夏、カルモチンを多量に服用して自殺を図った。それから五年を彷徨《さまよ》い、心臓麻痺《まひ》で死んだ。

では、久々に句集を開いてみて、いまこの時点で響いた山頭火の何句かを書きだしておく。ほぼ『草木塔』から採った。採句してみると、どれもが時雨煮《しぐれに》のような句ばかりになったけれど、そこにも月光ひとかけらが落ちていた。

炎天をいただいて乞ひ歩く
しぐるるやしぐるる山へ歩み入る
雨だれの音も年とつた
うしろすがたのしぐれてゆくか
いつまで旅することの爪をきる
ここにおちつき草萌《も》ゆる
水音しんじつおちつきました
ぬいてもぬいても草の執着をぬく
何が何やらみんな咲いてゐる

松かぜ松かげ寝ころんで
遠山の雪も別れてしまつた人も
何か足らないものがある落葉する
月のあかるい水汲《く》んでおく
春の海のどこからともなく漕《こ》いでくる
鎌倉はよい松の木の月が出た

第三三〇夜　二〇〇一年七月六日

参照千夜

七三六夜：大杉栄『大杉栄自叙伝』　一一七五夜：無門慧開『無門関』　七六七夜：小林一茶『一茶俳句集』　一六五〇夜：ベルナダック&デュブーシェ『ピカソ』　七三一夜：白隠『夜船閑話』　一〇〇〇夜：良寛『良寛全集』　一四五夜：バタイユ『マダム・エドワルダ』　一一二二夜：石川桂郎『俳人風狂列伝』

泣けば雨 笑へばダリヤ をどりくる
施すも施さるるも 花吹雪

俳人風狂列伝

石川桂郎

角川書店 一九七三

この人の文章は達意の名文である。淡々と時代や光景を描写した名文ではなくて、奇怪で非常識な人生を歩んで、他人に迷惑をかけつづけた俳人たちの日々を拾って、それで名文だ。こういう書き方はなかなかできない。アルトーやセリーヌが自分で自分の破壊を綴ったわけではないのである。

本書に登場している俳人たちは、自分ではアルトーやセリーヌになれず、もちろん一休にも子規にもなれずに、そのかわりいくばくかの俳句だけを残したという、そういう俳人たちである。それを俳人であって、俳句雑誌の名編集者でもあった石川桂郎《けいろう》が拾って、文意をつなげて蘇《そ》生《せい》した。蘇生にあたっては本人たちの情熱や「狂気」に与《くみ》せず、あたかも写経をするように批評を殺している。それが効いた。本書が読売文学賞を受賞したのも頷《うなず》ける。石川は散髪屋でもあったから、他人の髪を切る。それも相手の頭の恰好にあわせて整えるのは、たぶんお手のものなのである。

しかしながら、本書の内容を紹介するのはちょっとむずかしい。なにしろここには高橋鏡太郎、伊庭《いば》心猿《しんえん》、種田山頭火、岩田昌寿、岡本癖三酔《へきさんすい》、田尻得次郎、松根東洋城、尾崎放哉、相良《さがら》万吉、阿部浪漫子、西東三鬼といった、十一人のすこぶる異常な乗客が乗りあわせている。それぞれに変節に満ちた人生がある。それを石川が淡々と蘇生させ散髪しているのだが、それを紹介するにはその蘇生術だか散髪術をなぞるしかないからだ。

今夜は、以上の十一人のなかから任意な断片と俳諧をつまんでいくことにする。それはそれで、ひとつの趣向というものになるのだろう、か。

高橋鏡太郎「蛸《たこ》の脚」＝はまなすは棘《とげ》やはらかし砂に匍《は》ひ

鏡太郎が重症の結核患者の痰《たん》を飲んで病状を悪く見せたという身の毛もよだつ行為をしたのは、それまでさんざっぱら知友に迷惑をかけ、愛想をつかされてきた鏡太郎にとって、肺結核で入院できる療養生活というものが〝天国〟に見えたからだった。

「モオツァルト青田のはての楽となる」「枯木さへ厨《くりや》にあればうつくしく」。ほかに「生別と死別といづれ冴えかへる」「生と死をあざなふごとき冬に入る」という生死の境涯を詠んだ句があるのだが、まるでこの気分を受け入れるかのように、四九歳のときに崖《がけ》から転落死した。

伊庭心猿「此君亭奇録」＝**蚊ばしらや吉原ちかき路地ずまひ**

石川桂郎は心猿を、生涯にわたって偽筆根性から抜け出せなかった男と見ている。しかし一方で、心猿が樋口一葉集や新村出《しんむらいずる》の辞典増補や文明事典などの編集に携わってすぐれた業績を発揮したことを評価して、特筆する。ぼくは永井荷風・佐藤春夫・新村出を動かした、そういう心猿の編集的才能を買う。

俳句は若い富田木歩《もっぽ》についた。高熱で両足が麻痺して歩行困難になった俳人だ。木の杖《つえ》に頼ったので木歩と号したが、関東大震災で焼死した。二六歳だった。心猿はその木歩を少年のように憧《あこが》れた。「あてもなく仲見世にきて日記買ふ」「香水やすこし酔ひたる京言葉」「かつしかは都の果やはたた神」。

種田山頭火「行乞と水」＝**あの雲がおとした雨にぬれている**

酒狂いの山頭火を救ったのは熊本の望月義庵という和尚だった。山頭火は四四歳で得度して、托鉢《たくはつ》に出る。行乞だ。本書のなかでは叙述の仕方がちがうエッセイになっているが、石川の山頭火に対するときの厳しい句評がなかなか読みごたえがある。たとえば

「死ねない手がふる鈴をふる」の「をふる」は無駄だろうとか、「どうしようもないわたしが歩いてゐる」はこんなふうに前触れだけで句にしてはいけないとか。山頭火に聞かせたかった。

岩田昌寿「靫《うつぼ》かずら」＝泣けば雨笑へばダリヤをどりくる

しばしば狂人といわれた岩田は、波郷の「鶴《たず》」の周辺の俳人である。「狂人日記」という連作もある。子供のころに父母を失い、肺結核で入った療養所で俳句をおぼえた。あのころはそんな結核俳人がどこにでもいた。

岩田は他人を自殺にまで追いこみかねないほど、周囲に迷惑をかけたらしい。四五歳で病院で死んだ。「春を待つ靴底にゴム厚く貼る」「夜の蟬ひとり寝ることまつとうす」「百日の夏をまぢかに椎の群」。

岡本癖三酔「室咲の葦《あし》」＝ほほづき一ツ真赤な弱い男

碧梧桐が「俳句三昧《ざんまい》」を提唱したとき、癖三酔はあえて「俳諧散心」を唱えた。虚子・蝶衣・東洋城が加担したのを見ても、すでに虚子の先を走っていたのがわかる。有季自由律の俳誌「新緑」をのちに「ましろ」と変えたあたりも独得である。

なにしろ稀代《きたい》の変人で、前半生は豪邸を閉めきってまったく外出せず、好きなもの、たとえば麻布十番山中屋の「松茸《まつたけ》ライス」が気にいれば、明けても暮れてもこれを注文して食べた。ともかく何もしないというか、どんな暇つぶしの方法もない男で、そのかわり紙芝居のようなお気にいりがあると、これを毎日のように庭に呼んでふるまった。夜は睡眠薬でしか眠らなかった。

こんな癖三酔も二十年ほどたつとやっと外出に慣れ、今度は銀座プランタン、豊島園、江戸川、多摩川などに通った。それでも、いつも「淋しい、淋しい」と言いつづけた。「町が淋しくなり電信のはりがねの凧《たこ》」なんていう句がある。

田尻得次郎「屑籠と棒秤《ぼうばかり》」＝白桃や女形《おやま》が家の塵箱に

小中高校をすべてトップで出ていながら、「蟻の町のマリア」として有名な北原怜子《さとこ》の「バタ屋部落」で暮らしていたようだ。酒乱のせいと、人嫌いのせいだった。ただ久保田万太郎だけを敬慕していた。得次郎が横領の罪で追われているとき、石川は彼を交番に引っ張っていったらしく、こうした石川の得次郎を扱う「切れ」と「つなぎ」がこのエッセイを奇妙な味にしている。「紙屑を拾ふ掌《て》をもて木の実愛《め》づ」。

松根東洋城「葉鶏頭」＝黛《まゆずみ》を濃うせよ草は芳しき

四国宇和島の家老の家に育って、松山中学五年のときには漱石が赴任してきた。以来、という。その姿は俳諧接心あるいは俳諧道場の厳しさがあったと漱石を慕って句作に没頭した。宮内省の式部官になったことも手伝って、しきりに国民俳壇を指導したが、いつしか虚子と割れた。芭蕉の道を復活すべく「渋柿」を主宰するも、むしろ俳句よりも、一家を構えず、句集をもたず、俳壇に参加しないことによって、古武士めいた独自の生き方を貫いたようなところがある。大正天皇に俳句とはどういうものかと問われて詠んだのが、「渋柿のごときものにては候へど」だった。

尾崎放哉「おみくじの凶」＝入れものがない両手でうける

石川桂郎にしては手こずっている。放哉については、すでに書かれるべきものがほとんど出尽くしているためだろうが、しかし井泉水との師弟愛はどうか。これは格別だったはずだ。また一燈園における放哉ももっと書けるはずである。

一高・東大を出て、自由律俳句の鬼才とよばれた放哉が、酒浸りを脱せなかったとはいえ、あれだけの俳諧の日々を徹したのはそれだけの理由ではないはずで、きっと何か大きな力に押されていたのである。喜び勇んで〝寺男〟になっていったことについても、やはり「俳句は作務か」といった視点で、もっと書いてほしかった。「鐘ついて去る鐘余韻の中」「仏にひまをもらつて洗濯してゐる」「足のうら洗へば白くなる」。

相良万吉「水に映らぬ影法師」＝**鬼は外乞食は内か豆を撒《ま》く**
写真家の内藤正敏が乞食の写真を撮るために乞食の仲間入りをしたところ、あんなに気分がゆったり落ち着く日々はなかったと感嘆していた。相良万吉も一高を出て労農芸術家連盟の「文芸戦線」の同人になり、その後は結核に苦しみながら炭焼きをへて、結局は数寄屋橋名物の俳句乞食になった。「死ぬときも炬燵《こたつ》を抱いて一人哉」と詠んだとおり、自裁した。「施すも施さるるも花吹雪」「大寒の陽の美しき畳哉」。

阿部浪漫子「日陰のない道」＝**馬みがく青柿おもき水あかり**
虚構俳句は、あっていい。浪漫子は「寒雷」に依拠して、ずっと角川賞を狙う俳人だったが、しばしば虚構のほうに棲《す》んで句を詠んだ。けれども馬や牛は写生した。どうもぼくには計りかねる俳人である。「かたき皮膚張り台風の夜を越す牛」「鎌の冷たさ抱く萱山に雲あつまる」。

西東三鬼「地上に堕《お》ちたゼウス」＝**水枕ガバリと寒い海がある**
三鬼は歯医者である。神田共立病院の歯科部長にもなっている。医者には俳人が多い。水原秋櫻子《しゅうおうし》を筆頭に、相馬遷子《そうませんし》、水田のぶほ、井上士朗などがいる。病院俳諧というジャンルがあるほどだ。

　三鬼の句はあまりにも有名すぎて、またその神戸時代の自伝も知られすぎていて、さすがに石川桂郎は三鬼の女癖くらいのところで話をつないで、三鬼刈りとでもいうべき散髪風情をなんとかつくったが、本書のなかでは東洋城・放哉・浪漫子ともども、冴えない。ゼウスの意味もいまひとつ判然としない。いずれにしても、三鬼は乾いていて、小さくごついのだ。「算術の少年しのび泣けり夏」。

第一二二夜　二〇〇〇年九月四日

参照千夜

九二七夜：一休宗純『狂雲集』　四九九夜：正岡子規『墨汁一滴』　三三〇夜：種田山頭火『山頭火句集』　六三八夜：樋口一葉『たけくらべ』　四五〇夜：永井荷風『断腸亭日乗』　二〇夜：佐藤春夫『晶子曼陀羅』　一〇〇三夜：石田波郷『鶴の眼』　一五九七夜：高浜虚子『虚子五句集』　五八三夜：夏目漱石『草枕』　九九一夜：松尾芭蕉『おくのほそ道』

マッチ擦るつかのま海に霧深し
身捨つるほどの祖国はありや

寺山修司

寺山修司全歌集

沖積舎　一九八二

寺山さん、初めて便りを書くのにもうあの津軽訛《なま》りを聞くことはできません。いや津軽訛りではなく、青森訛りでした。寺山さんは警察官のお父さんの転勤のたびに弘前、五所川原、青森、八戸、三沢というふうに転々としていましたからね。その青森の恐ろしさについて、寺山さんは「下北半島は、斧のかたちをしている。斧は、津軽一帯に向けてふりあげられている」と、『わが故郷』の冒頭に書いていた。だから青森転々訛りとでもいうべきなのでしょうが、あの喋《しゃべ》りかたに当時のぼくたちは参っていたのです。寺山さんも、その訛りを放棄しようとはしなかった。

ふるさとの訛りなくせし友といてモカ珈琲はかくまでにがし

マッチ擦るつかのま海に霧深し身捨つるほどの祖国はありや
わが母音むらさき色に濁る日を断崖にゆく瀆《けが》るるために
燭の火に葉書かく手をみられつつさみしからずや父の「近代」

あの訛りには、寺山さんの「祖国」や「母音」や「父の近代」が呻《うめ》いているんですね。そういえばあのころ、「やっぱり日本の芸術は土方巽《ひじかたたつみ》の秋田弁と寺山修司の津軽弁で変わってしまったよね」と、そんなふうに、ぼくの周辺の連中たちはひそひそ話をしていたものでした。しかしぼくならば、そこに美輪明宏の長崎訛りを加えたい。そのことは寺山さんも先刻承知だったようで、あの熱気溢《あふ》るる阿鼻《あび》叫喚のファーストシーンで始まった天井桟敷《さじき》旗揚げ公演の《青森県のせむし男》では、桃中軒花月が「これはこの世の事ならず、死出の山路の裾野《すその》なる、賽《さい》の河原の物語」と口上を言うと、その恐山《おそれざん》伝説の向こう側から、すかさず美輪（丸山）明宏の長崎訛りの地霊のような言葉が加わったものでした。

あのときも寺山さんの「方舟《はこぶね》」ならぬ「方言」の脈絡というものが、これから始まる前代未聞の寺山演劇実験の総体をくるむのだということが痛いように伝わってきました。けれどもその独得の早口な訛りを、もう聞けなくなってしまいました。惜しい人はとかく疾迅に去っていくものですが、それにしても四七歳はなんとしても早すぎました。

寺山さんは、はやくにぼくのことを注目してくれましたね。ぼくが二五歳のころにつくっていた「ハイスクール・ライフ」という高校生向けタブロイド一六ページの読書新聞を、あなたはすかさず「東京のヴィレッジボイスだ」と言って絶賛してくれました。横尾忠則さんとの紙上対談にも出てくれた。それがぼくが寺山さんと話した最初です。赤坂の「ざくろ」でしたね。その後は、フィルムアート社の「芸術倶楽部」に原稿を書いてみないかと勧めてくれ（それがぼくの二回目の外部原稿でした）、やっと親の借金を返しおえてぼくが始めた「遊」にも、よろこんで再三顔を出してくれました。そうそう、麻布十番の天井桟敷に呼び出して松岡も講演をするべきだと誘ってもくれました。

けれどもぼくはついに一度も、寺山さんについて何かを発言することをしなかった。たくさん恩義を感じていたのに、何も返せなかった。いま、それを悔やんでいます。ついついその機会を見送っていた。やはりすべてはジャン・コクトーが頻《しき》りにそう言っていたように、同時代におこるべきなのです。

でも寺山さん、寺山さん自身が同時代を待ちたくなかったんです。エフトシェンコやマヤコフスキーじゃないけれど、少年のころからあまりに早すぎた人だったのです。ナマの自叙伝をあれよあれよと次々に発表してみせていったので、ぼくばかりかみんながみんな追いつけず、黙って見ているしかなくなったのです。だって十六歳で高校生俳句大会を主催し、十八歳で中城ふみ子の『乳房喪失』のあとを追いかけ『チエホフ祭』でそのまま抜き去ってしまい、十九歳の早稲田祭ではアンリ・ミショーばりの詩劇《忘れた領分》でしょう。それからも、ほとんど何もかも、言葉と身体が関与する何もかものの実験をさっさと済ましていったんですからね。

とくに二五歳の寺山さんが土方巽や黛敏郎やらと組んだ「六人のアバンギャルドの会」（ほかに東松照明・金森馨・三保敬太郎でしたか）で《猿飼育法》を上演したのには、まったく新しい時代の到来はこうやっておこるんだということを感じました。かくてやっとぼくが寺山さんと同じ大学に入ったときは、放送詩劇『山姥《やまうば》』がイタリア賞のグランプリ、寺山さんは二八歳だったのかな。もう輝きすぎるほど輝いていた。これではとりつく島がない。爪さえ届きません。

思い返してみると、なんといっても一番のショックは寺山さんが二九歳のときに発表した『田園に死す』（ハルキ文庫）でした。あれはとんでもないものだった。ぼくは長いあいだ、この衝撃的な日本の唄《うた》いかたがどのように生成してきたのか、考えこみました。

大工町寺町米町仏町老母買ふ町あらずやつばめよ
新しき仏壇買ひに行きしまま行方不明のおとうとと鳥
桃の木は桃の言葉で羨《うらや》むやわれら母子の声の休暇

村境の春や錆《さ》びたる捨て車輪ふるさとまとめて花いちもんめ

うんうん唸《うな》りましたね。いったいどこからこんなふうに「言葉の組み合わせ」と「日本」と「ぼくにもあてはまる原郷記憶」とが、重なるように一緒になって律動をもって出てくるのだろうか。うーん、うーん、うんうん。これは北原白秋や野口雨情でもないし、吉井勇や日夏耿之介《こうのすけ》でもない。それから寺山さんと同世代の塚本邦雄でもないし高橋睦郎でもなかった。でも、われわれの言葉によってしかさかのぼれない或る原郷を切り取っていたものでした。

その『田園に死す』の長歌「修羅、わが愛」には、とくに困りました。そこには、こう書いてほしいということが全部書いてある。こんなふうでしたね。

いつも背中に　紋のある　四人の長子あつまりて　姥捨遊びはじめたり
とんびとやまの鉦《かね》たたき　手相人相家の相　みな大正の　翳《かげ》ふかき
義肢県灰郡入れ歯村　七草咲けば年長けて　七草枯れれば年老くる
子守の霊を捨てざれば　とはに家出る　こともなし

まあボクサーあがりの寺山さんだから、どんなパンチをこちらが用意してもこちらがカウンターを食らうのはしょうがないけれど、これではわれわれは全戦全敗です。ついつい黙ってしまうのは仕方のないことだったかもしれません。それでも今日は、やっと寺山さんについて何かを発言することになりました。まるで出し遅れの証文ですが、どこかで読んでください。とはいえここに書けるのは、ぼくがずっと憧れてきた寺山さんの短歌についての思い出と昭和五八年五月九日の葬儀の思い出だけです。

寺山さん。寺山さんの歌集が『空には本』で始まったことにいまさら驚いています。寺山さんの「本」はいつも空中やら河川やら街頭の中を走っていたんですね。すでに高校時代の歌がこんな歌でした。その後の寺山コンセプトも明示されていた。

とびやすき葡萄《ぶどう》の汁で汚すなかれ虐げられし少年の詩を
空は本それをめくらんためにのみ雲雀《ひばり》もにがき心を通る
大いなる夏のバケツにうかべくるわがアメリカと蝶ほどの夢

ぼくは「本」というものをオブジェのごとく、マラルメの記憶の匣《はこ》のごとく、バシュラールの哲学のごとく操る寺山さんに、行く手を塞《ふさ》がれた感じさえおぼえたものです。そのほか『空には本』にはいろいろ秀歌があるのですが、そのころだったか、ある日、とんでもないことがぼくの耳に飛び込んできました。「おい、知っているか、寺山修司の短歌はほとんど盗作なんだってこと！」。

実はそういう噂はなんとなくそれ以前から聞いていたのですが、どうせおかしな勘ぐりだろうと思っていました。世の中って、そんなものですからね。けれどもぼくにご注進をした友人は、ご丁寧にも〝証拠〟をもってきた。俳句から盗作したという証拠です。右が寺山さんの短歌で、左が俳句の本歌の例。

向日葵《ひまわり》の下に饒舌《じようぜつ》高きかな人を訪わずば自己なき男

・人を訪はずば自己なき男月見草（中村草田男）

わが天使なるやも知れぬ小雀を撃ちて硝煙嗅ぎつつ帰る

・わが天使なるやも知れず寒雀（西東三鬼）

わかきたる桶に肥料を満たすとき黒人悲歌は大地に沈む

・紙の桜黒人悲歌は地に沈む（西東三鬼）

莨火《たばこび》を床に踏み消して立ちあがるチェホフ祭の若き俳優

・燭の灯を莨火としつチェホフ忌（中村草田男）

莨火を樹にすり消して立ちあがる孤児にさむき追憶はあり

・寒き眼の孤児たち短身立ちあがる（秋元不死男）

たしかに本歌がありますね。あとから知ったことですが、これらの盗作については「時事新報」の俳壇時評に指摘があらわれてからずいぶん大騒動になっていたようでした。寺山さんをデビューさせた「短歌研究」編集長の中井英夫さんも、当時をふりかえって「自分はあまりに俳句に無知だった」と顧みています。しかし、ぼくは盗作おおいに結構、引用おおいに結構という立場です。だいたい何をもって盗作というかによるのですが、古今、新古今はそれ(本歌取り)をこそ真骨頂としていたわけですし、そうでなくとも人間がつかう言葉の大半は盗作相互作用だというべきで、ガブリエル・タルドの『模倣の法則』(河出書房新社)が言い尽くしていましたが、むしろどれほどみごとな引用適用応用がおこったかということこそが、あえて議論や評価の対象になるべきではないかと思うくらいです。でも、寺山さんはこの騒動を突きつけられて、ちょっとシュンとされたようですね。

こんなことをぼくが言うのはおこがましいけれど、寺山修司とはその記憶と表現の全身が、「美しきもの・険しきもの・懐かしきもの・寂しきもの」で相移相入してできあがったハイパーリンク状態そのもののような人なんです。むしろ盗作事件が寺山さんの初期におこったことを祝福したいくらいです。なぜって、寺山さんは結局はそんな傷みを体にうけてそのままフランケンシュタインの傷のように生かしてしまい、さらにさらに高度な引用適用応用世界をつくりあげていったわけですからね。

しかし、寺山さんは他人から一知半解の文句を言われるのは大嫌いな人だった。それならあんたに目にものみせて進ぜようというところがあった。かくて寺山さんは『血と麦』で急激に蘇《よみがえ》り、相手を打倒し、いっさいの追随を許さぬ言葉の疾走を見せてくれることになります。

黒人に生まれざるゆえあこがれき野生の汽罐車《きかんしゃ》、オリーブ、河など
わが捨てし言葉はだれか見出さむ浮巣の日ざし流さるる川
ピーナッツをさみしき馬に食わせつついかなる明日も貯えはせず
麻薬中毒重婚浮浪不法所持サイコロ賭博《とばく》われのブルース

やった、やった、です。こうでなくては寺山さんじゃない。ともかくもそれからの寺山さんは短歌すら面倒になり、ひたすら実験演劇の試みに向かっていったのでした。そしてその芝居のなかにありったけの言葉を吐いていったのでした。
ところが、このころすでに肝硬変が寺山さんを少しずつ蝕《むしば》んでいたんですね。そして寺山さんはマッチ擦る束の間の一瞬を選んで、さっさと一人で歌のない世界へ行ってしまった。いまでもありありと思い出しますが、青山葬儀場はもう涙にくれる以外はなかったものでした。葬儀委員長の谷川俊太郎、中井英夫や唐《から》十郎や鈴木忠志の弔辞までは

ともかくも、式の次第がむせび泣きのなかで進むにつれて、いよいよ天井桟敷の若衆たちが唄い出したときには、会場の全員が嗚咽《おえつ》をはじめた。《レミング》の主題歌でしたね。

みんなが行ってしまったら
わたしは一人で手紙を書こう
みんなが行ってしまったら

若衆たちはこのように次々に寺山さんの歌を唄いながら、順番に姿を消していったんですよ。そして、最後に聞こえてきたのは、寺山さんのこんな言葉だったんですよ。知っていましたか。

一番最後でもいいからさ
世界の涯《は》てまで連れてって
世界の涯てまで連れてって

あとで山口瞳が書いていたことですが、山口さんの息子さんがこんなことを言っていたようです。「ぼくは寺山さんの芝居は全部見ているけれど、寺山さんの演出で、これが一番よかった」と。寺山さん、あんなふうに最後の最後になって世界をかっぱらうなんて、ずるいですよ。ぼくはあれからずっと返す言葉を失っていたんです。では、ぼくもいつかそのようになることを約束して、さようなら。

第四一三夜　二〇〇一年十一月五日

参照千夜

九七六夜：土方巽『病める舞姫』　五三〇夜：美輪明宏『ああ正負の法則』　九一二夜：ジャン・コクトー『白書』　九七七夜：アンリ・ミショー『砕け散るものの中の平和』　一〇四八夜：北原白秋『北原白秋集』　七〇〇夜：野口雨情『野口雨情詩集』　九三八夜：吉井勇『吉井勇歌集』　三四四夜：高橋睦郎『読みなおし日本文学史』　九六六夜：マラルメ『骰子一擲』　一三一八夜：ガブリエル・タルド『模倣の法則』

青春という字を書いて横線の多いことのみなぜか気になる
サ行音ふるわすように降る雨の中遠ざかりゆく君の傘

俵万智

サラダ記念日

河出書房新社　一九八七　河出文庫　一九八九

小池さんが「すごいですよ、タワラマチ。高校の国語のセンセイなんですが、まあ、読んでみてください」と興奮していた。河出の編集者である。「与謝野晶子の再来だっていう人もいるくらいでね」とも言った。小池さんは金井美恵子にポルノグラフィを書かせるほどの腕の持ち主で、いいかげんなことを言う男ではない。そうか、そんなに凄《すご》い歌人が出現したのかと思った。「なんていうの?」「『サラダ記念日』っていって、俵万智っていう子が書いた」「子って、いくつなの」「二三歳か、二四歳」。「うちの長田洋一っていうのが見つけたんですよ」。

この二、三年ほど前に俵万智が「八月の朝」という短歌群で角川短歌賞を受賞していた噂は聞いていた。たしか書店でその歌をさあっと見たはずだが、名前は忘れていた。

そのライト・ヴァースな感覚がちょっと刺さってきたことだけを憶《おぼ》えていた。

この歌集には、半分くらいは、「向きあいて無言の我ら砂浜にせんこう花火ぽとりと落ちぬ」「江ノ島に遊ぶ一日それぞれの未来があれば写真は撮らず」といった退屈な歌が並んでいる。そして残りの半分の半分には、「空の青海のあおさのその間サーフボードの君を見つめる」というような、牧水もどきの歌の隙間に湘南サーフィンの点景を挟んだような、あるいは「君といてプラスマイナスカラコロとうがいの声も女なりけり」といったような、擬古と日常が屈託なく付きあっている歌がけっこうある。

加えて「潮風に君のにおいがふいに舞う抱き寄せられて貝殻になる」「万智ちゃんがほしいと言われ心だけついていきたい花いちもんめ」「ハンバーガーショップの席を立ち上がるように男を捨ててしまおう」「男というボトルをキープすることの期限が切れて今日は快晴」といった、ポップス調というかシンガーソングライター調というか、無責任というか、ユーミンや中島みゆきや、あるいは阿木燿子《あきようこ》をうんと平坦にしたような歌も少なくない。

だから、ここまではちょっぴり辛口にいえば、とうてい与謝野晶子というわけにはいかないのだ。ところが、残りがおもしろい。スパッと歌壇の慣習を打ち破った。晶子が登場したときの情熱や情念とはだいぶんちがうのだが、とくに社会や国土や精神のたたずまいについては晶子の筆鋒《ひっぽう》はほとんど見られないのだが、言葉の放ちかたや捨てかたはちょっと晶子を思わせる。だれにも真似ができるわけではないが、だれもが真似たくなる歌が、ある。まず「中」の出来の歌から――。

この時間君の不在を告げるベルどこで飲んでるだれと酔ってる
線を引くページ破れるほど強く「信じることなく愛する」という
「嫁さんになれよ」だなんてカンチューハイ二本で言ってしまっていいの

砂浜を歩きながらの口づけを午後五時半の富士が見ている
「冬の海さわってくるね」と歩きだす君の視線をもてあます浜
今日風呂が休みだったというようなことを話していたい毎日
バレンタイン君に会えない一日を斎《いっき》の宮のごとく過ごせり

手紙には愛あふれたりその愛は消印《けしいん》の日のそのときの愛
あなたにはあなたの土曜があるものね見て見ぬふりの我の土曜日
「おまえオレに言いたいことがあるだろう」決めつけられてそんな気もする
愛ひとつ受けとめられず茹《ゆ》ですぎのカリフラワーをぐずぐずと噛《か》む

さくらんぼ少しすっぱい屋上に誰よりも今愛されている
ガーベラの首を両手で持ちあげておまえ一番好きなのは誰
ため息をどうするわけでもないけれど少し厚めにハム切ってみる
思い出はミックスベジタブルのよう　けれど解凍してはいけない

「この味がいいね」と君が言ったから七月六日はサラダ記念日
カニサラダのアスパラガスをよけていることも今夜の発見である

すべて恋歌である。歌集に並んだ順で拾ってみた。やたらに有名になった「カンチューハイ」や「サラダ記念日」の歌だけではなく、たくみに、さらりと、口語をいかした短歌が揃っている。会話をそのまま歌にしているようなのだが、ポップスや広告コピーでは追いきれない爽快《そうかい》な完結感があり、虚をついてくる。なかに「さくらんぼ少しすっぱい屋上に誰よりも今愛されている」といった素直普遍とでもネーミングしたい作歌も発揮されている。

しかし晶子というなら、次のような歌があった。たとえば、「たそがれというには早い公園に妊婦の歩みただ美しい」「陽の中に君と分けあうはつなつのトマト確かな薄皮を持つ」「そら豆が音符のように散らばって慰められている台所」。そして、「白よりもオレンジ色のブラウスを買いたくなっている恋である」。これらには晶子が平成の渋谷東急本店通りを歩いていたら、ひょっとするとこんなふうに詠んだかもと想像させるものがある。

うまさもある。高橋源一郎は俵万智の登場に驚いてこう書いた。「コピーが詩人たちを青ざめさせたのはつい最近のことだった。今度は短歌がコピーライターたちにショックを与える番だ。読んでびっくりしろ、これが僕にできる唯一の助言である」と。

ぼくはびっくりしたというより、だんだん気分がよくなった。ここにはシラブル麻薬の効果のようなものもある。それは寺山修司の登場のときのような気分であった。それとともに俵万智には、「言葉のシラブル」とともに「文字の律動」をつかまえる冴えがあった。それは次のような短歌を見つけたときに感じた。これらには語感だけではなく、タイプフェイスをも短歌にする感覚が横溢し、かつ、それをそのまま心情にデザインしてしまう巧妙がぶらさがっていた。

青春という字を書いて横線の多いことのみなぜか気になる
サ行音ふるわすように降る雨の中遠ざかりゆく君の傘
異星人のようなそうでもないような前田から石井となりし友人

短歌というものがどれほど自由なものであるかについては、いまさら俵万智によって示されたことではない。そういうことはないのだが、その短歌を自身の日々の周辺から自由に取り出せたことは、俵万智の歌人としての存在の自由を鮮烈に告示した。

こうしてぼくは小池さんの進言にはまり、俵万智の隠れファンになったのだが、ほんとうのところをいうと、俵万智には「カンチューハイ」を歌うより、すでに『サラダ記念日』に「夏の船」として収録された短歌群のうちの次のような歌を、これからはびしびしとつくってもらいたい。

食卓のビールぐらりと傾いてああそういえば東シナ海
くだもののなべてすっぱい町なりき西安《シーアン》に朝の風は生まれる
パスポートをぶらさげている俵万智いてもいなくても華北平原
日本にいれば欲しくはならぬのに掛け軸を買う拓本を買う
ハンカチを膝《ひざ》にのせればましかくに暑い杭州体温の町

この五首はぼくに晶子がパリに行ったときの短歌を、しかも晶子ではない平成の晶子をおもわせた数首だった。ちなみに、ぼくが当時選んだ（そのころ二重丸をつけた）『サラダ記念日』の中の「天」と「地」は次の歌だった。これはまったく無責任な期待だが、俵万智はいずれ薄墨色の歌を詠んでいくといいのではあるまいか。

一点に戻らんとする心あり墨より黒きものは塗られぬ
さくらさくらさくら咲き初め咲き終わりなにもなかったような公園

第三一二夜　二〇〇一年六月十二日

参照千夜

二〇夜：佐藤春夫『晶子曼陀羅』　五八九夜：若山喜志子選『若山牧水歌集』　四一三夜：寺山修司『寺山修司全歌集』

言葉はどこにだってすべりこむ
その言葉だってついついすべりだす

平田俊子

平田俊子詩集

現代詩文庫（思潮社）　一九九九

読書だって食べ物である。食べ物だから御馳走《ごちそう》もあるしジャンクフードもある。おいしい懐石の途中でじゃがりこを食べることはしないが、じゃがりこを食べるとおいしい夜更けというものもある。その夜更けは懐石など食べる気にならない。本によっては、炒《いた》めて食べるとか、冷やして食べるとか、そういう食べ方もある。関連書を先に読んで、それから入ることもある。

読書にはいろいろの読みようがある。音楽だって、そうだ。一番好きなものを聞くとはかぎらない。ラジオから流れっぱなしのときもあるし、知り合いのリサイタルでは音楽を聞いていながらも、ほとんど他のことを感じていることもある。

平田俊子の『ラッキョウの恩返し』（思潮社）が出たときは、コンビニでおいしそうな新製品を買うように、すぐに食べた。いま奥付を見ると一九八四年の初版だから、ぼくが麻布に引っ越してまもないころで、人生のなかで最も余裕があった時期だ。

その『ラッキョウの恩返し』には「そうじの科学」という詩があって「縦十五歩　横三歩　高さ五歩」の部屋のことが、出てくる。そして突然「宇宙は部屋に化けそこなった」とか「花は一本もないが　ブラックホールがひとつある　どうです　すてきでしょう」とあった。そうか、こういうジャコダシ味のカップラーメンも出たのか、また見つけたら買っておこうとおもった。

そのうち今度は『アトランティスは水くさい！』（書肆山田）が出た。そのなかに「縄に棲む鬼」があって、次のように始まっていた。

背も血圧も高い男が
高気圧のもと　あえなく逝った
血圧のひくいちびのわたしに　少し
分けてくれる約束でしたが
遺言の中に見当たりませんか

これを買って食べた。前よりピリ辛の味付けになっていて、うんまあ、こういう絵空事があるのはいいなと思えた。次に『夜ごとふとる女』（思潮社）が店に並んだときは、パラパラと見て、買うのをやめた。やめたが、のちに本書の中で「女の一生あるいは中山厚子」や「雨傘期」に出会って、びっくりした。「雨傘期」には、こんな一節がある。

「雨傘期」
とそれだけ書いて
それに続く番地、氏名の一切を省略してしまう
つまり「雨傘期」は
わたくしの住所、氏名の短縮ダイヤルなのである
「雨傘期」
と言ったって
ひとびとが手に手に雨傘をさして出歩く季節は
そうながくは続かない
あまぐもはコーべあたりで散財し
財布の底をはたくので
アマガサキに着く頃には
わずかな雨量の持ち合わせしかない

その後、しばらく平田俊子本舗のことを忘れていた。読書というものは、その本棚の前に体が進むという前戯からはじまるので、詩集の本棚などに行きたくないときはずうっと詩集から遠ざかる。

ところがある日に、街の初めて入る書店の新刊書の棚に、平田俊子『（お）もろい夫婦』という一冊が飾ってあって、これは手を出してしまった。「雪見だいふく」とか「カラムーチョ」といったネーミングに似たタイトルの勝利であろう。ぽつぽつ食べ始めていると、お好みあられよろしく袋の中にいろいろ入っている。「二元師走草紙」が食べ頃になっていた。

平田の詩には言葉を日々の出入りにすべりこませるようなところがあって、そこがニヤニヤさせる。街の信号機を見たり、聴診器がほしくなったり、ドアをすり抜けたりするたびに、言葉が動く。詩集『ターミナル』（思潮社）の「あいさつは大事」では、こんなふうだ。

橋を渡ろうとするときは
「通してください」とあいさつなさい

でないと半分渡ったときに
橋はふたつに割れるでしょう

車に乗ろうとするときは
「乗せてください」とあいさつなさい
でないとシートにすわったとたん
タイヤの空気がぬけるでしょう

（略）

ベッドで寝ようとするときは
「寝かせてください」とあいさつなさい
でないとぐっすり眠っている間に
ベッドは棺桶《かんおけ》になるでしょう

本書はこのシリーズの掟《おきて》にしたがって、詩人のいくつかの詩集から選んだ作品で構成されているが、ぼくが読んだことのないエッセイや、笙野頼子《しょうのよりこ》や伊藤比呂美や富岡多恵子の平田俊子小論ともいうべきが載っていて、これが特別のおまけのように得な気分になる。

とくに伊藤比呂美の平田についての感想は、本書にかぎっては笙野も富岡をも凌駕《りょうが》していた。吉増剛造の平田についての感想も入っているが、これは書かないほうがよかったという平田論である。吉増はコンビニに行ったことがないのであろう。
平田自身のエッセイでは、平田がはじめて東京の詩人の授賞式パーティに呼ばれ、草野心平から「きみの目はだめだな」と言われたシーンを綴った一文が、妙に忘れられない。ぼくが高内壮介に連れられて新宿のバー「学校」で草野心平に会ったときは、「ああ、高内君からよく聞いていたよ。遊《ゆう》だろ、教育テレビにならないようになあ」だった。お互いに、心平さんのカエルに呑まれないようにしたいものだ。

第一九三夜　二〇〇〇年十二月十八日

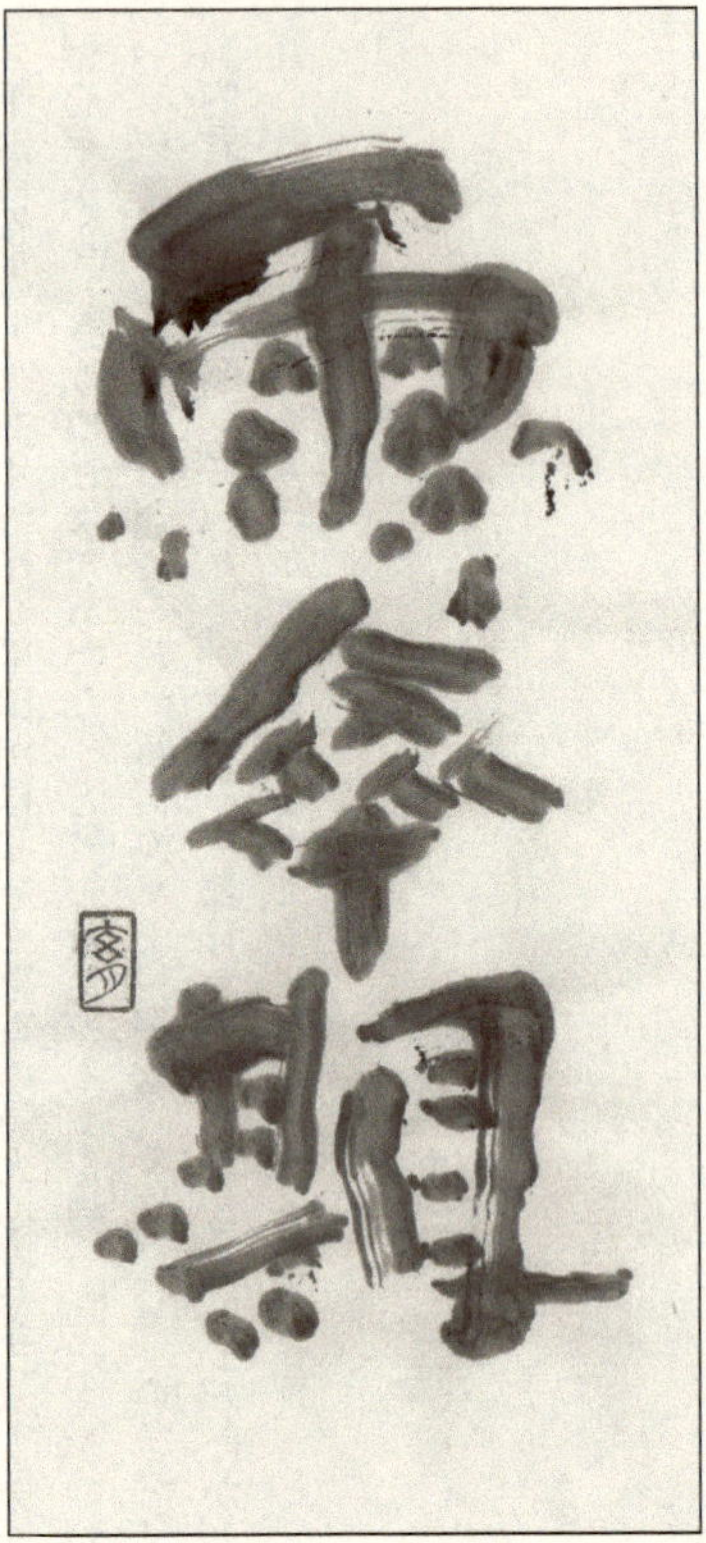

書：松岡正剛　「雨傘期」

句読点と「切れ字」と点描画はどこかが似ている

省略の文学

外山滋比古

中央公論社 一九七六 中公文庫 一九七九

そこに句点や読点が落ちる場面を変えてみると、句読点は魔術になる。読点が「、」、句点が「。」だが、とくに読点が動くと意味が変わる。「いやよして」という五文字があって、どう読点を打つか。「いや、よして」にも「いやよ、して」にもなる。「よして」の否定文にも「して」の肯定文にも変わる。ぼくはかつて良寛をめぐる口述書物に『外は、良寛。』(芸術新聞社)という前代未聞の標題をつくったが、その句読点術はいまではついにJポップの「モーニング娘。」まで進んでしまった。

英語では句読点のことをパンクチュエーション(punctuation)という。カンマ、ピリオド、ハイフンなどで読みが変わる。"eats, shoots and leaves"(食って撃って逃げる)と"eats shoots and leaves"(芽と葉を食べる)ではガラリと意味がちがう。

逆に、句読点をあえてつかわない表現法もある。それが短歌や俳句である。詩は句読点を嫌わない。けっこう多い。短歌や俳句にも句読点が登場することがないわけではないが、短すぎてあまり効果があるとはいえない。外山滋比古はその句読点をつかわない俳句に、昔から注目していた。句読点がないぶん切れ字を句読の調子にしたことに注目したのである。

句読点も切れ字も、言葉づかいの「間《ま》」のようなものである。そこには一瞬の沈黙がある。それによって言葉がないところに、もうひとつの表現が生まれる。俳句の終わりぐあいに切れ字がくれば、文中ではないのに新たな効果が生まれる。

それとはべつに、「秋深しとなりはなにをする人ぞ」の「ぞ」に始まるものもある。ギリシア以来のヨーロッパの修辞学ではこれをアポジオペーシスといって、頓挫《とんざ》あるいは頓絶ととらえた。尻切《しりき》れとんぼなのだ。俳句の切れ字はそこをあきらめない。

外山滋比古の著作と仕事については、みすず書房の『エディターシップ』という書名にひっかかってこのかた気になっていた。外山自身が雑誌「英語青年」の編集者であったことも、そのとき知った。けれどもそのエディターシップ論は、ぼくが感じはじめていた編集的世界像とはいささかちがうものと見えたので、そこからわざわざ外山に入る気にはならなかった。それが外山の日本語へのこだわりを少しずつ知るようになって、気が向くとぽつぽつと読みはじめた。

日本語は膠着語である。とくに仮名をつかいはじめて膠着性《こうちゃくせい》がますます強まった。その日本語をどうつかうか。これは日本語をつかう者にとっては最も愉快で最も冒険を誘うものになる。

たとえばギリシア語やラテン語系の言葉は屈折語であり、中国語は孤立語である。孤立語は一字一字の文字が独立して並んでいる。だから断切的になる。そこで「新人類進歩研究会」という漢字の並びは「新・人類進歩研究会」か「新人類・進歩研究会」か「新・人類進歩・研究会」なのかを憶測しなければならない。こういう一種の心理負担ともいうべきが、かえって孤立語の表現をおもしろくさせる。漢詩がそうであるように、頭韻や脚韻も独自に発達する。絶句という形式もこのような性質から発達してきた。日本語はそうした断切性をもっていないぶん、助動詞や擬態語でいろいろな補いをする。「そこを何とかスッキリさせてくれないかなあ」というふうになる。そこへ割って入ったのが切れ字という断絶力で、そのような意外な使い勝手をつくった日本語というものの総体が注目されるのだ。

外山には「修辞的残像」という見方がある。同名の本も書いている。一言でいえば、俳句はその修辞的残像を最もよくいかした表現世界である。とくに切れ字はそれをつかうことで空間を限り、時間を飛ばし、そこにちょっとした余剰の空間や余情の時間をつくる。これはおもしろい。なぜそんなふうになるのか、いろいろ考えてみたくなる。

外山も長いあいだ、そのおもしろさを考えてきた。芭蕉の「病雁の夜寒《よさむ》に落ちて旅寝かな」が、いったい雁が旅寝をしているのか、旅人が旅寝をしているのか、「かな」の切れ字でその二つのイメージがあえて重なっていくのはなぜかというようなことを、考えてきた。

ここからは、日本語の言葉の本質にはそもそも「不決定性」というようなものがあったのではないかという推理や、日本語はもともと「とりあわせ」を重視してきたのではないかという推理がはたらいていく。それが俳句だけではなく、日本語のいわゆる曖昧《あいまい》表現に修辞的残像をつくってきた要因になっているふしがある。外山は必ずしもそこを強く攻めこんではいないものの、ぼくはここからの推理が好きだった。ぼくが外山をぽつりぽつりと読んできたのは、この推理を勝手にたのしむためだったかもしれない。そういう読み方で本が読めるのは、読書の快楽のひとつであり、そういう読書を許容するような書き方ができるというのは、著者の並々ならぬ手腕なのである。

本書では、ポアンティイスムに言及しているのが、記憶にのこっている。ポアンティイスムというのは点描画法のことで、スーラがシュヴルールの色彩理論をヒントに工夫した。このポアンティイスムが俳句にもあるのではないかというのだ。俳句は「線」や「面」ではなく、巧みに「点」を隣りあわせているのではないかというのだ。言葉の点描画法が修辞的残像をつくっているというわけである。

たしかにそういうところはある。ただし、俳句は絵画のように鑑賞者が距離をおいて見るものとはいえない。むしろリズムのほうで知覚的な距離をとっている。だから、俳句はリズム距離をもったポアンティイスムなのかもしれず、だからこそリズムが好きな子供は意外な名句を作れるのであろう。

第三九九夜　二〇〇一年十月十六日

参照千夜

一〇〇〇夜：良寛『良寛全集』　九九一夜：松尾芭蕉『おくのほそ道』　三六二夜：金子兜太監修・あらきみほ編著『小学生の俳句歳時記』

アクタガワ　些少の奥に腰掛けて
僅少図巻の紐をほどけり

芥川龍之介

侏儒の言葉

日本近代文学館　ほるぷ出版　一九七二　／　岩波文庫　一九六八　／　文春文庫　二〇一四

手元にあるのは日本近代文学館による復刻版だ。ぼくはときどき、『みだれ髪』や『武蔵野』などの復刻版を入手する。初出は大正十二年の「文藝春秋」創刊号から二年間連載され、自殺の二年前に打ち切られた。出版は遺稿として扱われた。この遺稿をここで採用するのは芥川の最期の意識を覗くためではなく、芥川の思索と表現の狙いを浮き彫りにしたいわけでもなく、芥川が日々ひっかかった断片にややこだわって芥川の俳諧的趣向の感覚を少しくのべてみたいというだけである。なぜそうするかは読んでもらえばわかる。

★人生は一箱のマッチに似てゐる。重大に扱ふのは莫迦莫迦《ばかばか》しい。重大に扱はなければ危険である。

芥川らしい箴言《しんげん》だ。正と負の両方に一本のマッチを擦ってみせている。芥川ははやくから、本人の説明によれば「論理の核としての思想のきらめく稜線《りょうせん》だけを取り出してみせる」という技法に傾倒していた。稜線というところが芥川らしい。

芥川にはもともと箴言的なるものがあり、この箴言の振動力をどのように小説的技法となじませるかを工夫しつづけてきた（中村真一郎だったと記憶するが、芥川の作品はどれも『侏儒《しゅじゅ》の言葉』の中に入りきるというようなことを言っていた）。こうした箴言だけを書きつらねたのが『侏儒の言葉』となった。侏儒とはわれわれの中に棲む小さな意図のことである。中国では小人《しょうじん》や非見識者のことをさした。

星、鼻、修身、神秘主義、女人などから始まって、罪、つれづれ草、自由、唯物史観、日本人、荻生徂徠《おぎゅうそらい》、幼児……といったタイトルのもと、それぞれ短文がくっついて、ランダムに並ぶ。ただし、ときどき「又」というタイトルが入って、先行の文章を受け、続けてアフォリズムを加えていく箇所も少なくない。

いくつか、引用する。こんな調子だ。

★正義は武器に似たものである。武器は金を出しさへすれば、敵にも味方にも買はれるであらう。

★強者とは敵を恐れぬ代りに友人を恐れるものである。(中略)弱者とは友人を恐れぬ代りに、敵を恐れるものである。

★年少時代の憂鬱は全宇宙に対する驕慢《きょうまん》である。

★言行一致の美名を得る為にはまづ自己弁護に長じなければならぬ。

★消火は放火ほど容易ではない。

★自由は山巓《さんてん》の空気に似ている。どちらも弱い者には捉えることは出来ない。

だいぶん前から、芥川については瑣末《さまつ》に見えること、ちょっとしたことを書きたかった。岩波の『全集』第六巻の月報の執筆を頼まれたときも、染井の慈眼寺の墓のことから芥川が好物だったブリの照り焼きのことや、下痢をおこすほど苦手だった生姜《しょうが》のことなどを書いた。

なぜ芥川の瑣末を書くかというと、芥川は大上段の論理や大掛かりな人生をたえず瑣末で壊してみせようとしたからだ。禅智内供《ぜんちないぐ》の鼻が長かったためにおこった悲劇が、こうして書かれた。次に書いたのが『芋粥《いもがゆ》』と『手巾《ハンケチ》』であるが、『芋粥』はふだんはたくさん食べられる芋粥が三分の二しか食せなかった男の話だ。それが気になるのである。『手巾』は失われた武士道を探していた大学教授が、或る婦人がテーブルの下で握りしめているハンケチにそれを感じるという短編だ。芥川もこんな文学でいいのかという懸念はあった。

そこへ、漱石がそういう芥川をいちはやく褒めて応援した。きっと「瑣末の趣向」を扱う切れ味になにがしかの機知と哀歓を感じたのだろう。芥川もこの褒め方に鼓舞されて、生涯、この漱石が褒めた感覚を忘れないようにしていたふしがある。「芥川の文学」「芥川の自殺」「芥川から昭和文学へ」といった大きなテーマが看過されてよいわけではないが、それ以上に看過されてはならないのが、世間では瑣末に見えることが、芥川にはたいてい大きく見えていたということなのだ。

ここに芥川のマイクロスコピックな箴言的世界像というものが出入りする。細部の稜線だけで世界との関係を示す方法がある。大筋や大要はどうでもいい。ひたすら「ちょっとした意外性」を発見できればいい。だから扱う素材はブリの照り焼きでも銀のピンセットでも電車の架線でもよかった。それが神経と直結しているのなら。

★わたしは神を信じてゐない。しかし神経を信じてゐる。

★わたしは良心を持つてゐない。わたしの持つてゐるのは神経ばかりである。

いまさらいうまでもなく、芥川の神経は昭和二年の自殺の直前に、『玄鶴山房《げんかくさんぼう》』『蜃気《しんき》楼《ろう》』『春の夜は』となって放電した。その『蜃気楼』にはなぜかマッチ、セルロイド、ネクタイピンが出てくる。ネクタイピンは外ですれちがった男の胸にキラッと光っていたものので、でも、それはよくよく見ると煙草の火だったのである。『春の夜は』では丸の内を歩いていたときに感じた野菜サラダの匂いだけが、まるで江國《えくに》香織の「すいかの匂い」のように語られる。

この『春の夜は』の直後の執筆が、『河童《かっぱ》』『三つの窓』『歯車』『或阿呆《あるあほう》の一生』『西方の人』という最終連打になる。が、だからといってそれらで大袈裟《おおげさ》な人生の問題が取り沙汰《ざた》されたわけではなかった。たとえば『歯車』ではレインコートとスリッパとココアがいっさいの神経放電の起爆点なのだ。だからこそ、あの最後の場面では芥川の頭上を掠《かす》めて飛ぶ銀色の単葉飛行機が、芥川の決意をかためさせたのである。このこと、『遊学』(中公文庫)では「セイゴオCの話」として書いておいた。

瑣末や些細なものから神経のバーストがおこるということは、とくに芥川の特権ではない(仮に閃輝暗点症のような体質が関係していたとしても)。

けれども、そのことを書いてそれを「文芸的な、あまりに文芸的な」というふうに読者に感じさせられるだろうと本人が得心できたのは、芥川の特権か、さもなくば過信だった(芥川はずっと読者と自分の関係を気にしていた)。少なくとも、よほど言葉を信じていたか、言葉を合金のように扱う自信があったからだ。もし芥川にあまたの言葉を「銀のピンセット」で弄《もてあそ》ぶ技量がなかったならば、こんなふうに瑣末や些細をもって全体を逆襲するようなことはしなかった。だから、次のようにも言葉の技法を悪魔的に要諦《ようてい》することもできたのだ。

★あらゆる言葉は銭のやうに必ず両面を具《そな》へてゐる。例へば「敏感な」と云ふ言葉の一面は畢竟《ひっきょう》「臆病《おくびょう》な」と云ふことに過ぎない。

芥川は生後八ヵ月で本所の芥川道章の家に引き取られた。母フクが錯乱したからである。道章の家は一家揃って一中節《いっちゅうぶし》を習っているような遊芸一家だった。

母の病気は芥川文学の「心理」を解くには大きな鍵のひとつであるが、また実際にも長じた芥川が「狂気の遺伝」を怖れていたことも事実だが、幼少年期の芥川には一中節の音曲と歌詞のほうがずっと大きかったにちがいない。

その母フクは芥川が十一歳のときに死んだ。気の早い批評家はこれをもって芥川文学の出発と決める。そんなことはあるまい。悲しかったろうけれど、その悲しみは母との別れでなく(芥川はあまり詳しい母の記憶をもってはいない)、母の「狂気」を指の傷から滲む血に感じてからのこと、それも日常のわずかな出来事でおこる血が感じさせるからだったとぼくはおもっている。

それを証拠だてるわけではないが、芥川は母の死んだ年、一中節の師匠宇治紫山の息子から英語と漢学を習うようになった。このとき芥川を夢中にさせたのはイギリス文学でも頼山陽の『日本外史』でもなく、むろん東西の文明の大勢のことでもなく、ひとえに英文字と漢字が秘める文字感覚だったのである。

もともとぼくは芥川の文字感覚にも格別な興味をもっていて、最初のうちは原稿用紙の枡目《ますめ》をはみだすように綴っていた文字が、死に向かってどんどん小さくなっていくことに、何かの動きを感じていた。その細楷性は芥川の文学そのものが向かっている先のように見えていた。その見え方から察すると、きっと芥川にとって文字はタイポグラフィックな思想だったのである。だからどのような文字を綴るかということが、芥川の勝負であり、それがもし常識一般の美学しかもっていないようであれば、芥川は芥川を退屈にさせたのだ。芥川はいつも、常識に近寄らない文字ばかりを書こうとしていたのではあるまいか。

★危険思想とは常識を実行に移さうとする思想である。

東京帝国大学を出るときの卒論がウィリアム・モリス論であったことについては、かつて『遊学』のモリスの項目に書いた。モリスであるということは、社会改革志向やユートピア幻想や芸術至上主義に関心をもっていたということだが、もっとはっきりいえばアーツ・アンド・クラフツやレッサー・アーツ（小さな芸術）がもたらすものこそが芥川の興味の対象になっていたということなのだ。貼り紙の模様が倫理であってほしかったということなのである。レッサーとはプチである。些少であり、僅少なのである。そこを芥川は凝視した。

このようなことは、芥川が短編しか書かなかったこととつながっている。また、芥川の表現力が小説よりも俳句のほうがずっと安定していたことにも通じている。これも「月報」に書いたことだが、こんな句があった。「お降りや町ふかぶかと門の竹」と作ったのち、芥川は推敲して、こう改作してみせたのだ、「お降りや竹ふかぶかと町のそら」。この些細なる大転換こそが、芥川龍之介の真骨頂なのである。

こんな句もあった。「春に入る柳行李《やなぎごうり》の青みかな」。きっと五十歳をこえた芥川がいたとしたら、日本の俳諧や短歌を塗り替えたのではあるまいか。

★我々の生活に欠くべからざる思想は或は「いろは」短歌に尽きてゐるかも知れない。

ところで芥川のマリア論というものがある。どこで書いたかというと、最後の最後の遺稿作品『西方の人』に綴られている。

それまですでに芥川はいくつかのキリシタン物を書いていた。『奉教人の死』と『るしへる』はラテン文学に伝わる黄金伝説を下敷きに日本の桃山ふう古文書にしてみせたもので、『きりしとほろ上人伝』はやはり黄金伝説を泰西古文書ふうに偽装した翻案だ。いずれもどこかで、聖者と悪魔の取引に読者を引きこんでいる。

ぼくは昨夜の深更に初めて読んでみたのだが、『おぎん』『おしの』という棄教を扱った小品もあった。『おぎん』はよく出来ていて、おそらく遠藤周作の『沈黙』の先駆にあたるのではないかと感じた。

こういうものは書いていたのだが、マリアについてはほとんど言及していなかった。唯一（か、どうかは自信がないが、おそらく唯一）、マリアの祟《たた》りともいうべき変事を描いた『黒衣聖母』があるけれど、これは仏像化したマリア観音を素材にしているので、いわゆるマリア的なるものの言及はない。それが最後になってマリアのイメージについて、芥川らしい言葉をふと洩《も》らしたのだ。

なぜ芥川が自殺の直前にイエス・キリストのおはします方角を示したのかは、これまでさんざん議論されてきたから、ふれない。信仰の問題ではないのは言うまでもないが、こういう問題は正宗白鳥にも深沢七郎にも通じることで、一人芥川を論じてすむものではない。ぼくとしては芥川がここでも些細や瑣末や稜線をもってマリアに向き合ったことを、たんに示しておきたいのだ。

芥川はマリアを「永遠に女性的なもの」としてではなく、「永遠に守ろうとするもの」と捉えたのち、こう言ったのである。「我々は炉に燃える火や畠の野菜や素焼きの瓶《かめ》や巌畳《がんじょう》に出来た腰掛けの中にも多少のマリアを感じる」と。また、こうも書いていた。「我々はあらゆる女人の中に、多少のマリアを感じるであろう。同時に又、あらゆる男子の中にも」と。

★良心とは厳粛なる趣味である。

これでおわかりのように、なんと「厳粛なる趣味」としての「素焼きの瓶」がマリアなのである。そのようにマリアを見たい、マリアというものはもともとそういうように「外在する断片」なのではあるまいか、マリアは良心の趣向なのではないか。それをわれわれは大掛かりなマリア信仰に仕立ててしまったのではないか。これはマリアとわれわれの距離を遠のかせるだけではないか。そう、芥川は言いたかった。

結局、芥川はそれを言い残して死んでしまった。言い残したことを詮索《せんさく》するのはまことにつまらないことだけれど、芥川自身が「素焼きの瓶」になりたかったことはあきらかである。『或阿呆の一生』には、そのことがこんなふうに語られている。「架空線はあひかはらず鋭い火花を放つてゐた。彼は人生を見渡しても、何も特に欲しいものはなかつた。が、この紫色の火花だけは、——凄まじい空中の火花だけは命と取り換へてもつかまへたかつた」。もう、遅かったけれど……。

★わたしは勿論《もちろん》失敗だつた。が、わたしを造り出したものは必ず又誰かを作り出すであらう。

追って。芥川の担当医が井上井月《せいげつ》の俳句に格別の関心を寄せていたことを、第四五四夜に書いておいた。なぜ井月の句に惹かれていたかということも書いておいたので、読まれたい。芥川の「時雨《しぐ》るるや層々暗き十二階」「冴え返る隣の屋根や夜半の雨」は、さすがにどこか井月を思わせる。けれども井月の「世の塵《ちり》を降りかくしけり今朝の雪」には、まだ津々と及ばない。そこを想うと三五歳の死はやっぱりあまりに早すぎた。では、おまけ。小池純代と編集学校の「笹鳴」諸君のために、「原稿はまだかまだかと笹鳴くや」。また、荒木雪破のために、「時雨るるや堀江の茶屋に客一人」。ぼくの句ではない。いずれも澄江堂芥川龍之介が詠んだ句だ。

第九三一夜　二〇〇四年二月六日

参照千夜

一一二九夜：中村真一郎『木村蒹葭堂のサロン』　五八三夜：夏目漱石『草枕』　七四七夜：江國香織『落下する夕方』　三一九夜：頼山陽『日本外史』　三九三夜：深沢七郎『楢山節考』　四五四夜：江宮隆之『井上井月伝説』

書：松岡正剛　「侏儒」

第二章 類で分けて

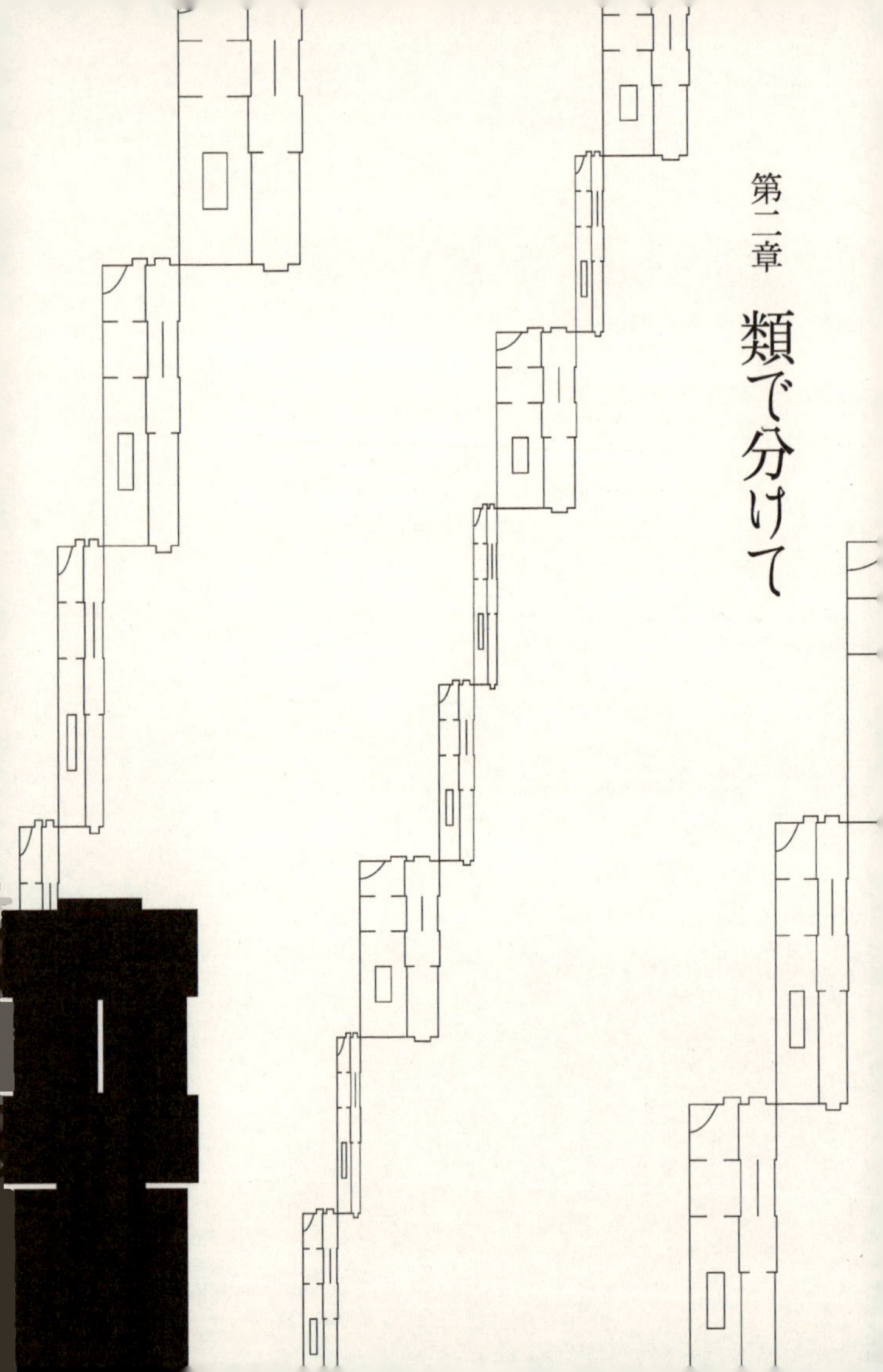

大野晋・浜西正人『角川類語新辞典』

水庭進編『現代俳句表記辞典』

芳賀綏・佐々木瑞枝・門倉正美『あいまい語辞典』

W・J・ボール『あいづち・つなぎ語辞典』

ウヴェ・ペルクゼン『プラスチック・ワード』

ジェローム・デュアメル『世界毒舌大辞典』

大槻ケンヂ『ボクはこんなことを考えている』

松本修『全国アホ・バカ分布考』

尾佐竹猛『下等百科辞典』

クレア・マリィ『「おネエことば」論』

きたやまようこ『犬のことば辞典』

「おめおめ・ぬけぬけ・しゃあしゃあ・のほほん」は傲慢・横柄・尊大・不遜とどこがちがうのか

角川類語新辞典

大野晋・浜西正人

角川書店　一九八一

言葉をつかう仕事では、つねに「意味を調べる作業」と「意味を生み出す作業」とが並行して交互に試されている。「意味を調べる作業」には国語辞典や漢和辞典が活躍するが、「意味を生み出す作業」にはシソーラスが必要である。

どんな思索や思想の基底でも必ず動いているものがある。それは「類推」(analogy)である。「連想」(association)である。その類推はまずは類語で成り立っていく。類語は英語ではシノニム(synonym)という。このシノニムを徹底的に集めたものがシソーラス(thesaurus)だ。世の中では辞書や辞典は言葉の定義や意味を調べるものだと思われているが、そうではない。類推と連想を動かしたいから、辞書や辞典を引くのである。

学生時代、「マルクス類語ノート」をつくった。大月書店のマル・エン選集を読みながら、片っ端から語彙やフレーズをノートに記録していくのだが、最初にノートに数ページおきの適当なアドレスを振り分けておかなければならない。たとえば「生産力」「生産手段」「プロレタリア」「社会意識」「疎外」というふうに。しばらくしてこれを眺めると、そこに「類が友を呼んでいる姿」が見えてくる。

ところがよくよく見ると、足りないものがしこたま見えてくる。そこでまた作成しなおし、これをくりかえす。むろん途中で挫折したり、どうも配当がちがっていたり、そもそものアドレスがよくなかったりしたが、ことほどさように、シソーラスづくりは充実を期そうなどとすると、たいへんなことになる。

ここでシソーラスと言っているのは、シソーラス・マトリクスのことである。たとえば「蕎麦《そば》」や「ブルース」をめぐるシソーラス、「スピン」や「間身体性」をめぐるシソーラス、たとえば「インド自然学」や「ナポレオン」というシソーラス、たとえば「リンゴ」や「鉱物感覚」のシソーラス。こういうものは、いくらでもつくれる。

だいたいは一枚のA4の白紙を前に次々にメモをとり、ときにドローイングしながら構成していく。ラフなマップができあがると、しばらく措《お》いておいて、何かを読んだり考えたりしているときに、ああ、そうだと思いついたことをそのつど加えていく。あらかたの分布や分類の形が整うと、これに構造や矢印や引き出し線を与える。そんな作業だ。数えたことはないけれど、おそらく数百枚のダイヤグラム・メモをつくってきたのではないかと思う。

というよりも、ぼくの思考作業や編集作業はほとんどシソーラスづくりから始まっているといってよい。仲間の高橋秀元君はぼくよりもずっとマニアックなシソーラスづくりの名人で、三日ほど放っておくと小さな類語辞典ができるほどである。ただし、シソーラス・ダイヤグラムもあまりに関係線が複雑多岐になりすぎると、そのペーパーが真っ黒になり、しかも十数枚にもおよぶことになって、これは小論文に近くなる。それでもまだ作業をやめないのが高橋君なのだ。

英語圏のシソーラス・マトリクスには『ロジェのシソーラス』(Roget's Thesaurus of English Words and Phrases) という名うての類語集成がある。高山宏が大好きな集成だ。一八五二年にピーター・マーク・ロジェがつくりあげた。

これを知らないものは〝知のモグリ〟だと言われるほどの圧倒的な人気を誇って版を重ねてきたのだが、では、これにあたる類語辞典が日本にあるかというと、一九六四年の国立国語研究所による『分類語彙表』以来、いくつかの試みが仕上がったけれど、一般にはまったく知られていない。ただし、かつてはその執拗な収集力においてものすごいものがあった。それは明治四二年に志田義秀と佐伯常麿によって編纂された『日本類語大辞典』(晴光館)である。

この大辞典は当時も今日も空前絶後の日本語シソーラスというべきもので、ぼくなどはちょっと古い言葉の類縁を調べたいときは、松岡静雄(柳田国男の弟)の傑作『日本古語大辞典』(刀江書院)とともに、いまなお首っ引きになる。これを凌《しの》ぐものはまだ日本ではまったく出ていない。芳賀矢一の校訂だった。いまは講談社学術文庫に上下巻として再版されている(『類語の辞典(上・下)』)。

ただこの辞典は一語一語の類語の近似語を収録したものなので(したがって辞書性は濃いのだが)、引き始めると何回となくページをまたいで類縁関係を追わなければならないので、かなり時間がかかる。明治期のものだから、現代語はほとんど載っていない。

ともかくも日本語の類語辞典はながらくこの大冊だけだったのである。しかもこのようなものがあるにもかかわらず、あまり汎用《はんよう》されてこなかった。結局、手紙や文書のための実用実例辞典ふうばかりが出まわった。そこでこれに代わる引きやすく、類語間の相互連関性に富んだ日本語シソーラスが待望されていたのだが、そこにやっと登場したのが本書だった。編集作業は民間の国語学者の浜西正人さんが積み上げて、これに大野晋さんが「位相」などの新しい視点を加えた。

ざっと紹介しておこう。本書の語彙分類構造は十進分類になっていて、まず大項目が

「自然・性状・変動・行動・心情・人物・性向・社会・学芸・物品」という十項目に大別される。

ついでこれが、それぞれ十ずつの中項目に分かれる。たとえば「自然」は「天文・暦日・気象・地勢・景観・植物・動物・生理・物質・物象」というふうに枝をのばし、また「行動」は「動作・往来・表情・見聞・陳述・寝食・労役・授受・操作・生産」に、「心情」は「感覚・思考・学習・意向・要求・誘導・闘争・栄辱・愛憎・悲喜」というふうに分けられる。

この中項目の分子マトリクスがユニークなのである。ここがしっかりしないと全体の意味構造の立体的な相互関連性が崩れるのだが、本辞典は手を抜かない。「自然」の十分類などは易しいが、たとえば「性状」を十の中項目に分けるのはセンスがいる。そこを編者たちは「位置・形状・数量・実質・刺激・時間・状態・価値・類型・程度」という分類にした。「刺激」や「程度」が入っているのが、なかなかなのだ。

さらにユニークなのは次の小項目である。具体的に示したほうがいいだろうから、煩《はん》瑣《さ》になることをおそれずに例示していくが、たとえば、大「性状」の中「位置」は、「位置・こそあど・点・内外・前後左右・上下・入り口・周辺・遠近・方向」というふうになり、同じく大「性状」の中「程度」では、「程度・標準・等級・並み・限度・大変・細大・一層・大体・こんな」というふうに分かれる。

まことに痒《かゆ》いところに手が届く。「こそあど」「周辺」「並み」「大体」「こんな」なんて、日本語シソーラスならではの検索項目だ。

そこでたとえば、大「性状」の中「位置」の小「周辺」を引いてみると一四九語におよぶ類語が並んで待っている。いちいちあげるわけにはいかないが、「周り・周囲・四方・ぐるり・縁・端・外れ・くんだり・隅・一角・片辺《かたほとり》・コーナー・間・中・区間・中心・中央・センター・真ん中・中程・都心・半ば・中部・先端・突端・尻っぽ・先・末・末梢《まっしょう》・刃先・矛先・柱頭・根元・付け根・基部・土台……」といった〝周辺ファミリー〟が、これまたほどよい「辺語類」「隅語類」「中心語類」「端語類」などにグルーピングされて、提示されるのだ。

むろん一語一語には二〜三行の解説と用例とがついている。加えて、大野晋さんの提案で「位相」のマークが付加されていて、その言葉がどのような意味の地図の上にあるかを示した。日常語・口語・文章語・隠語・方言・幼児語・科学用語・仏教用語・服飾用語といった位相なのである。

これは使える。レイアウト、フォント、造本もいい。杉浦康平アトリエによる。ぼくは仕事仲間のすべてに「角川類語」「角川類語」と推薦しまくった。

それでは、ぼくがこれをどう使っているかという一例をお目にかけておく。たとえば「しゃあしゃあとした態度」という言葉が浮かんだとしよう。何かの文章を書いていて、

「その学者の態度はしゃあしゃあとしていた」と書いてみて、どうもこれではもうひとつぴったりこないと感じたとする。

そこで、本辞典の巻末索引で「しゃあしゃあ」を引く。五二八ページにあった。開いてみると、そこは小項目「平静」の箇所で、中項目は「身振り」になっている。

そこで「平静」に並んでいる類語を見る。「いけしゃあしゃあ・おめおめ・ぬけぬけ・痛くも痒くも無い・へいちゃら・のほほんと・平気の平左・怖《お》めず臆《おく》せず・何のその」などと、左右に類語が並ぶ。こんなにたくさんの類語は浮かばなかった。これはホクホクだ。なるほど、なるほど「おめおめ」「何のその」か！

こうして、そうか、あいつの態度は「しゃあしゃあ」というよりも「ぬけぬけ」だったのかと、思えてくる。しかも別種のグルーピングのほうには「沈着・平静・冷静・冷厳・悠揚・自若・恬然《てんぜん》」といった漢語グループが所狭しと並び、ここからは、「わざとらしい自若」なんてフレーズが出てくる。

さらに前後の小項目では「乱暴」の類語群、「茫然《ぼうぜん》」の類語群がリストアップされている。これも見逃せない。なぜなら、ぼくが当初に「しゃあしゃあ」という言葉でイメージしたことは、ひょっとして「茫然」の身振りであったかもしれないからである。そこには「むっと・険しい・憤然・憮然《ぶぜん》・険阻」などの類語がある。そこでふいに「その学者は険しくもぬけぬけとした顔で」と言ったほうがぴったりくるなと思ったりするわけである。

　ここであらためて中項目「身振り」がどこに所属していたかを見てみると、大項目は「性向」である。そして「姿態」「身振り」「態度」「対人態度」「性格」というふうに連なっている。この「対人態度」が気になる。これを見ないではいられない。

引いてみると、ほらほら案の定、そこには小項目で「人当たり・有縁・親疎・愛想・寛厳・高慢……」などとある。なになに「高慢」か。なるほど、あいつの「しゃあしゃあ」は高慢なのだ。これを引かないでは、あいつの態度を言葉にしきれない。こうなると、もはや意地である。どうにもあいつにぴったりの懲らしめるような言葉を突きとめたくなってくる。

　その「高慢」にもいろいろ類語があった。「傲慢《ごうまん》・横柄・尊大・傲岸・驕慢《きょうまん》・傲然・不遜《ふそん》・居丈高……」。みんなあいつにあてはまりそうではあるが、ここまで言うのは気の毒だ。もうすこし見てみると、「高圧的・威圧的・頭ごなし・我が物顔・猪口才《ちょこざい》・小賢《こざか》しい……」などとある。これこれ、「猪口才」で「小賢しい」んだよ。

　こうしてあらかたの類語連想ゲームがおわる。結局、ぼくは次の類語が気にいって、それを使うことにした。それは「利いた風《ふう》」という言葉だった。

　そしてこんな文章がうまれていったのだ。「その経済学者は横柄というより利いたふうなことばかりを言う奴で、やけに冷静なくせして、他人にいつもちょこざいな印象を与える男だった」というふうに。この男、その名をTHという実在の人物である。

第七七五夜　二〇〇三年五月十六日

参照千夜

一六四二夜：鈴木宏昭『類似と思考』　七八九夜：マルクス『経済学・哲学草稿』　四四二夜：高山宏『綺想の饗宴』　一五〇二夜：守屋毅・笠井潔ほか『クラブとサロン』

書：松岡正剛　「類」

しわぶけばモネの睡蓮とろとろと
とろとろとうつつにありし春の風邪

水庭進編

現代俳句表記辞典

博友社　一九九〇

歳時記は季語によって先達たちの俳句の数々に出会うためのものだが、言葉づかいや類語や言いまわしでは、引けない。この俳句辞典シリーズはちょっとおもしろい。俳句に遊ぶためにも、編集に遊ぶためにも使える。エディトリアリティを刺激するのに、もってこいなのだ。

今夜とりあげるのは、この『現代俳句表記辞典』だけではない。同じく編者の水庭進がまとめた『現代俳句言葉づかい辞典』『現代俳句慣用表現辞典』『現代俳句読み方辞典』『現代俳句古語逆引き辞典』『現代俳句擬音・擬態語辞典』『現代俳句類語辞典』など、一連のものをとりあげる。

表題であらかた見当がつくように、いずれも俳句の類語類例辞典であって、ハードカバーの文庫本サイズ横判になっている。つまりは歳時記同様のコンパクトなものなのだが、これだけ揃うとさすがに「引きがい」がある。用途別の一冊ずつの狙いもなかなかよくできている。コレクションも広い（理由はわからないが、収録されたのは現代俳句が中心で、古典や有名俳人のものは取り扱っていない）。すべてを案内できないけれど、次のような「引くおもしろみ」がある。

たとえば『現代俳句言葉づかい辞典』で大見出しの「息」を引く。「息」は俳句でよく使う。そうすると、「きれる」「たえる」「つめる」「のむ」といった動詞が二〇語くらい小見出しになっていて、それぞれの例句が二、三句ずつ紹介されている。むろん作者も明示されている（以下、作者は省略する）。「蛍火に森は息づきはじめたる」「雷の息かかるとき守りさはぐ」「みちのくや息透きとほる花芒《はなすすき》」「息継ぎのありてふたたび花吹雪」というふうに。なんとなく息づかいが見えてくる。

「香り」はどうか。諸君は「香り」をどのような用語にするだろうか。香りを嗅《か》ぐ、香りが失《う》せる、香りがこもる……。それだけ？　この辞典では、「手花火の香の沁《し》むばかり夜の秋」（これは汀女）、「妖艶《ようえん》の香りをまとふすひかづら」というように、「沁みる」「まとう」のほか、「香りがたつ」「香りがはしる」「香りが移る」「香りに酔う」「香りに添う」といった用例が提示される。香りの類が類を呼ぶわけだ。

一方、『現代俳句類語辞典』はまさに類語で引けるようになっている。たとえば「庭」には、「借景、枯山水、石庭、築山《つきやま》、坪庭、狭庭《さにわ》」などが並ぶ。「料理」「楽しみ」「褒める」「僅《わず》か」といった大見出し語もある。

ぼくは最近、ある寺院系の仕事をすることになったのだが、ちなみに「寺」を引いてみると、「伽藍《がらん》、回廊、駆込寺、古寺、金堂、山門、鴟尾《しび》、宿坊、禅林、塔頭《たっちゅう》、本山、本寺、本坊、別院、名刹《めいさつ》、門跡《もんぜき》」などの寺院用語がそろえてあった。意外な用語はないけれど、これらに数句ずつが示されるのが便利なのだ。「心もち日脚《ひあし》のびたる御本山」「門跡といふしづけさに百日紅」「大伽藍春をとどめんとして黙る」。

俳句というのは、かの西鶴がそうだったように猛然とつくるときもあれば、数人で吟行するときもあるし、一人黙然とひねるときもある。しかし俳句は「詠む」ためだけではなく、実は「読む」ためにもある。だいたいぼくのばあいは「詠む」ために歳時記やこの手の手引きを参照することはめったにない。むしろ作例を「読む」ために見ることが多い。読むといっても短いものだから、いわば引いている。

いまさら言うまでもなく、俳句は世界で一番短いエディトリアリティをあらわせる文芸表現である。この短さゆえに、一つの言葉(用語・用法)をたった十数文字で対応させられる。「荒海」↓「佐渡の荒海」↓「夜の荒海」↓「佐渡の天の川」、「佐渡に横たふ」↓

「荒海の天の川」、「天の川の荒海」→「横たふ天の川」。こう、なっていく。これらがリンクしあって相互定義しあう。俳句とは、その句がそのように成句していること自体が辞書的なのだ。

そこで、それらの俳句用語を視点を分けて組み合わせていくと、そのままたいそうユニークな「用語のデータベース」や「言葉のポータル」や「光景と心情の関係シソーラス」をつくることができる。そもそも歳時記が世界にも類例がないほどユニークなレパートトリー・ディクショナリーであり、用語のエンサイクロペディアなのである。

今日、われわれは退屈なほどまでに、主題的な発想や思考をしがちになっている。世界、戦争、環境問題、家庭、犯罪、映画、音楽、青春、思い出、仕事、地下鉄、ショッピング、コンビニ、アクセサリー、エルメス、苦労、ストレス、病気、花粉症、大リーグ、テレビ番組、いじめ、高齢化、叶《かのう》姉妹、タンスにゴン、みのもんた、沢尻エリカ……。まあ、これらもいいけれど、このような主題から始めるかぎりはすぐに限界がくる。それよりも、述語的にものごとがつながったり響きあったりするほうが、ずっと新鮮になる。

述語的というのは、主語がなんであれそこに展開されていった述語部分の表現のことをいう。「戦争はダメだ」「いじめはダメだ」「あかずの踏切りはダメだ」。その「ダメだ」

のほうが述語だ。ここに注目して「ダメだは、何だ」というふうに切り返す。大事なのは、この切り返しの述語が豊富になることなのである。おもしろく思えることだ。そして、そういう述語どうしがつながっていくことなのだ。

述語にはいろいろある。動詞もあるし、形容詞も形容動詞もある。そこには助詞もくっついている。日本語ではとくにオノマトペイアが見逃せない。

たとえば『現代俳句擬音・擬態語辞典』を例にする。「とろとろ」を引く。「とろとろと豆煮込みをり花の雨」「白鷺《しらさぎ》の秋日とろとろ一本足」「とろとろと冬の近づく曇り空」。ここまではたいしたことがない。ところが「咳《しわぶ》けばモネの睡蓮とろとろと」「とろとろとうつつにありし春の風邪」あたりが並んでくると、「とろとろ」も俄然《がぜん》動いてくる。「ぽきぽきと洋傘たたみ卒業す」「終戦日骨ぽきぽきと背を伸ばす」には、述語によってこそ共通する何かの結節がある。

こういうことは主題からはとうてい近づけない。「唐辛子《とうがらし》ちりちり夕陽消えゆくか」と「あぢさゐの葉のちりちりと震災忌」は、俳句のデータベースだからこそ出会える述語の創発的併走なのである。

このような俳句辞典を次々に刊行した水庭進のことはほとんど知らなかった。一九二四年の生まれで、東京外語大をへてNHKでアナウンサーをしたのち、日本大学で英語の先生をしていたようだ。NHK国際放送の英語アナウンサーもしていたようだ。そのせいで『現代米語解説活用辞典』（ジープ社）や『遊びの英語』（研究社）といった仕事をしている。

それがどのような経緯かは知らないが、のちに俳句にのめりこみ、上記のような俳諧世界に食いこむ辞典づくりを手掛けるようになった。では、手慰みにこういう辞典の仕事を連打しているのかというと、どうもそうではないように思われる。実はこれらの辞典にはそれぞれ「序」がついていて、手際のよいエッセイが綴られているのだが、これがなんとも読ませるのだ。

『現代俳句擬音・擬態語辞典』では、ハムレットの「生きるべきか、死ぬべきか」のセリフは哲学的なものではなくて、当時の「聴かせるセリフ」としてシェイクスピアがたくみに用意した「捨てぜりふ」のようなものだったのではないかというような、まさに吉田健一が書きそうなことを指摘している。

また『現代俳句慣用表現辞典』では、吉野近くの栢森《かやもり》を訪ねて、そこに祀《まつ》られている賀夜奈流美《かやなるみ》という女神を偲《しの》び、その場で座ってまどろんでいるうち、神功皇后や多紀理《たぎり》姫《びめ》の夢を見たという話を書いている。目覚めて、カヤナルミはアマテラスの裏の存在で、きっと「カヤの神」の系譜とでもいうものがそこにあったのではないかといった推理をしたというようなことを、ふつふつと綴っていた。

どうも只者《ただもの》ではない。とくにどういう人物かということを調べはしないけれど、世の中にこういう御仁がいるというだけで心強いことである。「これがかのよもつひらさか蛙鳴く」とか、「夕凍《し》みや五臓六腑《ろっぷ》へ神の水」といった自作の句もあった。経歴を知るより、この句で充分だ。

では、もう一度、この人が編んだものに戻りたい。今度は『現代俳句古語逆引き辞典』だ。これは、「あいだ」と引くと古語の「あはひ、あい、あいま、はざま」などが提示され、「ことば」と引くと古語の「こと、ことだま、たはごと、ろれつ」などの小見出しがあって、その例句にも出会えるというもので、ちょっと嬉《うれ》しい。

たとえば「明け方」を諸君はどんな古語で感じられるだろうか。夜明け？　そいつは古語じゃない。それに夜明けをどうあらわすか。明け方に何がおこっていればおもしいのか。「あかときの山ずぶぬれにほととぎす」なんてのはどうか。「有明やいのちこの身にあるかぎり」はどうか。

では、もうひとつ。諸君は「手段」をどのように表現するだろうか。古語には「すべ」とか「よすが」という言葉がある。「夏衣《なつごろも》着てかくすすべなき身の細り」は齢《よわい》というものの「すべ」に言い及び、「夜咄《よばなし》や偲ぶよすがの鼠志野《ねずみしの》」なんて、夜の茶席の鼠志野との出会いを得て、まことに結構だ。

こういうことが辞典で辿《たど》れるということは、俳句ならではであり、この編者ならではなのである。実は編集工学からすると、もっといろいろのシソーラスや逆引きや対比辞典がつくれるはずである。ぼくにはもはやその余力はないけれど、たとえばミメロギア俳句辞典、アナロジカル俳句辞典、アブダクション俳句辞典、ヴィジュアル俳句ディレクトリーなど、いくらも待ち受けているだろう。

それではおまけに、『現代俳句慣用表現辞典』（これは正続がある）から、こんな例もあるということをお目にかけておく。俳句のなかで〝注意のカーソル〟がどのように表現されるかという例だ。大見出しは「注目」あるいは「見る」だ。

人の目に触れて濃くなる烏瓜《からすうり》
眼を凝らすほどに深かり夏の川
耳遠き冬の母なり目を凝らす
雪くるか目を凝らしたる持国天
目にしみる空の青さよ揚げひばり
巡礼の目玉釘《くぎ》付け雁の道
毛糸編む返事するたび目を落とし
蓮《はす》枯れる脚光浴びし遠き日々

脚光を浴びしことなくかたつむり
帯留めの朱が目に留まる春芝居

第一一八四夜　二〇〇七年五月十六日

参照千夜

六一八夜：井原西鶴『好色一代男』　六〇〇夜：シェイクスピア『リア王』　一一八三夜：吉田健一『英語と英国と英国人』　一五九七夜：高浜虚子『虚子五句集』　一〇〇三夜：石田波郷『鶴の眼』

トワイライト・カテゴリーという「いわゆるひとつのアレ言葉」について

あいまい語辞典

芳賀綏・佐々木瑞枝・門倉正美

東京堂出版　一九九六

こういう辞典はこれからふえていく。ひとまず、そのことを予言しておく。

この辞典の狙いは、多くの識者から「日本人および日本語の恥部だ」と指弾されてきた〃あいまいな表現〃や〃曖昧《あいまい》言葉〃だけを集めて編集したところにあるのだが、これは、一見、不確実で不確定だとおもわれてきた言葉をあらためて整理し並べなおしてみると、そこに意外な姿が見えてくるという逆転劇なのである。そういうエディションもこれからふえていくだろう。

たとえば、定価が不安定な商品を並べてみるような商品事典、発言が不確実な人物の言葉ばかりを紹介する発言辞書、あやしい運動をしている星を整理してみる星事典、出入りが不規則な虫尽くしを試みる虫百科など。こういうことをしてみるエディションがこれからはけっこう期待されるにちがいない。

いわば定型や定番から外れたもののエンサイクロペディア、あるいはエンサイクロメディアである。世の中がよく見えない、価値観が統一されていないなどと嘆くよりも、こうした編集の冒険に立ち向かうべきなのだ。

それにしても、日本語がどんどんあいまいなほうに向かっていることにはなんとも感慨深いものがある。かつて高名な日本のドイツ文学者が外国からの仕事の依頼に対し、「私にできるかできないか、自信をもって言えないものの、ぜひお引き受けしたいものです」と書いて返事をしたら、相手が大声をたてて笑ったという話がある。外国側の反応は、「できるなら、できる」だし、「できないなら、できない」で、それでいいではないかというのだ。

が、日本人はこの話を笑えない。しょっちゅう、こういう言い方をする。大江健三郎のような翻訳文体がめっぽう好きな作家でも、たとえばノーベル賞講演で「あいまいな日本の私」というタイトルをたて、いったいあいまいなのは日本なのか、私なのか、わかりにくくしたものだった。

では、どんな言葉が曖昧言葉なのか。日本語の偉大な例をちょっとだけ紹介する。たとえば「加減」だ。「いいかげん」はお湯加減や味加減がいいばあいもあれば、ちゃらんぽらんな意味の「いいかげん」もある。これをわれわれは絶妙に使い分けている。たとえば「結構」である。もう必要がないばあいの「結構です」も、「いいですねえ」の「結構ですねえ」もあるし、さらにどうでもよくて「ふんふんケッコー、ケッコー」と受け流す結構もある。本来の結構の意味は、まさに結び構えた姿のことだった。

このへんのこと、『外は、良寛。』(芸術新聞社)でも書いておいたように、ぼくは試みにトワイライト・カテゴリーと名付けてみたことがあった。二つの光をもつ言葉という意味だ。ということは「両義的概念」の類《たぐい》がトワイライト・カテゴリーになるわけだが、実はそうしたくない。夕方的な言葉たちをここに入れたいのだ。夕方的とはトワイライトだが、和風にいえば「誰《た》そ彼《がれ》」型なのである。

トワイライト・カテゴリーにはいろいろの候補がある。「あたり」なんて言葉はどうか。「会議室に置いてきた書類の行方、誰か知らない?」「それなら木村さんあたりに聞いてみたら」。「木村さんあたり」という人称があるわけじゃないのに、これで、木村さんだけではなく、その周辺をさすことができる。「すみません須藤さんのお宅をさがしているんですが」「ここらあたりには、ないとおもうけど」。ここにも含みがある。この含み方は曖昧ではなく、実はかえって厳格なのだ。だから「午後三時十五分あたり」とは絶対に言わない。

たとえば「ナニ」はどうか。「オイ、源公、ナニはどうした?」「へえ、ちゃんとナニしておきました」。このナニには、コミュニケーションをする二人の共通項が浮き出ている。すでに江戸時代からつかわれていた。古今亭志ん生の落語はナニのなめくじ使いになっている。このナニのちょっとした変形が「アレ」である。「まあ、率直にアレいたしますと、国際関係のアレを改善するには、やはりアレしていくことが必要でありまして」。まったく何を言っているかわからないが、これでアレの見当がつくのだ。

たとえば「一応」がある。これも妙である。「一応、クスリをのんでおいた」と「三日前からの吹雪も一応おさまりました」とはずいぶんちがうのに、一応と言われるとなんとなくわかる。一応なのに全対応なのだ。

もっと変なのがおそらく「一定」で、「当初の目標には達しなかったものの、一定の成果をあげた」なんて、どこが一定だかわからない。これに似たのが「いわゆるひとつの」のナガシマ言葉だ。これもちっとも「いわゆる」でも一つでもないのに、なんとなく安心してしまう。また、たとえば「ばかり」なんてものもある。「男ばかりの集まり」「怒ってばかりいる」は限定だが、一週間にわざわざ「ばかり」をつけると「一週間ばかり」というふうにふくらみをもってくる。

こうした定形的な言葉によって曖昧な範囲を示す用法もあるし、他方では、一つの言葉が否定形なのにこれを繰り返すと異なった別の意味が出てくることもある。たとえば「いや」は否定だが、「いやいや」というと、「いやいや、すごい」「いやいや、結構、結構」、さらには「いやいや、どうもどうも」などという、とんでもなく何も意味しないのにそれで通用する語法にさえ発展していく。この同類に「うん」に対する「ううん」がある。

まあ（!）、とにかく（!）こういうぐあい（!）で、曖昧言葉はものすごい。しかし、ちょっと注文をつけると、本書はいわゆる辞書ではないし、辞書が収録すべき語彙数にも達していない。そこはおおいに不満なのだが、これからの曖昧語ワールド賛歌のいわゆるひとつの第一歩として、ここに紹介することにした。

第一〇三夜　二〇〇〇年八月一日

参照千夜

七九七夜：W・J・ボール『あいづち・つなぎ語辞典』　一〇〇〇夜：良寛『良寛全集』　一六九二夜：小林信彦『名人』

そうか、なるほど、そうなんだ
いやいや、まいった、やっぱりリンクワードなのか

W・J・ボール

あいづち・つなぎ語辞典

中田裕二・岸野英治訳　マクミランランゲージハウス　一九九七
Wilson James Ball: Dictionary of Link Words in English Discourse 1986

うんうん、もちろん、そうだよね。それで、そうか、なるほどねえ。ふうんそうなんだ、あのー、でもさあ、どうかなあ。でもね。

それがね、えっそうなの、まいったね。いやいや、だから、たとえばね。ちなみに、というより、ほんとは、そうじゃなくって、そうそう、そこなんだよ。ちがうかなあ、ほうら、でしょ。そやけど、ふーん、しゃーないな、うーんやっぱり。まあねえ、だったら、そうやなあ。

かなわんな、えらいこっちゃで、まったく。そやから、ようするに、あらかたそんなもんやで。むしろ、ぜったいに、そのへんだよ。おおよそ、いわゆる、けっきょくはね。

そうでっしゃろがな、ほなそんなところで、じゃまたね。

　どんな話し方にもおびただしい「あいづち言葉」や「つなぎ言葉」が入っているものだ。これを英語では「リンクワード」という。リンクワードはめっちゃ重要である。いまどきのコギャルがほとんどのリンクワードを「うっそー、ホント？」ですませるのにも、目くじらを立てられない重要な効能がある。両手をうしろに縛られては食事ができないように、これらのリンクワードを取っぱらっては、たいていの日常会話の両手が縛られる。うしろに縛るのではなく、手を動かさないように喋《しゃべ》りなさいという指示をするだけでも喋りにくくなるのだ。刑事の取り調べ室の容疑者のようになってしまう。

　リンクワードや両手の動きに格別の意味があるわけではない。といって意味がないというわけでもない。手の動きと「ようするに」「ようするにね」「手短かにいうと」は、同じ機能をもっていると見るべきなのだ。「ようするに」「手短かに」と言いながらちっとも「要する」ではなくてかえって長かったり、「それって逆に言うとね」とは言いながらまったく逆の意味を喋っていなかったりしているのだが、では、かといってそういうリンクワードがなくなると、話はたいていは身も蓋《ふた》も、味も素っ気もなくなっていくものなのだ。

　潤滑油といえば潤滑油、ノリといえばノリや糊代《のりしろ》なのだが、そういうことを意識しないでつかっていながら、そこに重大なニュアンスが滲《にじ》み出ているというのが「あいづち・つなぎ」の魔法なのだ。

本書はそのリンクワードだけの辞書である。ただし英語のリンクワードだけ。ともかくいっぱい載っている。日本語ばかりが曖昧ではなかったのである。英語社会にも「いわゆるひとつの長嶋チョーさん主義」がいかに多いかということだ。

たとえば、by the way（ところで）、in any case（いずれにしても）、come to that（そういえば）、incidentally（それでちなみに）、or rather（というより、むしろ）、as it were（まあ、いわば）、somehow（なぜか）、indeed（まったく）、even then（たとえそうでも）……といった言いかただ。and…andもしょっちゅうだ。これにたいていくっついてくるのが、well, you know, you see, I mean, of course, anyway……等々。これを連発して切り抜けている英語圏リンク人種のなんと多いことか。

リンクワードはいったいどのように流布されているかというと、これが日本語では案外に研究がない。読売文学賞をとった大野晋の大著『係り結びの研究』（岩波書店）のような成果があっても、それはたいていは古典語・古典英語の研究にかぎられる。

著者は、リンクワードにはけっこう論理的な機能がひそんでいるのではないかと考えて、これをなんとか二四種に分類してみせた。もちろん今日的な会話のなかでの役割にはめているのだが、これがおもしろい。ぼくも早々にエディティング・アイテムを用法別に六四種類に分けた「六十四編集技法」という編集秘術用語を『知の編集工学』（朝日文庫）や『知の編集術』（講談社現代新書）に公表したけれど、著者も英語圏での先駆的な試みに着手した。

ざっと紹介しておこう。本辞書には英語の実例文がそれぞれ付されているが、それは省略し、ここでは日本語のニュアンスをぼくなりにつけておくことにした。六十四技法とともに愛用されたい。

評言 (adverbial comments) → naturally, certainly, surely, really
もち、してないよ。えっ本当？　たしかに。

拡大 (amplification) → moreover, what is more, besides, I mean
そのうえ。さらに。つまり僕が言いたいことはね。

同格 (apposition) → or rather, so to say, in a manner of speaking
というよりむしろ。いわば、たとえて言えばさ。

明確化 (clarification) → sorry, you know what I mean?
そりゃ悪かったけど。あのね、聞いてほしいんだけどさ。

譲歩 (concession) → after all, all the same, for all that, still, even so

なるほどおっしゃる通りで。知る限りでは。それはやっぱり。
打ち明け (confidentiality) → mind, you know, you see, mark you
　ねえ、だからね。いいかい、まあ、よく聞けよ。
結果 (consequences) → as a result, for that reason, but for, consequently
　というわけでね。それで。そこでね。それでは。じゃあ。
継続 (continuation) → anyway, well now, however, now
　とにかく。いずれにしても。それはさておき。
反駁《はんばく》 (contradiction) → in actual fact, on the contrary, actually
　いや実際はね。事実上は。じつのところは。いやむしろ。
対照・対比 (contrast) → other hand, on the one, instead, or rather
　というよりはむしろ。もっと正確にいえば。ほんとはね。
強化 (corroboration) → come to that, by the same token, for that matter
　そういえば。そのことに関してはね。その証拠にはだねえ。
逸脱 (digression) → by the way, incidentally
　ところで。ときにねえ。ついでながら言うとね。
不一致 (disagreement) → well and good, never mind, so what, but then
　そんなこと気にしないで言うと。それもかまわないけど。

列挙 (enumeration) → best, last, firstly, better still, then
　だから第一にはね。まず最初には。さあ、そうするとねえ。

仮定 (hypothesis) → suppose, it is as if, as if
　もしそういうなら。というわけじゃあるまいし。

推定 (inference) → in that case, otherwise, or else, in other words
　その場合にはね。それなら。いいかえればね。つまりは。

制限 (limitation) → beside the point, up to a point, if not, as far as
　的はずれだけれど言うとね。要点をはずれるけど。

修正 (modification) → more or less, almost, close on, on the whole
　だいたいはね。多少とも。いくぶんは。あるいは。

備え (precaution) → in case, just in case
　用心のために言うと。万一は。そうだといけないから言うが。

言及 (reference) → as regards, a case in point, apropos, talk about
　ま、それについてはね。そのことに関しましては、えー。

提案 (suggestion) → suppose, tell you what, say, let us say
　ウーンもしそうなら。うん、いい考えがあるんだけど。

要約 (summing-up) → to sum up, in short, briefly, or words to the effect

いやようするに。簡単にいうとね。そういう趣旨で。

抑制 (suppression) → and what not, and so on, needless to say

あるいは。そのほか。いうまでもないんだけど。

移行 (transition) → now, so much for, well now, well

さてところでね。さあ、まあ。それはそれとして。

ごらんの通り、英語も日本語もリンキング・テクニックはほぼ同じである。それならいったいこれらはどういう意味をもつのか。

ふつうに見れば、言い逃れとも、辻褄《つじつま》合わせとも、申し開きとも感じられる。けれども、そうとは断じきれない。会話はメッセージを交わすとはかぎらない。ニュアンスも交わすし、相手から逃げたいときや放ったらかしにしたいときも、会話をする。人間というもの、たとえ風土も文化も文法もちがっていても、「言い回し」というのは変わらないものなのだ。

重要なちがいもある。以前、中津燎子に『BUTとけれども考』(講談社)という著書があって、英語の〝but〟が強い反発を表明しているのに対し、日本語の「けれども」が躊《ちゅう》躇《ちょ》を含んでいることを指摘して、そこから比較文化論をおこしていたものだったが、そういうこともある。But、けれども、「言い回し」のタイミングや心情には、どうやら共通のものがあると見るべきなのだ。

問題は、むしろ著者のボールが分けた二四種の分類がこれでいいかどうかというほうで、このままの分類ではやはりリンクワードにも強い意志が出すぎているように思われる。日本語には「いや、だからさあ」とか「かまへんけど、そやかて」といったような、肯定でも否定でもない〝ひっぱり〟というものがあるのだが、この分類ではその〝ひっぱり〟があらわれない。

だからこれはもっと工夫されるべきだろう。このへん（どのへん？）、ひとつ（二つ目は？）、誰かが整頓《せいとん》してくれるといいのだが……（この「だが」は？）。

第七九七夜　二〇〇三年六月十七日

参照千夜

七七五夜：大野晋・浜西正人『角川類語新辞典』　一〇三夜：芳賀綏・佐々木瑞枝・門倉正美『あいまい語辞典』

百均ショップで買えるような
成型的バズワードが広がりすぎている

プラスチック・ワード

ウヴェ・ペルクゼン
Uwe Pörksen:Plastikwörter―Die Sprache einer internationalen Diktatur 1988
糟谷啓介訳　藤原書店　二〇〇七

いま、世界には五一〇〇ほどの言語がある。ネトルとロメインの『消えゆく言語たち』（新曜社）を紹介したときにも書いておいたように、約三〇年前は六〇〇〇語あった。多いと思うか、そんなものかと思うかはわからないが、五〇〇年前にはその倍の一二〇〇〇語くらいあった。ここまで減ったのだ。死んでいるのだ。

その現行五一〇〇語のうちの三〇パーセントがアジアで、三〇パーセントがアフリカで、二〇パーセントがオセアニアで使われている。しかし世界の人口の四五パーセントは中国語、英語、スペイン語、ロシア語、ヒンディ語の五大言語で賄っている。この五言語が世界のほぼ半分の言語を牛耳っている。なかで英語は殺害力をもって、その多数派言語の中の王者のようにふるまい、少数派の国語たちにも浸透していった。

一方、世界中にはびこっているのは、プラスチック・ワード（plastic word）というペットボトルのような言葉なのである。プラスチック・ワードとは、意味が曖昧なのにいかにも新しい内容を伝えているかのような乱用言語のことだ。

合成樹脂のようにできた言葉だから、一応の成型はいくらもできるが、体温も生活感情もない。たとえば「アイデンティティ」「マネージメント」「コミュニケーション」「インフォメーション」「マテリアル」「グローバル化」「トレンド」「セクシャリティ」「パートナー」「コンタクト」「イニシアチブ」「ソリューション」などなどだ。これらはその用語を発しさえすれば、それにまつわるいっさいの状況の進展や当事者の方向をどこか特定方向に押し出していく。押し出しながら中味を充実させることなく、圧倒的な猛威をふるっていく。


一九八一年のこと、ウヴェ・ペルクゼンはベルリン学術研究所でこの現象について、イヴァン・イリイチと議論した。米ソ対立が続き、ヨーロッパは欧州共同体を模索していたが、先進国の社会のほうはどこか変てこに転げつつあった。市場と企業だけが前のめりに、つんのめっていた。

二人はヨーロッパの中で学習力や教育力が落ちていることを感じていた。イリイチは民族格差と男女格差が広まっていると見ていた。作家であって言語学も専攻していたペルクゼンのほうは「言葉の力」が失われているせいだと思い、さて、どうしたものかと困っていた。イリイチはそういう問題をどうしたら告発できるかねと問うたのだが、ペルクゼンは告発ではなく、まずこの現象について考えてみたいと思った。それで書いたのが本書である。

最初、ペルクゼンは本書のタイトルを『レゴ・ワード――静かな独裁制』にしようと思ったらしい。レゴ・ブロックのように組み立てられていく言葉で、一見、多様自在な様相を呈するが、しかしその部品はもともとレゴにすぎない、そんなレゴまがいの言葉がまかり通っていることを揶揄《やゆ》したかったからだ。

イリイチは「アメーバ語」でもいいじゃないかと言った。アメーバは仮足で動きまわるから、本体をはっきりさせない乱用言語にふさわしいというのだ。レゴとアメーバではずいぶん印象が異なる。

そんなときロラン・バルトの『現代社会の神話』（みすず書房・著作集3）を読んでいたら、世界はどんどんプラスチックになろうとしていると書いていた。「諸々の実質の階層秩序は廃止されている。たった一つの実質がすべての実質に取って代わっているのだ。世界全体がプラスチック製にされる可能性がある」と。これでペルクゼンは「プラスチック・ワード」でいくと決めた。バルトはこう書いていた。「プラスチックというのは、ひとつの実質であることをこえて、無限の変形という観念そのものなのである」。

言葉にはその周辺をとりまくアウラがある。そのアウラは言葉の意味にしたがって、デノテーション（外示作用）にもコノテーション（内示作用）にもはたらく。デノテーションは言葉が指示的なしくみをつくろうとする方に動き、コノテーションは言葉によって感知や連想がはたらく方に動く。

ところがプラスチック・ワードは、さまざまな意味の輪郭を描くようでいて、そうはならない。プラスチック・ワードには内部の多様性がない。どんな部分も他の部分と同じものになっていて、ただその組み立てを変えているからだ。プラスチック・ワードにはアウラがないのである。

ペルクゼンはひとまず、プラスチック・ワードに共通する特徴をあげてみた。「リアリティ」「アイデンティティ」「エコ」「セクシャリティ」「トレンド」などの使われ方を調べてみたのだ。驚くべき特徴がまじっていた。こういうものだ。

◎きわめて広い応用範囲をもつ。
◎多様な使用法がある。
◎話し手には、その言葉を定義する力がない。

◎多くは科学用語や技術用語に起源をもつ。
◎同意語を排除する。
◎歴史から切り離されている。
◎内容よりも機能を担っていく。
◎コンテキストから独立していく。
◎たいてい国際性を発揮する。
◎その言葉をつかうと威信が増す。

多くのプラスチック・ワードが役所の文書、企業の計画書、流行雑誌のヘッドラインに乱れ飛んでいた。そうしたものでは、まずプラスチック・ワードが掲げられ、しばらく現状説明があって、途中にプラスチック・ワードが必需品であることが述べられ、また現状変革のための条件の説明に入り、最後にまたまことしやかにプラスチック・ワードで締めくくられる。一見、体裁はととのっているようだが、何の説明も深まってはいない。内容がなく機能に偏り、話し手には中枢概念（プラスチック・ワード）を説明する力がない。しかも、すべてが歴史から切り離されているのだ。

プラスチック・ワードは空虚な定型語なのだろうか。そうではない。どうやら他の言葉を植民地化しているようなのである。だったらプラスチック・ワードはスローガンやキャッチフレーズのようなものなのか。そうではない。その言葉によって鼓舞ではなくて封鎖がおこっているのだ。

ペルクゼンは思い出した。これはトクヴィルが『アメリカの民主政治』（岩波文庫・講談社学術文庫など）でとっくに述べていたことに似ているのではないか。トクヴィルは一八三五年の時点で、アメリカ英語が「抽象化」「擬人化」「曖昧化」という傾向に走っていることを指摘していたのだ。こうしてペルクゼンは、プラスチック・ワードには歴史的次元や同意語社会を溶けさせるような作用があることを発見する。その例として「インフォメーション」（情報）をあげた。

古典ラテン語の〝informatio〟は「教育、伝授、指示」という意味をもっていた。また、それによって喚起される「想像、表象」もあらわしていた。中世ラテン語でこれに「調査、探求」が加わった。このラテン語を英語が借用して十九世紀半ばに〝information〟とした。

借用語の英語「インフォメーション」は「調査・探求・知らせ・報告」という意味で使われた。十九世紀はとくに新聞が普及したので、ここにニュース性や報知性という意味がたちまち加わっていった。かつての「教育、伝授、指示」は変形されたのである。それでもまだインフォメーションは新聞の活動力とともにあったのだが、やがてラジオ時代、テレビ時代をへてコンピュータ通信時代がやってくると、その通信回路に流れているインフォメーションが情報になってしまった。エンコード（符号化）とデコード（復号化）のあいだの回路で、情報は意味をもたなくなった。のみならず、インフォメーションは情報機器から生ずるものにさえなった。情報内容は情報機器に内属し、取り込まれてしまったのだ。

これで“information”の中味から「教育、伝授、指示」の意味と作用が剝落《はくらく》しただけでなくて、「想像、表象」が消滅した。インフォメーションは完全なプラスチック・ワードと化したのである。

ざっとこんなことが書いてある本だ。あえてちょっとだけリクツっぽい要約をしておいたのだが、実際の本書には煮え切らないところが多い。説得力も足りない。プラスチック・ワードを捕捉《ほそく》したようでいて、かなり取り逃がしているところがある。イリイチのように告発する気になっていたほうがよかったかもしれない。

しかし、捕捉しきれないところがプラスチック・ワードの食えない特徴というもので、根っからの嫌なところでもあった。

ペルクゼンはヘルマン・ヘッセ賞を受賞した小説家でもある。その嫌な特徴をあらわすために、あえて本書のような記述っぷりを文芸的に選んだのかもしれない。一九八八年の執筆だったということも、警世感がいまひとつだった理由ともなろう。そこでもう少し、今日ふうの捕捉ならぬ補足をしておきたいと思う。

プラスチック・ワードとはやや異なるが、バズワード（buzzword）として、世の中に流通しっぱなしになっている言葉がある。専門的な用語に聞こえるが、実は意味不明のまま流通している言葉のことをいう。〝buzz〟という音感と意味は、ブザー音や蜂がぶんぶん唸《うな》っている風情のことだ。

とくにIT業界でバズワードがリストアップされてきた。いくら説明を聞いても、その用語を使う以外の説明の領域にまで到達できなそうな言葉のことである。たとえばマルチメディア、ニューメディア、ユビキタス、web2・0、スマート、インテリジェント、クラウドなどがバズワード扱いされた。企業用語のビジネスモデル、マネタイズ、ステークホルダー、ディシプリン、コンプライアンスなども烙印《らくいん》を捺《お》された。

バズワードはプラスチック・ワードに似ている。似てはいるけれど、たんに「中味が過疎な言葉」というのではない。いまや「バズった」と使われているように、「いま、その言葉じゃないだろ」というふうに相手を詰《なじ》るたびに、浮上する。プラスチック・ワードは説明をしたくて空疎化したのだが、バズワードはそこに近寄らないためのレッテルになったのだ。

一九三〇年代のアメリカで最初にバズワードという言葉が世に出てきたときは、「人を唸らせるような気の利いた言葉」や「人気になった言葉」のことだった。それがすっかり転落していったのである。最近では「使い方をまちがった言葉」のすべてが「バズった」の対象になった。二〇一七年の日本のバズワードランキングには「プレミアム・フライデー」、「忖度《そんたく》」、「働き方改革」などが入っていた。

シグナルワード（signal word）というものがある。「危険」（Danger）とか「警告」（Warning）とか「注意」（Caution）というやつで、町にも工場にも製品にも掲示されている言葉のことだ。禁止ではなく、「ここは危ない」という警戒心を促しているのだが、実は何を警戒したらいいのか、いまひとつ中味がわからない。自動販売機には「警告。転倒することがあります」と付され、UFOキャッチャーには「注意。この中にはぜったいに入らないでください」と、産業ロボットには「危険。衝突のおそれがあります」とある。何が危険で、何が警告で、何が注意かはよくわからない。けれどもそれを怠って事故がおこったら、当事者が責任をとらされる。

バズワードもシグナルワードもプラスチック・ワードではない。「まちがい領域」を示すだけの目的に成り下がった言葉なのである。ようするに、コミュニケーションを進行させるとか深化させるのではなく、肝心の領域に入らないための用語なのである。いわば編集不能をつくりだすためのワードなのだ。
ペルクゼンはプラスチック・ワードが言語文化の縮退や思考力の低迷を招くことを感知した。そのうえで、言語が言語を撥《は》ねつけていく構造に関心をもったのだろうと思う。しかしもしそうだとしたら、禁句、ジャーゴン（隠語）、言葉狩り、おねえ言葉、いじめ用語などの、言語文化の多様ではあるが、相互陥落をおこしかねない言語的自己撞着《どうちゃく》の解明のほうにも、もっと突っ込んでいくべきだったのである。

第一六八五夜　二〇一八年九月十三日

参照千夜

四三二夜：ネトル&ロメイン『消えゆく言語たち』　四三六夜：イリイチ『シャドウ・ワーク』　七一四夜：ロラン・バルト『テクストの快楽』　一五五三夜：クレア・マリィ『「おネエことば」論』

哲学を馬鹿にすることが
真に哲学することなのである（パスカル）

ジェローム・デュアメル

世界毒舌大辞典

吉田城訳　大修館書店　一九八八
Jérôme Duhamel: Le Grand Mechant Dictionnaire 1985

箴言《しんげん》集はつまらないものか、独りよがりのものが多い。それが相場だ。ぼくは漢文系と芥川や朔太郎やシオランなどはよく読むけれど、アフォリズムにはどちらかというと退屈してきた。それでもアンブローズ・ビアスの『悪魔の辞典』（岩波文庫・角川文庫）を嚆《こう》矢《し》として、類書は後を絶たない。

箴言や格言を求める読者がみんなスピーチのときに困っているとはかぎらない。刺戟《しげき》がほしい、してやられたい、何かに復讐《ふくしゅう》したかった、常識からはずれたい、そんな気分になって格言や名言を引きたくなった読者は少なくないだろう。

しかし世の名言というものは、それなりに選抜されてきた歴史をもつことによって、スパイスのきいた名言となってきた。誰かが誰かの言葉をとりあげ、これをおもしろがってきたわけなのである。どうおもしろがったかといえば、たいていはペシミスティックに時代社会を抉《えぐ》りたかった。つまり箴言集とはそもそもが思想史や文化史のフリーク・ショーなのである。そう思いなおして、こういう箴言集を眺めるとよい。

ビアスにしても、一八七〇年代のコラムニストとしてあえて「嘲笑《ちょうしょう》する悪魔」たらんと言葉の剃刀《かみそり》をふるったのである。執筆家たる者、どんな者もそんな言葉づかいを二度や三度はしたくなるものだ。たとえば次のように。

「真実は男たちを興奮させはしない」（ジャン・コクトー）。「驚くべきことに哲学のすべては〝勝手にしろよ〟に要約される」（モンテスキュー）。「哲学を馬鹿にすることが真に哲学することだ」（パスカル）。「妻をなくした男は悲しむが、未亡人は陽気になれる」（スタンダール）。「思想をもたずに表現すること、それがジャーナリズムの仕事だ」（カール・クラウス）。「嫌悪なしには新聞に触れられない」（ボードレール）。「批評家の列に加えられるために必要なのはタイプライターだけである」（フォークナー）。「インテリは屑《くず》である。回収しないかぎり役に立たない」（ロラン・バルト）。

まあ、こんな具合だ。しかし、もうすこし異なる活用法もある。イキのいいものを「編集稽古」の例題と見立ててあれこれ遊んでしまうことである。二、三の〝使用例〟を紹介しておく。気楽に読まれたい。

この手のものには必ず登場するバーナード・ショーを例題にすると、次の三段活用が編集術なのである。「良識を求めることができない人間には三種類ある。恋をしている男と、恋をしている女と、恋をしていない女だ」。

ようするに「どんな女も良識では左右できない」とフェミニストが怒りそうなことを言っているのだが、それを三段活用でちょっとだけ煙《けむ》に巻いた。こういう編集術は一、二の三でもっていく。三がミソになる。この基本は「魚には三種類ある。サンマとタイと、サンマでない魚だ」というところにある。集合論をぶっこわしてしまうのだ。これを二段活用で落とすと、こういうふうになる。「初めて女を薔薇《ばら》に譬《たと》えた男は詩人だが、二番目にそれをした男はただの馬鹿である」（ジェラール・ド・ネルヴァル）。

既存の論理や考え方に文句をつけたくなることは、よくあることだ。こういうときに、しゃにむに新しいことをメッセージしようとしても歯がたたない。とくに神や道徳や民主主義を批評するときだ。そういうときにはポール・ヴァレリーが示した手が効いてくる。「神は無からすべてを作った。ただし、元の無がすけて見えている」。これは神学の主張をそのまま使って裏返してみせた。もっとこれを素直な表現で言い換えると、こういうふうになる、「しかしそれにしても、天地創造の前に神は何をしていたのかね」（サミュエル・ベケット)。

言葉とか概念というものは、それを最初から提示したのでは、その重さについつい引っぱられてしまうものである。そこで、その言葉や概念を示す前に、格別の入口を用意する。そういう手がある。

この方法がやたらに得意なオスカー・ワイルドの例は、こういうものだ、「この世にはただひとつの恐ろしいこと、ただひとつの許しがたいことがある。それは退屈である」。退屈を定義したり説明したりするのはむずかしい。そこで、入口に世の中で最も恐いこと、最も許しがたいことを問うておいて、そこから退屈へ落としていく。これは何でも使える。「この前、もう自殺しようかとおもったよ」「どうして?」「ラーメンのチャーシューが薄かった」。瑣末《さまつ》を重視したいときにはもってこいである。

これを様態の変化から入って、答えにもっていく方法もある。たとえば、初級クラスのものでは、「初めは並んで寝て、やがて向かいあい、それから互いに背を向ける。それが体位だ」(サシャ・ギトリー)。この「体位」を「愛」に変えることもできれば、日本の自公保ではないが、「連立政権」にすることもできる。

言葉や概念というものは最初に規定をもたらすのがふつうなのだが、実は、フレーズにも初期条件というものがひそんでいて、そのフレーズから始められると、ついつい次

の推測が成り立ってしまうのだ。そこで、これを逆用する。マルセル・パニョルがいつ
も使う手であるけれど、こんな例題ではどうか。「女と寝なかったのは、多くのばあい、
頼んでみなかったからだ」。われわれは「女と寝る」「女と寝ない」というフレーズで勝
手な推理の術中にはまってしまいすぎている。そこを別口で開かせる。
世の中ではまっとうに気持ちを表現すると、まずいときがいくらもある。ハラスメン
トにもなりかねない。こういうときには婉曲に逃げるのではなく、かえって毒舌や皮肉
がものを言う。ゴンクール兄弟は田舎に行くたびに退屈をしていた。なぜ、こんなとこ
ろがいいのか理解不可能だった。だから田舎を毒づきたい。けれども田園派からの反論
が目に見えている。これは面倒だ。そこで、こう書いた、「田舎では雨が気晴らしにな
る」。ハイ、座布団一枚。

どれを褒めても、どれを貶《けな》しても、ぐあいが悪いときもある。こういうときは大岡裁
判が必要だが、それをうまくはこぶにはちょっとした工夫が試される。ぐるぐるまわし
にするのだ。AはXがよくてYがなく、BはYがうまいがZがへたで、CはZばかりで、
XもYもない。これなら何がいいかはすぐわからない。

アンリ・ド・レニエの名裁判を見てほしい。いったいどこを貶して、どこを褒めたの
か。「フランス人は歌は調子はずれだが、考えることは正しい。ドイツ人は歌は正確だ

が、考えることは正しくない。イタリア人は考えないが、歌っている」。

本書にはもうひとつ、読み方がある。著者がフランス人であるために、ここにはフランス人の思考方法が手にとるように見えてくる。ついでに、そのぶん、フランス人が何を揶《から》揄《か》って文化をつくってきたのか、それがよくわかる。実はフランス人は隣国のベルギー人を皮肉って一〇〇年にわたって気勢を上げてきたのである。そういう読み方だ。どんな言語文化にも差別はつきものなのである。

それでは最後に、悪口の例をあげておく。ただ罵《ば》倒《とう》するのでは芸がない。相手にグウの音も出させず、自分は溜飲《りゅういん》を下げ、大向こうを唸らせる。では、どうぞ。

「ベルリオーズは古い鬘《かつら》にロマン派の巻毛を結びつけている」（ドビュッシー）。「ジル・ドゥルーズは、ベルクソンが孕《はら》ませたニーチェの未熟児だ」（ドミニク・ルー）。「フローベールの文章は故障した高級車である」（ジョセフ・デルテイユ）。「十分以上ジッドを読めば、口が嫌な匂いになっていく」（フランシス・ピカビア）。

「ゴダールは毛沢東主義者の中で一番の馬鹿だった」（イヴ・モンタン）。「私がニーチェについてどう思うかだって？　名前に不必要な文字が多すぎると思う」（ジュール・ルナール）。「プルーストの無限にねじれたあとで自分の尻尾《しっぽ》を噛《か》む文章を読むと、不能の悪臭がする」（セリーヌ）。「われわれのサルトルは小型のトルストイだ」（モーリアック）。「バーナード・

ショーに敵はいない。けれど、すべての友人に嫌われている」（オスカー・ワイルド）。

第二四九夜　二〇〇一年三月十四日

参照千夜

九三一夜：芥川龍之介『侏儒の言葉』　六六五夜：萩原朔太郎『青猫』　二二三夜：エミール・シオラン『崩壊概論』　九一二夜：コクトー『白書』　七六二夜：パスカル『パンセ』　三三七夜：スタンダール『赤と黒』　七七三夜：ボードレール『悪の華』　九四〇夜：フォークナー『サンクチュアリ』　七一四夜：ロラン・バルト『テクストの快楽』　一二二二夜：ジェラール・ド・ネルヴァル『オーレリア』　一二夜：ポール・ヴァレリー『テスト氏』　一〇六七夜：サミュエル・ベケット『ゴドーを待ちながら』　四〇夜：オスカー・ワイルド『ドリアン・グレイの肖像』　一〇八二夜：ドゥルーズ&ガタリ『アンチ・オイディプス』　一二一二夜：ベルクソン『時間と自由』　一〇二三夜：ニーチェ『ツァラトストラかく語りき』　二八七夜：フローベール『ボヴァリー夫人』　八六五夜：ジッド『狭き門』　九三五夜：プルースト『失われた時を求めて』　八六〇夜：サルトル『方法の問題』　五八〇夜：トルストイ『アンナ・カレーニナ』　三七三夜：モーリアック『テレーズ・デスケルウ』

ゴーカイさん、文学な人、意味なし男、
困ったちゃん、おマヌケ分類

大槻ケンヂ

ボクはこんなことを考えている

メディアファクトリー　一九九三　角川文庫　一九九六

いつしか麻布の松岡正剛事務所で筋肉少女帯を聴く者がふえていた。そのころ事務所には、木村久美子、澁谷恭子、吉川正之、まりの・るうにい、ぼく、そして犬が二匹と猫が七匹住んでいた。通いは高橋秀元ただ一人。

誰かが筋肉少女帯を聴くから、ぼくも聴くようになった。そこはどこかでいつも音楽が鳴っているスペースだったのである。そのころは仕事が終わると全員でメシをつくって、それを食べながらテレビを見て、そのあともビデオを借りて映画を見るか、ミュージックビデオを見るというような、そんな気分の弛《し》緩《かん》と世事の情報をたのしむ日々が多かったのだが、それでもそれがすむと、それぞれの仕事を再開していた。

バイトで野田努や山田智行が通うようになると、ハウスやヒップホップやロックやポップスがかかる。ごく短いあいだだったが、筋肉少女帯はわが事務所の人気バンドのひとつだった。そのうち誰かが大槻ケンヂの本を買ってきた。小説らしい『新興宗教オモイデ教』と『グミ・チョコレート・パイン』（ともに角川文庫）は放っておいたのだが、あるとき『ボクはこんなことを考えている』をパラパラ読みはじめて、感心してしまった。これはミュージシャンにしておくのはもったいない。みごとな分類魔なのである。

書いてあることがほんとうにおこったことかどうか、見当はつかない。話題は彼の周辺におこった世事の情報だが、ほとんどが痛烈に思い当たる感情に訴えてくる。そのため、気分の弛緩がおこる。しかも、そのハコビとカマエは現代の諧謔《かいぎゃく》に徹していて、読んでいるあいだずうっと（といっても一時間もかからないが）、ニヤニヤさせてくれる。

たとえば「文学な人」が出てくる。文学をヘタに論ずる人のことではなく、その存在が文学な人である。著者のファンである一人の妙な娘とその母親は大槻の家にまで押しかけて、「お家《うち》を探すのに三日かかりました」「電車を乗りついで来たんですよ。目黒で荷物を盗まれましてねぇ」。なんだメンドーくさいと思っていると、「ホラ、目黒っていえば権力の手先がいますからね」と言って、大槻をドキッとさせる。

この母娘は、いま静かな暴動が各地で始まっているのだが、それを知っていてこれを守れるのは大槻ケンヂだというのだ。そして、このことを知っている人がもう一人いるという。もう諦《あきら》めた口調で大槻が聞く。「それは誰ですか」「それはねえ……」「それは？」「天地茂《あまちしげる》です」。これが大槻のいう「文学な人」の正体である。

レコード会社のディレクターも出てくる。だいたい筋肉少女帯は売れない。いまどきハードロックを聴く数なんて知れていて、そのころの大人たちでこのバンドを応援しているのは松岡正剛事務所くらいのものなのだ。しかし、バンドが生きていくにはそこそこのヒットが必要だ。ヒットするにはコマーシャルと提携する必要がある。

そこでディレクターは大槻に「明るくキャッチーでポップな歌詞」を書くように頼みこむ。トレンディドラマ風でさわやかなやつである。これでタイアップのスポンサーをとろうというのだ。大槻は呻吟《しんぎん》して歌をつくった。タイトルは「ゴーゴー蟲娘《むしむすめ》」。翌日、大槻は「すまん、こんなもんしかできなかった」とディレクターに詫《わ》びを入れる。ディレクターも淋《さび》しそうに「残念だよ」とポツリと言った。全員に気まずい空気が流れ、大槻もいっそ首をくくって詫びようかとおもう。

そのとき苦渋に満ちた顔でディレクターが声を振り絞って言った。「大槻、これ、殺虫剤のタイアップとれんかな」。

大槻ケンヂにかぎらないが、この手の世事感覚情報エッセイにはある種の原則のようなものがある。この原則は「世相をちぎる分類力」によって支えられている。順番に説明しよう。

第一に、何が恐怖だったかということを大事にする。コワイことだ。その恐怖はなんでもない世事のなかに落ちているべきもので、心配していたらやっぱり出てきたライスカレーが黄色すぎたとか、そうなったら困るなとおもうようなバーに入ったら、案の定、黒いセーターのママが「なんたって音楽はブルースね」と言って、ブルース問答を仕掛けてきたとか、そういうことである。これが恐怖の原則である。

第二に、興味をもった現象や傾向をすかさず定義づけるというふうにする。むろん造語も厭《いと》わない。どんどん分類する。本書でいえば「文学な人」をはじめ、「天動説の男」「ゴーカイさん」（これはプロレスラーの北尾光司のこと）、「ぬるりひょんの詩人」（森高千里のこと）、松田聖子や忌野清志郎《いまわのきよしろう》に愛されるとか好かれるとおもいこんでいるのは「妄想の人」とか「私のもの病人」、なんだかお金をかけたくなる趣味に走りそうな気分は「バブルな想い」。そのほか「おマヌケ映画」「猟奇オドロバンド」「意味無し男」などなどだ。こういう定義づけをして、常識化してしまうのだ。これが勝手分類定義の原則だ。

第三に、ここぞとおもった出来事や人物や現象については、その特徴をいろいろな分野の用語で連発する。さきほどのプロレスラー北尾光司でいえば、「天動説の男」「ゴーカイさん」、そして間髪をいれずに「困ったちゃん」というふうに分類する。そのとき強引なあてはめを恐れない。ケーシー高峰はジェームス・ブラウン、玉川カルテットはボブ・マーリィ、リゾート旅行はジャンボ鶴田というふうに。これは特徴あてはめの分類原則である。

第四に、おもしろそうなことについては、すぐにもっとおもしろそうな方向へ引っぱっていく。たとえば本書で大槻は日光江戸村に初めて行って感動するのだが、そこでパブロフの犬のように展開する時代劇実演に驚く。そこで一息ついてはいけない。こういうときはすぐにそのおもしろさを子供のころに見た「おしどり右京捕物車」を思い出しつつ、「おしどり右京洗濯物とりこみショー」にまで高めてあげるのである。拡張おもしろ主義の原則である。

第五に嫌いなもの、好きになれないことを、徹底しておおげさにする。このばあいは好きなことを決して高尚にしてはいけない。ちょっと恥ずかしいこと、たとえばUFOやモリナガ「小枝」やジューシー稲荷寿司《いなりずし》が好きだということを、ちゃんとあげておかなければならない。そのうえで嫌いなものをズバリとあげる。ちなみに大槻が嫌いなものは、本書では石野真子。これはキレイダ・キライダ分類の原則だ。

大槻ケンヂとは、その後、出会うことになった。夜中に突然の不思議な電話をもらったのがキッカケで(電話の中身は機密情報)、その後は中華料理を食べたり、さらにぼくや金子郁容やいとうせいこうが司会をしている舞台のゲストに招いたりもした。

ふだん会う大槻と舞台に出たときの大槻は、たいていのゲーノージンがそうであるのだが、さすがにちがっていた。舞台ではあくまでプロなのだ。クモの巣化粧も入念になっている。観客やカメラも意識する。けれどもふだんの大槻はそれ以上におもしろい。そのおもしろさには舞台とは異なる「間」があって、その「間」こそがのちにこれらの体験をエッセイに綴るときの観察の源泉になっているのかとおもわせた。

とはいえ、大槻ケンヂが異常すぎるほどの分類人生のクローニンであることもあきらかで、本書にも書かれていたが、ファンの少女が自殺騒ぎをおこすと若白髪がすぐ出てしまうような、そういう人知れぬ苦労もしょっちゅう体験している。あのヘアスタイルはそうした若白髪を隠すためのものだったようだ。

第一七六夜　二〇〇〇年十一月二二日

参照千夜

五〇四夜：ジョルジュ・ペレック『考える／分類する』　一一二五夜：金子郁容『ボランティア』　一九八夜：いとうせいこう・みうらじゅん『見仏記』

関東「バカ・リコウ」／関西「アホ・カシコ」
この二軸のヴァージョンが日本なのだ

松本修

全国アホ・バカ分布考

太田出版　一九九三　新潮文庫　一九九六

テレビは見るほうだが、継続的には見ない。好きに見る。ウィークデーは家にいないので、土日祝日に一日中だらだらと老猫《ろうびょう》のように見る。だから毎週定期的に見る番組というものはない。チャンネルを適当にザッピングして目をとめる。なかで愉《たの》しみになるものもある。「探偵！　ナイトスクープ」だ。これは妙に気にいった。何曜日の何時の番組なのかは知らない。

著者はこの「探偵！　ナイトスクープ」のプロデューサーである。いまもそうなのかどうかは知らない。なにしろ「関西のアホ」と「関東のバカ」の境界線がどこにあるかを調べた番組が放映されたのは、十年以上前の一九九一年五月のこと、まだ上岡龍太郎が探偵局長だった。その番組は賞を総ナメにしたほど好評だったようで、著者は日本方言学会の講演まで頼まれた。

しかしきっかけは単純で、視聴者からの「私は大阪生まれ、妻は東京生まれです。二人でケンカをすると、私はアホと言い、妻はバカと言います。お互いに耳慣れないのですごく傷つきます。いったいどこからどこまでがアホで、どこまでがバカなのでしょうか」という調査依頼が舞い込んだから、というものだった。テレビはこの単純な疑問や謎を追う気になると、俄然勇ましくなる。

さっそく北野誠探偵局員が一泊二日の予定で東京駅をば振り出しに、東海道のアホバカ分布を実地調査した。東京はバカ、静岡もバカ、ところが次の名古屋で突如としてタワケが出現した。岐阜もタワケで、米原《まいばら》がアホだった。ということは岐阜と滋賀のあいだにアホとバカの境界線があるらしい……。

ともかくもこんなぐあいで調査が終わり、のちのちまとめられたのが分厚い本書なのである。ちなみに番組では、アホバカ境界線は岐阜県不破郡関ヶ原町大字関ヶ原西今津だったということになった。

ところがこれで話は終わらなかった。視聴率狙いと学術的興奮がまぜまぜとなり、調査が継続されたのである。そうすると、アホの神戸を過ぎて姫路に進むとダボだった。すると四国に入ると香川ではホッコ、北陸のほうでは富山がダラということになってきた。すわ一大事である。視聴者から情報提供してもらい、全国アンケート調査を展開し、柳田《やなぎた》民俗学や大学教授にも当たることにした。

こうして恐るべき「アホバカ全国地図」が形成されたのだ。だいたい一次的分布図では次のようになっているらしい。これ、書き写すだけでタワケた。

北海道＝バカ・ハンカクサイ・タクランケ・タタクラダ
青森＝バガ・バガコイ・ハンカクサイ・ホンジナシ・タクラダ
秋田＝バカ・バガ・バギャ・バカコ・ホジナシ・ハンカクセー
岩手＝バカ・バーゲァ・バガクサイ・ホジナシ・ツポゲ
宮城＝バカ・バガモノ・コバカタクレ・ホデナス
山形＝バカ・ヴァガ・コバガモ・ホロケ
福島＝バカ・バーガ・バカメロー・ウーバカ・オンツァ
茨城＝デレ・デレスケ・ゴジャ・ゴジャッペ・バカ・カラバカ
群馬＝バカ・バッカ・バキャロー・コケ・コケヤロー
栃木＝バカ・バーガ・バカツカシ・デレ・デレスケ・コケ
長野＝バカ・タワケ・タクラダ・オタクラ・ボケ
新潟＝バカ・バガメラ・ウスラ・アホ・ダボ・タワケ

埼玉＝バカ・バッカ・バカチョン・バカスカシ
千葉＝バカ・バガ・バガテン・カラバカ・ゴジャ・ゴジャッペ
東京＝バカ・バカヤロー・バカッタレ・バカッケー
神奈川＝バカ・バカヤロー・バカスカシ・ウスラバカ
山梨＝バカ・オバカッチィ・タワケ・マヌケ・トロイ・アホ
静岡＝バカ・サレバカ・トロイ・トンロイ・チョロイ
愛知＝タワケ・クソダーケ・バカ・オトロエーサマ・オタンチン
岐阜＝タワケ・クソタワケ・トロイ・トロクサ・アホ・アホタレ
三重＝アホ・アホロク・ウトイウトスケ・アンゴウ・ボケ
奈良＝アホンダラ・ドアホウ・アホンダラホウシ・ウトイ・ウトッポ
和歌山＝アホ・アホッタレ・ウトイ・ウトッポ・ボケ
富山＝ダラ・ダラブツ・ドスダラ・バカ・アホ・ボケ・アヤメ
石川＝ダラ・ダラケ・ダラブチ・コンジョヨシ・ハンカ
福井＝ヌクトイ・ノクテー・アホ・コンジョヨシ・ボコイ・ドスバカ
滋賀＝アホ・ドアホ・アホンダラ・バカ・ウツケ・マヌケ
京都＝アホ・アホウ・ボケ・ホウケ・フヌケ・スカタン
大阪＝アホ・アーホー・ドアホ・ボケ・アホンダラ・アホッタレ

兵庫＝アホ・アホウ・アホダラ・ボケ・ボケナス・ダボ・バカ
鳥取＝ダラ・ダラズ・ダラクソ・アホンダラ・グズイ
島根＝ダラ・ダラズ・ダーズ・ダラジモン・アホ・アンポンタン
岡山＝アンゴウ・ゴウダマ・アホー・ダァホウ・トロイ・バカ
広島＝バカタレ・バカモン・アンゴウ・ホーケ・タラン・コケ
山口＝バカタレ・クソバカ・アホウ・タワケ・ボケタレ
香川＝ホッコ・ホッコマイ・アホ・アンポ・クリッコ・バカタレ
徳島＝アホ・ドアホ・ホレ・ドボレ・トロクソ・チョロコイ
愛媛＝バカ・クソバカ・トロイ・ボケ・ボケヤン・アホ
高知＝バカ・クソバカ・バカッチョ・アホ・アンポン・ドアホ
福岡＝バカ・バカスー・アンポンタン・アホ・アホタレ
佐賀＝フーケ・フーケタレ・バカ・バカタレ・ツータン・シイラ
大分＝バカ・サラバカ・バカワロー・アホタレ・アンポンタン
長崎＝フーケ・フーケモン・バカ・バァカ・ウーバカ・ドグラ
熊本＝バカ・バギャー・ホンジナシ・オタンチン・ズンダレ
宮崎＝バカ・バカタン・ホンジナシ・ダラ・ゲドー・ヌケ
鹿児島＝バカ・バカタレ・ホガネー・アホ・ドンタ・ハナタレ

沖縄＝フラー・フリムン・ゲレン・アッポ・トットロー

全県あるのか心配だが（いまチェックしたら大分が入っていなかったので加えた）、登録語はこれでも相当に手を抜いた。とても書ききれない。だから、これは目安だ。正確な地図は巻末付録の地図を見てもらうしかないほど大量のアホバカ・ヴァージョンだ。いろいろ複雑に重なりあい、組み合わさっている。

著者のグループはこれらの複雑な分布を徹底して調べ、アホとバカが東西でばっちり割れているのではなく、実は同心円的に、かつ飛び火的に広がっているのを確かめる。アホとバカを分けただけではダメで、たとえばバカタレとバカモンの分布の相違まで突き止める。あきらかにタレ（達）とモン（者）では何かが違っている。が、それでも満足できない。語源も知りたい。ついに言語民俗学である。けれどもやりだしてみると、やめられない。語源不明を含めて大半を調べあげた。

ちなみにハンカクサイは「半可くさい」、ホンジナシは神仏習合用語（本地垂迹）の「本地」が転用した「本地なし」だった。フーケは「惚《ほう》け」、アンゴウはぼうっとした魚の鮟《あん》鱇《こう》のことだった。茨城のゴジャは「ごじゃごじゃ言う」、沖縄のフリムンはおそらく「惚《ほ》れ者」なのである。なんとも痛快無比な調査書だ。

アホバカだけではない。その逆のカシコ（賢い）・リコウ（利口）分布も調べていた。近畿中央のカシコイを囲んでエライが広がり、その外側をリコウが拡散していくことがわかった。すばらしい分析だ。

ぼくは何度も唸った。どうやら京都で大半の言葉がつくられ、それが近世になるにしたがって新しい罵倒言葉ができあがると、古い時代の罵倒言葉が周辺部に向かって円周的に押しやられるというのだ。かくて、江戸中期あたりで「アホ・カシコ」のセットが上方に新たに生まれ、それ以前の「バカ・リコウ」を追い払っていったのだということになってきた。ようするに時間差なのである。

著者はこうした成果を背景に、しだいに「方言周圏論」ともいうべき学者はだしの体系的な研究にさえ乗り出している。驚くべきアホバカ研究だ。いったい網野善彦や金田一春彦や福田アジオは、このゆるぎない研究成果をどう見るだろうか。

方言。地域語。クレオール語。スラング。ジャーゴン。こういう言語的生態の隅々からは日本にひそむ知的保存動物の謎が見えてくる。

言葉だけではなく、そこにはさまざまな習慣や習俗が絡んでいる。雑煮の味噌と具の違いの分布、トコロテンを酢醤油《すじょうゆ》で食べるか黒蜜《くろみつ》で食べるかの分布、喫茶店のモーニングサービスのメニューの分布など、ゆめゆめ軽んじてはならない日本の謎なのである。これらすべてが方言分布のヴィークルに乗って全国を攪拌《かくはん》しつづけたというべきなのである。

ぼくも「遊」第三期をつくっていたころに、次は「方言・遊」をつくりたいんだとスタッフに言っていたことがある。それなのにこれは挫折したままにある。いまはただ、このプロデューサーを身近かに引き抜きたいばかりだ。それにしても「探偵！ナイトスクープ」のスタジオセットが実は「シャーロック・ホームズの書斎とリビングルームのつもり」だったとは、聞いて呆《あき》れた。絶対に、そうは見えない。こういうところが、やっぱ大阪やねえ。

第七一八夜　二〇〇三年二月二一日

参照千夜

八七夜：網野善彦『日本の歴史をよみなおす』　七〇六夜：福田アジオ『番と衆』　六二八夜：コナン・ドイル『緋色の研究』　一〇八五夜：今福龍太『クレオール主義』

書：松岡正剛　「阿呆馬鹿」

文化は符丁や略語から見えてくるのに
「隠語の社会」がことごとく消されてしまった

尾佐竹猛

下等百科辞典

礫川全次校訂　批評社　一九九九

最近の礫川全次《こいしかわぜんじ》の仕事にはめざましいものがある。礫川は歴史民俗学研究会を主宰するノンフィクションライターで、『サンカと説教強盗』『戦後ニッポン犯罪史』『大津事件と明治天皇』（いずれも批評社）などの仔細な著書があるのだが、尾佐竹猛《おさたけたけき》の旧著の発掘と編集でも群を抜く仕事をしている。『賭博《とばく》と掏摸《すり》の研究』（総葉社書店）が一世を風靡《ふうび》した。最近の尾佐竹ものの編集刊行物はいずれも批評社が版元で、本書のほかにも『明治秘史・疑獄難獄』『法曹珍話・閻魔《えんま》帳』『法窓秘聞』などが刊行された。これらは刊行まもない昭和十年前後からまったく水面下に眠っていた著作ばかりである。

尾佐竹猛は明治十三年に石川県の羽咋《はくい》に生まれて、明治法律学校（のちの明治大学）を出たのちは、地方裁判所判事、大審院判事をへて明大法学部教授となった日本憲政史の泰《たい》斗《と》である。『日本憲政史』『日本憲政史大綱』（日本評論社）などの主著がある。

その一方で明治文化の本格的な研究者でもあった。とくに一九二四年に石井研堂・吉野作造・宮武外骨・小野秀雄・藤井甚太郎らとつくった「明治文化研究会」が重要である。この研究会は「新旧時代」という機関誌を出し（のちに「明治文化研究」となる）、そのうえで『明治文化全集』全二四巻（日本評論社）を編集刊行してみせた。それだけではない。一九三四年からは『季刊明治文化研究』全六輯《しゅう》を編集し、さらに『幕末明治新聞全集』全五巻（大誠堂）を刊行した。

ぼくが尾佐竹の著作に最初にふれたのは、アウトローの研究書として名高い『賭博と掏摸の研究』だが、この人がこれほど懐の深い明治文化研究をしているとは、当時は知らなかった。ことに法曹研究の第一人者であったことは、山田風太郎が「ぼくが明治小説を次々に書くにあたっての最大の材料だった」と告白するまで、まったく気がつかない始末であった。

だいたい尾佐竹は自分でしゃあしゃあと「無用学博士」と自称するだけあって、およそ実用とか正統とか系譜などというものを超えている。よくもそんな趣味をもっていて法学に君臨したものだが、そこが昨今の堅い連中とは格がちがっていた。南方熊楠《みなかたくまぐす》がそうであったように、すべての情報が、それがどんなに無用なものに見えようとも、見捨てておけない人なのである。

学者や研究者やコレクターにはもともと二つの人種がある。ひとつは将棋でいえば飛車や金を中心にコトを進め、相手の大駒も取ってしまうタイプだ。もうひとつは徹底して歩で進め、歩をと金にしてしまうというタイプで、尾佐竹はむろん後者のタイプに属する。狩野亨吉などもこのタイプであろう。

こういう尾佐竹の研究成果の最もわかりやすいリプレゼンテーションが、本書『下等百科辞典』だった。これは一九一〇年から一九一八年にかけて「法律新聞」に一三六回にわたって連載されたもので、一種の隠語辞典である。ヤクザ、賭博師、テキヤ、詐欺師、犯罪者、遊郭業界の者、花柳界の者、警察関係者、相場師たちがつかう隠語や符丁や造語が、とことん集められている。

おそらくはその大半が死語になっている。それだけに、これらの隠語の集積は時代の偉大な証言であり、カメラに撮れない生きた歴史であり、社会の裏面に磨ききった鏡を突っこんだアンダー・エンサイクロペディアなのである。「おいちょかぶ」や「どぼん」しか知らない世代には、見当もつかないというか、めくるめくというか、想像を絶するトリビアルな世界であるだろう。

あまりに夥《おびただ》しい隠語の放列だが、ここではたったひとつだけ紹介しておく。「地見」という隠語がある。ジミと読む。これは「鉄拾い」「アヒル」と同様の言葉で、遺失物横領業者のことである。「鉄拾い」「アヒル」は主に船住居の者たちの隠語らしいが、この一語だけでも底辺がなかなか広い。

尾佐竹はこの隠語が明治にできたものだという通説を覆した。すでに勝海舟の『氷川清話』に出てくるという。海舟は「地見と云ふは、地を見て金の落ちたり隠したりしてある処を探し当てて、商売にするものだよ」と言っている。尾佐竹は地見は屑屋《くずや》と異なることを強調する。なぜなら屑屋は公認の職業だが、地見は遺失物横領をする。これは横領という営業でもあったのだという。尾佐竹はこれを法学者らしく「遺失物横領営業者」と名付けた。なかでも有名なのが明治初期に活躍した甲州安、新宿の狸、千住の二厘とよばれた男たちだったという。

かれらは斯界《しかい》の名人だったらしい。いずれも場末のどこかに居をさだめて、夜中の三時四時になると出没し、盛り場に落ちている金品物品を拾っていった。そして日が高くなるころに古物商や古鉄商に持ち込んで、これらを売りさばく。その収入はけっしてバカにできないものだった。なかで溝《どぶ》を浚《さら》ってなにがしかの物品金品を横領するのが「アヒル」とよばれる特殊部隊らしい。と、まあ、こんな調子なのだ。これらの隠語の説明は各項目で縦横に交差する。たとえば「地見」たちはこうして街に落ちているものを拾って生活の糧にしているわけであるが、そのようにナマで物品金品をせしめるかれらの生き方から、実は「現ナマ」という言葉もつくられたのだ、というように。
それにしても、われわれはこうした隠語の社会を失ってしまったようだ。ヤクザやテキヤがいいとは言わないが（いや、言いたいが）、芸能界やテレビ屋のジャーゴンばかりが罷《まか》り通る御時世には、尾佐竹猛も意気消沈したことだろうとおもうと、なんともやるせない。

第三〇三夜　二〇〇一年五月三十日

参照千夜

七一二夜：吉野孝雄『宮武外骨』　一六二四夜：南方熊楠『南方熊楠全集』　一二二九夜：青江舜二郎『狩野亨吉の生涯』　三三八夜：勝海舟『氷川清話』

シスターボーイ、ブルーボーイ、おかま、ゲイボーイ、ニューハーフ、ミスターレディたちの言葉の力

クレア・マリィ

「おネエことば」論

青土社　二〇一三

おネエ言葉に注目するとは炯眼《けいがん》だった。なるほど「おネエ」とか「おネエ系」はなんとも新奇な言い方で、姉さんとも姐《ねえ》さんとも違っている。それまでのゲイやおかまやニューハーフとも何かが異なっている。

ぼくが知っている程度の記憶で昭和日本をふりかえってみても、一九五〇年代は青江のママがそう自称していたように「ゲイボーイ」が通り名だった。いまは美輪明宏と改名した丸山明宏は世間からは「シスターボーイ」と半ば蔑《さげす》まれて呼ばれていて、銭湯でなよなよと前を隠して内股《うちまた》で湯船に向かう〝おねえさん〟がいると、子供どうしでも「あれ、シスターボーイやで」と囁《ささや》いたものである。

六〇年代はパリのショークラブ「カルーセル」からトップダンサーたちが赤坂ミカド

などに何度も来日して、これがきっかけで「ブルーボーイ」が流行していった。性転換手術をしたM↓Fさんたちがブルーボーイのことで、M（male）からF（female）に変わったという隠語なのである。モロッコで性転換手術を受けたというカルーセル麻紀が代表だったろうか。

以下、本書をさっと案内するが、LGBTに関する呼称が、当時の言い方で登場する。御容赦いただきたい。

七〇年代になると、おすぎとピーコが「おかまタレント」として売り出した。すでにゲイバーは各地にあったけれど、この機運にのったせいか、「おかまバー」と呼ばれるほうが多くなったのではないか。「おかま」は江戸時代すでに「おかまを掘る」などと使われ、その後もそもそも女装する男娼《だんしよう》に対する蔑称《べつしよう》のはずだったのに、このころから柔らかく使われていったのだと思う。

かくして、次々におかまタレントが週刊誌やテレビを賑わせると、どこか女っぽい仕草をするタレントが「おかまっぽい」とか「ホモっぽい」と言われるようにもなって、そのころから美川憲一なども趣向を隠さず、かえってネタにしたのだと憶《おぼ》えている。

ところが八〇年代は、松原留美子が六本木を代表する「ニューハーフ」になった。ニューハーフは「ウォークマン」同様の和製英語で、アメリカの俗語では「シーメール」

(she-male) とか「トラニー」(trannie) などと言う。ちなみにぼくが「遊」の特別号で「は組」「ち組」「へ組」を遊んだときは、「ち組」に六本木のニューハーフに登場してもらったものだ。一方この時期、テレビは女装の男たちを「ミスターレディ」とも呼んでいた。ニューハーフといい、ミスターレディといい、よくもまあ次々にネーミングしたものだ。日本語の擬態差別力はとんでもなく豊饒な揶揄《やゆ》を生む。ぼくはこういうニセ英語が実のところは大好きなのである。

九〇年代にはクラブシーンの最後を飾った「ドラッグクイーン」が登場した。ドラッグは drug ではなく drag で、「引きずる」というほうの意味だ。けれどもクラブはその後はディスコに食われ、そのディスコもいまでは風営法で夜中には踊れなくなった。残念である。ま、それはともかく、このあたりから少女マンガやラノベには「おこげ」や「やおい」も出入りしはじめたのだったろう。

そんなこんなで二一世紀に入ると、わが友人でもある稀代《きたい》の論客・三橋順子の『女装と日本人』(講談社現代新書) といった本格評論があらわれる。やっと女装も思想になったのだ。そしてどうなったかといえば、なぜかいまや、ＩＫＫＯ、ミッツ・マングローブ、はるな愛、マツコ・デラックス、尾木ママ、山咲トオルなどの、「おネエ」の時代なのである。

いったいブルーボーイ、おかま、ニューハーフなどと「おネエ」の何が違うのか、ぼくにはよくわからないけれど、本書はそこを言葉づかい論として浮上させた。もっとも、ゲイ・コミュニティ側からは、「おネエ」はゲイの多様性を狭めているではないか、気にいらないという批判もあがっていた。

本書を書いたクレア・マリィ(Claire Maree)という女センセイは、オーストラリアのメルボルン大学のアジア・インスティチュートの研究者だ。東大の総合文化研究科で博士号をとったのち、東洋大や津田塾で日本語とジェンダーとセクシャリティを研究してきた。

なんとも難しいガクシャ表題だが、その名も『発話者の言語ストラテジーとしてのネゴシエーション行為の研究』(ひつじ書房)という著書もある。言葉が相手やコミュニティとのなかでネゴシエーション(切り抜ける・掛け合う・談判する・交渉する)するときに、どんな様態をもつかを研究したものだ。

そういうクレア・マリィからすると、ブルーボーイ、おかま、ニューハーフ、おネエという用語は、特定コミュニティとそのコミュニティをまたいで「外」を意識したときの、言語ストラテジーや言語イデオロギーが洩《も》らしていったキーワードであって、ちょっとしたパロディであり、その発信者からするとたいせつな防御力だということになるらしい。

社会や文化には、どんな国や民族や地域にも「言語資源」というものがある。ふつうには「国語」や「方言」と考えていいのだが、時代や社会状況によってこの資源は使い勝手が変化する。たとえば「をかし」「あはれ」は使わなくなってしまったし、「かわいい」は明治時代の意味とは違っている。つまりどんな言語資源もつねに新たな「知」と「感性」をキックする言葉に転換する可能性をもってきた。

わかりやすい例でいえば、「あたし」という言葉は、小学生の女の子にとっては「私」という意味をもち、柳原白蓮《びゃくれん》の時代でも「あたし」は女性言葉になっていた。その「あたし」を男が発すれば、やっぱり別のニュアンスをもつことになる。さらには男が「いやぁねえ」と言えば、相手はくらくらと混乱する。あるいはその場の調子に呑《の》まれるかもしれない。そこに言語ストラテジーや言語イデオロギーが動くわけである。

クレア・マリィが注目したのは、この言語資源がコミュニティをまたいでイデオロギーをもって転換するにあたって、「メイクオーバー・カルチャー」が大きな役割をはたしたのではないかということだった。

メイクオーバー・カルチャーとは何かというと、伝統的なアイデンティティや常識的な役割意識が、なんらかの理由と手段で「示し直される」文化のことを言う。出雲の阿《お》国《くに》のかぶき踊りが女形《おやま》を含んだ野郎歌舞伎になったり、日本の洋画家がやたらにパリの画家ふうのベレー帽をかぶったりするのもメイクオーバー・カルチャーだし、マドンナが娼婦のコスチュームで《Like a Virgin》を歌ったり、シリコンバレーのCEOがジーンズでプレゼンテーションするのも、メイクオーバー・カルチャーだ。

つまりは、それなりのメイキング・プロセスが露出するのが、メイクオーバーである。ふだんは外に見せないメイキングの途中をあえて見せてしまうのだ。

そのメイクオーバー・カルチャーがジェンダーやセクシャリティをまたぐと、どうなるのか。ひとつには強烈な流行語が生まれる。また、時として強烈な役割意識のあてこすりやジェンダー文化の防衛や特別なニューカルチャーの発信にもなる。クレア・マリィはそれが日本ではテレビ番組などの「メイクオーバー・メディア」によって主に仕組まれたとみなしたのだ。

メイクオーバー・メディアなどと言うとまたまた難しく聞こえるかもしれないが、いやいや、これはみんながよくよくテレビで知っていることである。番組の中で〝誰か〟を一気に「変身」「改造」「披露」させるという、メイキングの途中を見せる番組のことだ。その番組の中でお父さんは改造され、お母さんは見違えるようになるという、あのことだ。

これはかつてから欧米では「リアリティ・テレビ」とも言われていたもので、ごくフツーの人間（一般視聴者）やごくフツーの趣味（料理・ファッション・インテリアなど）を、専門家がそこにかかわることで一気に特別仕立てなものにしてみせるというメディアの手法だった。つまりはわかりやすくいえば、「ビフォア／アフター」の見世物版で、とりわけ「変身」の意外性と「披露」(reveal)に重点がおかれるのが特徴になる。

そのためにはビフォアができるだけ貧弱であり、誰が見ても惨憺《さんたん》たるものでなければならない。そうでないと変身や改造の意外性がない。また、アフターに対する強い期待も喚起しなければならず、かくしてひどく住みにくい家屋がみごとにリフォームされて一家がよろこびあい、「おブス」が美女に変身して、しずちゃんやオークボが立派なモデルになってランウェイを歩くのだ。

が、ここまでのことならクレア・マリィが欧米メディアでも見慣れてきたものだったはずである。ところが日本では、これが「おネエキャラ」の創出や「おネエ言葉」という言語文化の確立に向かったのである。そこにメイクオーバー・メディアがかかわったのだ。それでクレアは驚いた。

そもそもビフォア／アフターには、どうしてもその場かぎりという限界がある。改造されたお父さんはしばらくたてば元の木阿弥《もくあみ》のオヤジになっているだろうし、スペシャル・メークアップを施されたお母さんが、あのままその後の日々の化粧を入念にしているとは思えない。

もっと本格的にビフォア／アフターを見せるにはどうすればいいか。これが案外難しい。仕上がりのいい美人や筋肉マンに出てもらうのはかんたんだけれど、これではビフォアがわからない。せいぜい少女時代のボケ写真や十年前のボディビルダーの写真で過ぎにし日々を見せて、比較してもらうしかなくなってくる。

が、それでは圧倒感がない。やはりここにはセクシャリティの超越性が必要なのである。そこで、そもそも「女っぽい男」をテレビ化したらどうなのかという案になった。ここに浮上したのがニューハーフやおかまなのである。

〝彼女〟たちが登場してくれさえすれば、すでに「変身」や「改造」を了《お》えたキャラクターが出現してくれる。視聴者も、ビフォア／アフターをそのキャラクターの人生ごと感じることができる。こうしてカルーセル麻紀が、おすぎとピーコが、マツコ・デラックスが重用されたということらしい。一人のスーパーキャラが来てくれないときは、テレビディレクターたちはニューハーフやミスターレディをスタジオにどっさり集めたものだった。

しかし、こういうことをしてばかりではテレビはタレント起用や特番ばかりでおわる。

飽きられることもある。マンネリにもなる。そこでまた案を練りなおし、性的変身プロセスを巧みに番組や番組の目印コーナーにしていったのが日本独特のメイクオーバー・メディアだったのだ。

クレア・マリィは日本テレビで二〇〇六年から三年間放映された「おネエMANS」が日本でのメイクオーバー・メディアの大半を仕掛けたことをとりあげた。そして、そこに「おネエ言葉」の汎用《はんよう》の仕立てがあったことを突きとめた。

永六輔や萩本欽一が少しおかまっぽい言葉づかいをしていたのは、本人たちの証言によるとけっこう意識的なことだったらしい。そのほうが表現力がラクになり、言いたいことも言いやすいらしい。なるほど男が女言葉を使えば、少し甲高くもなれるし、ときに強く喋れるし、感情表現もオーバーになれる。尾木ママはそこを武器にしてタレント化していった。けれども、これらは話芸でもあった。

おネエ言葉は話芸ではない。著者の見立てでは、トランスセクシャルな言語ストラテジーや言語イデオロギーなのだ。話芸や口調とはかぎらない。そこには「情緒的支配」(affective domination) がおこる。そのキャラ自体が「事後の身体」(after-body) の持ち主で、そのキャラを前にすると、それに接した多くの者が、〝彼女〟こそは曰《いわ》く言いがたい「事前の身体」(before-body) を超えてきたと感じるというものなのだ。だから、それに圧倒されるということにもなる。メイクオーバー・メディアでは、これを何人もの組み合わせでおこしていくわけである。

というわけで、本書でクレア・マリィが強調したことは、ひとつにはジェンダーやセクシャリティをまたぐ表現力は、そもそも言語ストラテジー(言葉の力)にかかわっているということである。また、もうひとつには、メディアにおける編集力が言語イデオロギーを視覚的につくりうるということである。

われわれはいま、ウルリヒ・ベックやタニア・ルーイスのいう「再帰的個人化」という大現象の中に突入させられている。二一世紀の先進諸国では、個人が次々に「リスクの境界」に付き合わされて、自身のアイデンティティをいささか見失い、どこかの自己像に再帰しようとしている時代社会が進行しているのだ。

この現象を哲学的に語ろうとしたり、社会的に語ろうとしたりすると、けっこうな難問になる。語りこむ気になると、ジグムント・バウマンやリチャード・ローティや、あるいはジョルジョ・アガンベン並みの議論まで進む。

それよりも、そこにジェンダーやセクシャリティという根拠や様相をひとつまみ入れてみると、これまで見えにくかったことが見えてくることがある。そこに言葉づかいやメイクオーバー・カルチャーがかかわっていることにも、気が付かされる。ジャネット・シバモト・スミスはこのことを“opposite sex”（反対側の性）の活用だと見た。

LGBTという略語がある。レズビアン、ゲイ、バイセクシャル、トランスジェンダーのイニシャルを集めた。セクシャル・マイノリティ（性的少数者）の総称だ。これにQ（クィア）、I（インターセックス）を含めて、LGBTQIということもある。かれらの言葉づかいには、それぞれ独特のものが装着されている。それは英語でもフランス語でもイタリア語でも、そして日本語でもあまり変わらない。

ぼくは日本文化デザイン会議（一九九四）で、LGBTQIに性同一性障害者を加えて、きわめてめずらしいシンポジウムを開き、そのナビゲーターをしたことがあった。みんな日本人だったが、やはり独特の言葉づかいをする。でも、全員真剣そのもので、そこにパロディや揶揄がまじるということはおこらなかった。

これらにくらべると、おネエ言葉はずっとくだけている。本気が感じられないとも見える。だからそれが気にいらないゲイたちも少なくない。つまりはおネエ言葉は見方によっては「バラエティ」なのであって、「番組的」なのである。だから、それが気に食わない向きもけっこういるわけだ。

そういう諸姉諸兄は、ぼくが千夜千冊してきた植島啓司『男が女になる病気』（朝日出版社）、ジャン・デ・カール『狂王ルートヴィヒ』（中央公論社）、ワイルド『ドリアン・グレ

イの肖像』（新潮文庫）、マヌエル・プイグ『蜘蛛女《くもおんな》のキス』（集英社文庫）、ポール・ラッセル

『ゲイ文化の主役たち』（青土社）などを読んでみてほしい。けれども、おネエたちからするとバラエティになって何が悪いのよ、なのである。昔のゲイは無理してるんじゃないの、だ。

ところで、おネエたちによるメイクオーバー・カルチャーには、どうしても見落とせないことがある。それは、〝彼女〟たちの言葉づかいによって、政治や社会的事件や教育問題の〝本音〟が言えているふうに見せられるということだ。コメントが妥当であるかどうかは棚に上げたままで、「なによ、それってバカじゃないの」「あんた、おかしいわよ」「政治家なんてやめちゃえば」と言えば、それでそれなりのインパクトを視聴者に与えることができるのだ。

しかも〝彼女〟たちは匿名なのではない。ネットでの言いたい放題でもない。あたかもお笑い芸人たちのすばやいコメントボールのように、それで十分にウケまくる。ただしお笑い芸人と異なるのは、そのおネエたちはその言いっぷりそのものを、日々の言語イデオロギーとしているということだ。そこに社会があるということだ。

いまや「おネエ言葉」は「どんだけ〜」といった流行語大賞の候補などではなくなったと言うべきなのだろう。そうだとすると、おネエ言葉は、かつての左翼用語、自由主

義者の喋り方、おたくの言語に比較されるべきものになったということになる。クレア・マリィの次のステージには、そういう研究も加わるかもしれない。

第一五五三夜　二〇一四年八月八日

参照千夜

五三〇夜：美輪明宏『ああ正負の法則』 六六一夜：榊原史保美『やおい幻論』 一二七四夜：三橋順子『女装と日本人』 一一三七夜：ジグムント・バウマン『コミュニティ』 一三五〇夜：リチャード・ローティ『偶然性・アイロニー・連帯』 一三二四夜：ジョルジョ・アガンベン『スタンツェ』 七六三夜：植島啓司『男が女になる病気』 七八一夜：ジャン・デ・カール『狂王ルートヴィヒ』 四〇夜：ワイルド『ドリアン・グレイの肖像』 二七〇夜：マヌエル・プイグ『蜘蛛女のキス』 一一三七夜：ポール・ラッセル『ゲイ文化の主役たち』

子どもはあけはなつ、大人はしめる
犬はちゃんとそばでまつ

きたやまようこ

犬のことば辞典

理論社　一九九八

こういう犬の専門家がいることをぜひ伝えておきたいので、今夜は「犬ことば」による犬心を絵本にできる作家の例をお目にかける。

きたやまようこは犬の気持ちが見える作家なのである。見えるだけではなく言葉にできる。いや、言葉にあますといったほうがいい。われわれはジャン・アンリ・ファーブルの『昆虫記』ときたやまようこの『犬のことば辞典』を持ったことを幸甚としなければならない。大人と子供と比較されていることに注目したい。説明はいらないだろう。

「いいこ」子どもはいいこにしなさいといわれるが、大人はいいこになるときらわれる。
犬は「いいこね」といわれる。

「うそ」子どもはばれるうそをつくが、大人はばれないようにうそをつく。犬はつけない。

「きのう」子どもはあまりかんがえないが、大人はよくかんがえる。犬はとつぜんおもいだす。

「けんか」子どもはしないとわからないが、大人はしないようにする。犬はたいていしなくてもわかる。

「しり」子どもはだすが、大人はかくす。犬はかぐ。

「しんぶん」大人はよむ。子どもはやぶく。犬はトイレにつかう。

「すてる」大人はすてるものはすてるが、子どもはすてるものもすてない。犬はすてるものはないが、すてられたりする。

「つち」子どもはつける。大人ははらう。犬はかける。

「つまらないもの」子どもはすてるのに、大人はひとにあげる。犬はさいしょからもたない。

「と」子どもはあけはなつ。大人はしめる。犬はそばでまつ。

「ねる」子どもは大きくなるためにねて、大人はつかれをとるためにねる。犬がねているのをみると、人はあんしんする。

「のこす」子どもはのこすとおこられるのに、大人はわざとのこしたりする。犬はそれをまっている。

「ほんと」子どもは「ほんと?」をくりかえす。大人は「ほんと?」「うそー」をくりかえす。犬はうそもほんともない。

「まちがえる」子どもはことばをまちがえる。大人はかんがえかたをまちがえる。犬は人をまちがえる。

「まつ」大人はまたすけど、まつ。子どもはまたせても、まてない。犬はまたせない。ひたすら、まつ。

「めじるし」子どもはめだつものをめじるしにする。大人はずっとあるものをめじるしにする。犬はにおいをめじるしにする。

「もしも」子どもは万にひとつもないことをかんがえたりするが、大人は万にひとつはあることをかんがえる。犬は万にひとつもかんがえない。

「もと」子どもはもともとあかちゃん。大人はもともと子ども。犬はもともと犬。

「らいきゃく」子どもはよろこぶが、大人はつかれる。犬はあやしむ。

「れんらく」子どもはたいていれんらくがつくが、大人はなかなかつけにくい。犬はいつもつく。


傑作である。ここまで見抜いていると、日本社会で問われるべき問題の大半が暗示できる。しかし本人はそういうつもりで、この『犬のことば辞典』を書いたのではないらしい。彼女はいろいろの絵本を描き書く作家さんなのだ。

デビュー作の『いただきまーす』『ただいまー』（偕成社）をはじめ、たくさんの絵本を世に問うてきた。途中、シベリアンハスキーを飼うことになってちょっと休業し、そのあとからは俄然《がぜん》、犬の心に思い入れをする犬めく絵本を次々につくるようになった。「ゆうたくんちのいばりいぬ」シリーズ（あかね書房）は、たまらない。

そうした絵本は本屋さんで手にとってみることをお奨《すす》めするとして、ついでに書いておきたいことがある。

それはほかでもない、子母澤寛《しもざわかん》のサル、江藤淳のイヌ、日高敏隆のネコについてのエッセイがそうだったのだが、なぜわれわれは動物たちに思い入れをすると、ふわりとどこかに自在な遊弋《ゆうよく》ができるのだろうかということだ。ファンタジックになるというのではなくて、断然に言葉がおもしろくなるのである。言葉づかいが楽チンになるのだ。これは、言葉というものの長所と限界を考えるうえで、何かとても大きなヒントになっているような気がする。

われわれは動物とちがって言葉を操れるようになった。そのぶん言葉にしようとすると哲学語や社会語や心理語になってしまって、それで言いたいことが言えたのかどうか、わからない。そういうときに、言葉のないサルやイヌやネコに言葉を託すのだ。

こうして、心豊かな語り部や作家たちが、ブレーメンの音楽隊や三匹の子豚を、長くつ下のピッピやごんぎつねを、ムーミンやぼのぼのを、創出してくれたのである。言葉というもの、何度も何度も「言葉のないものたち」に代入することで蘇生《そせい》させるしかないようである。

第二四二夜　二〇〇一年三月五日

参照千夜

九四夜：子母澤寛『愛猿記』　二一四夜：江藤淳『犬と私』　四八四夜：日高敏隆『ネコはどうしてわがままか』

書：松岡正剛　「犬」

第三章　日本語の謎

小池清治『日本語はいかにつくられたか?』
馬渕和夫『五十音図の話』
清水眞澄『読経の世界』
イ・ヨンスク『「国語」という思想』
福田恒存『私の國語教室』
水村美苗『日本語が亡びるとき』
リービ英雄『日本語を書く部屋』
イアン・アーシー『怪しい日本語研究室』
高橋輝次編著『誤植読本』

太安万侶、貫之、定家、宣長、漱石、時枝誠記《ときえだもとき》、
この六人が日本語をつくった

小池清治

日本語はいかにつくられたか?

筑摩書房　一九八九　ちくま学芸文庫　一九九五

本書はよくできた一冊だった。六人の「日本語をつくった男」を軸に日本語の表記をめぐる変遷を近代まで読み継がせた。

著者の小池清治は国語学者である。確固たる日本語観と日本語史についての見識がある（すでに亡くなっている）。その小池に、あるとき筑摩の井崎正敏が「日本語の自覚の歴史」といった視点の本を書いてみませんかと勧めた。小池はそれならかねて敬意を払ってきた永山勇の『国語意識史の研究』（風間書房）や時枝誠記の『国語学史』（岩波書店）に代わるものを書いてみたい、できればそこに山本健吉の『詩の自覚の歴史』（筑摩書房）の趣向を加えてみたいと言ったという。

このセンスがよかった（山本健吉を加えたところがいい）。いろいろ思案したすえ、日本語を

創った代表的な六人をフィーチャーして、大きな歴史のうねりを浮き彫りにする構想をたてた。すなわち、太安万侶《おおのやすまろ》＝「日本語表記の創造」、紀貫之＝「和文の創造」、藤原定家＝『日本語の『仮名遣い』の創造」、本居宣長＝「日本語の音韻の発見」、夏目漱石＝「近代文体の創造」、時枝誠記＝「日本語の文法の創造」の六章立てである。

構成はすこぶる端的で、かつ国語学にありがちな委曲を尽くすあまり大筋を失うという致命的な難点を逃れている。一九八九年に「ちくまライブラリー」の一冊に迎えられ（ぼくはこれで読んだ）、その後にちくま学芸文庫に入った。その文庫版のあとがきに、六人が六人とも男になってしまったのが心残りになった、できれば紫式部か清少納言を入れたかったと書いていたが、なるほどそうだったかもしれない（世阿弥や芭蕉も入れてほしかったが）。だからといってそれが本書の瑕瑾《かきん》になったとは思わない。

以下、ざっと狙いどころを紹介したい。最初は「文字をもたなかった日本人は、どのように日本語を表記できるようになったのか」ということだ。ぼくなりに咀嚼《そしゃく》した案内にする。

言葉は社会環境や集団環境の中で喋《しゃべ》りあっているうちに習得できることが多い。ただしこれはあくまで「発話力の習得」であって、そこから「文字の習得」に至るにはそれなりの飛躍や相互作用が必要になる。言葉は文字をともなって生まれたのではなく、あとからできあがった文字表現システムが過去の言葉を〝食べていった〟のだ。その文字表現システムは集団やコミュニティではなく、文明のエンジンや文化の陶冶《とうや》がつくりだした。

だから文字のリテラシーは容易には習得できない。それなりの努力がいる。幼児や子供がどのように言葉と文字を関係づけられるのかということを想えばおよその見当がつくように、言葉と文字のあいだにはびっくりするほど複合的な関連性がたくみに結びついているからだ。その複合性のうちの複数の何かがパシャッと結びつかないと、うまくいかない。しかもそれは、スラブ語はキリル文字での、タイ語はインド系表音文字での、英語・フランス語・ドイツ語はアルファベットによる綴《つづ》り文字での、南太平洋のイースター島でのラパヌイ語はロンゴロンゴ文字での、それぞれの国語（母語）ごと、民族文字ごとの工夫なのだ。

わかりやすくいえば、言葉を喋りはじめた幼児が文字を習得するまでには、次のようなプロセスが待っている。

①知覚しているモノやコトやヒトが単語になりうることを理解すること、②その単語は文字であらわすことができるということがわかること、③喋っている言葉（母語）はそれらの単語をつないで成立していたのだということを納得すること、④一方では、文字

の群を読んでそこに意味（文意）を感じられるということ、⑤その文字群は自分だけではなく他者にも同様の理解を伝えていると感じられること、⑥そうだとすると、自分の思いを言葉にして文字群によって綴ることができると確信できること。

これらが前後関係はともかくも、さまざまにつながって「言葉と文字の関係」が成立する。のみならず、このプロセスには段階ごとに異なる才能が要求され（よく喋る子がよく書けるとはかぎらない）、このプロセスのいずれかを示唆できる「教師モデル」が先行して、言葉と文字の関係を外側から教えるしかないのである。

長らく文字を知らなかった日本人が、縄文以来の母語である日本語（倭語）を文字におきかえるにあたって、どんな工夫と苦労があったかを知るということは、以上のような学習と工夫がどのようにおこったかを、どう説明するかということに重なっている。

日本人は縄文このかた、長いあいだ文字をもたなかった。長期にわたるオラル・ソサエティだった。縄文社会もそれに続く弥生稲作鉄器社会も、それなりの充実したコミュニケーション文化と表現文化が継続されたのに、なぜ一万年以上にもわたって文字をもたなかったのか、言葉と文字をつなげるリテラシーを発達させなかったのか。

その理由についてこれまで本格的に議論されてこなかったのはたいへん遺憾だが、おそらくは縄文弥生社会の造形力や生産力のほうが勝って、文字による伝達が浮上しなかったのであろう。また白川静が断乎《だんこ》としてそこを指摘するのだが、統一王や絶対王が出現しなかったからでもあろう。文字とは非民主的な出現物なのである。

そんな無文字列島にあるとき「漢字」がやってきた。「漢倭奴国王《かんのわのなのこくおう》」の金印がその到来の劇的な前触れだとすると、中国の光武帝の時期、西暦五七年のことだ。実際にはそれ以前から新の王莽《おうもう》が鋳造した「貨泉」などが来ていたから、弥生晩期にはちらちら半島や大陸からの商人などによって漢字面《かんじづら》はやってきたのだろうが、それらは「言葉と文字の関係」を示唆するものではなかった。やがて大和《やまと》王権が形成されていくにつれ、「文字」がもつ力についての認知革命がおこっていく。

応神天皇十五年、百済の王が阿直岐《あちき》に託して良馬二匹《ふたつぎ》を贈ってきた（日本書紀）。応神天皇の絶対年代は確定できていないが（応神天皇実在も疑問視されている）、四世紀末か五世紀初頭のことだろう。

阿直岐は「能く経典《ふみ》を読む」という才能をもっていたので、太子《ひつぎのみこ》の菟道稚郎子《うじのわきいらつこ》が師と仰いで、文字の読み書きを習った。これでわかるように、古代日本にとって最初の文字文化は半島からやってきた馬飼いからついでに教えられた程度のものだった。小池は「当時の倭人《わじん》にとって、文字は馬と同程度のもの」と書いている。

この事情を見て、応神天皇は宮廷で交わしているささやかな言葉を文字であらわすことに重大な将来的意義があることを感じて、阿直岐に「あなたに勝る博士《ふみよみびと》はおられるか」と尋ねた。阿直岐が「王仁《わに》という秀れた者がいる」と言うので、さっそく上毛野君《かみつけののきみ》に属する荒田別《あらたわけ》、巫別《かむなぎわけ》を百済に遣わした。王仁は辰孫王（出自は不明）とともにやってきて、『論語』と『千字文』併せて十一巻を持ってきた。

当然のことながら「文字」だけがやってきたのではなく、書物としての「儒教の言葉」がやってきたのだが、日本側（初期大和朝廷）は、それが読み書きできる文字テキスト（文字言語の束）としての「万能にも感じられる呪能力」をもっていることに驚いた。

招かれた王仁の活躍もすばらしかったようで（お雇い外国人第一号だ）、その後も王仁は応神朝以降の言語文字の教習に寄与して、「書首《ふみのおびと》」の始祖となったと『書紀』は記す。継体天皇七年（五一三）に百済から来朝した五経博士の段楊爾《だんように》、継体十年の漢高安茂《あやのこうあんも》、欽明十五年（五五四）の王柳貴などは、みんな王仁の後継者だった。

以上の出来事は、日本（倭国）に中国語の文書や経典とその読み書きができる者がやってきたということであって、ふつうならこれを起点に日本人の有識者のほうに中国語や漢字の読み書きに習熟する者が少しずつふえ、日本は中国語を汎用《はんよう》する国に向かってスタートを切ったという、そういう展開になってもおかしくなかった。文章を書けるようになったとしても、漢文のみで書くというふうになるはずだった。

ところが、そうはならなかったのだ。まったく別のイノベーションに向かった。『書紀』推古二八年（六二〇）に次の記事がある。「是歳《ことし》、皇太子・嶋大臣《しまのおおおみ》、共に議《はか》りて、天皇記《すめらみことのふみ》及び国記《くにつふみ》、臣連伴造国造百八十部併せて公民《おおみたから》等の本記《もとつふみ》を録《しる》す」。

皇太子は聖徳太子のこと、嶋大臣は蘇我馬子のことである。二人が意を決して『天皇記』と『国記』を編述させ、一八〇部を臣《おみ》や連《むらじ》、伴造《とものみやつこ》、国造《くにのみやつこ》たちに配った。漢文に翻訳したのではない。そういうところもあったけれど、縄文以来の倭語の発音と意味をいかした表記を試みた。

残念ながら『天皇記』も『国記』も乙巳《いつし》の変（大化改新）のさなかに蘇我蝦夷《えみし》の家とともに焼き払われたので（『国記』は焼失する直前に一部持ち出された可能性がある）、いまのところいっさい中身やその記述ぶりがわからないのだが、それが日本人のための日本についての初めての重要な記録であったろうことは見当がつく。そして、これをきっかけに日本人は文字言葉に漬かっていくことになる。それはきわめて独創的なものに変じていった。

天武天皇のとき（六八一）にも新たな編述が試みられた。川島皇子と忍壁皇子《おさかべのみこ》が勅命によって『帝紀《すめろきのひつぎ》』と『旧辞《ふるごと》』を編纂《へんさん》した。皇統譜とその関連語句集のようなもので、日本各地に君臨した日本人の名称や来歴を記述したものが組み立てられた。のみならず稗《ひえ》田阿礼《だのあれ》がこれを誦習《しょうしゅう》して、半ば暗記した。稗田阿礼は中国語で暗記していたのではない。

日本語で誦《そら》んじた。

ついで和銅四年（七一一）、元明天皇の命で太安万侶が『古事記』上・中・下三巻を著した。漢字四六〇二七字による仕上りである。漢字ばかりだが中国語ではない。一見すると漢文に見えるが、すべて日本語文なのである。目的は「邦家《みかど》の経緯《たてぬき》、王化《おもぶけ》の鴻基《おおきもとい》」を記しておくことにあった。

四万六千字はどのくらいのものかというと、四〇〇字詰め原稿用紙にすると一一五枚ほどで、手頃な小説一篇くらいにあたる。これを四ヵ月で仕上げた。いま読むと、その編集構成力にほとほと目を見張るが、それを四ヵ月で駆け抜けたとはなんとも驚くべきスピードだ。

すでに先行するテキストがあったことが大きい。そのテキストは三十年ほど前の『帝紀』と『旧辞』であるが、安万侶は「序」に「既に正実《まこと》に違ひ、多く虚偽《いつはり》を加へたり」と書いているように、そのままでは使えなかったようだ。そこで「帝紀を撰び録《しる》し、旧辞を討《たず》ね覈《きわ》め、偽りを削り実《まこと》を定めて後葉《のちのよ》に流《つた》へむ」としたのだという。

心強い協力者がいた。稗田阿礼だ。この人物がいまなお男か女か、個人か集団の名なのかがはっきりしないものの、『帝紀』『旧辞』を誦習暗記していたというのだから、ありがたい。安万侶は阿礼の音読力を聞き確かめて文字を選んでいけた。ぼくは長らく阿礼（あるいはそのグループ）のことを神話や歌謡を諳《そら》んじていた超有能な語り部と思っていたのだが、最近の研究によって『帝紀』『旧辞』というテキストの読み方も暗唱していたアコースティック・リテラルな才能の持ち主とみるべきだと思うようになった。

安万侶はこれらをどのように日本式の記述語や記述文にしていったのか。使う文字は漢字ばかりである。それを中国語ではなく日本語文としてどう書きあらわすか。すでに『帝紀』『旧辞』には（またそれ以前の銅鏡や鉄剣などに付された銘文などには）、そこそこの数の漢字による倭人風の音読みと縄文以来の日本語による訓読みの試みとがあったと思われるのだが、それをヒントに思い切った独創を加えることにした。「序」には、その工夫が容易ではなかったことが述べられている。「然あれども、上古之《かみつよの》時《とき》は言《こと》と意《こころ》と並《とも》に朴《すなほ》にして、文《ふみ》を敷き句《こと》を構ふること、字《からな》に於ては難し。已《すで》に訓《よみ》によりて述べたるは、詞《ことば》心に逮《およ》ばず。全く音《こゑ》を以《も》ちて連ねたるは、事の趣《おもむき》更に長し」。

上古の出来事や名称を伝承する言葉は、「言《こと》」と「意《こころ》」とが素朴に混じりあっていたので、漢字の音訓を一様に使えなかったというのだ。こうして安万侶は大胆にも「音訓交用」という方法でいくことにする。その基本的な作戦としては、今日の漢文学でいう「仮《か》借《しゃ》」による音づかいと「転注」による訓づかいを自在に組み合わせた。

こんなことができたのは安万侶がけっこう「漢文が読めていた」からだったと思う。ネイティブ・チャイニーズの発音はあまりできなかったろう。それがよかったかもしれない。これは、英語やフランス語を学んだイマドキの日本の中学生が英語やフランス語のちゃんとした発音はできないのに、英文や仏文をそこそこ〝読解〟できるようになるのと同じことである。同じことではあるが、安万侶は〝読解〟したのではなく、のちに日本人が読解できるような構想的文章を新しく創り上げたのだ。つまり上古のオラリティを残しつつ、それを漢字音訓表記のリテラシーに劇的に変換してしまったのだ。まったくもって、とんでもない才能だった。

ただ、その日本語表記構築能力があまりに深かったか、あるいは複合的で複雑だったせいで、また随所に多様な「注」を入れ込んだので（訓注・声注・音読注・解説注など）、その後の日本人は『古事記』を〝読解〟するのにかなり苦労した。すらすら読めた者などいなかった。このためのちのちまで、本居宣長は『古事記伝』を書くのに三五年がかかり、昭和四五年に始まった岩波の「日本思想大系」第一巻に予定された『古事記』訓読さえ、小林芳規《よしのり》はその作業に十三年を費したのである。

日本最古の和歌はスサノオが須賀《すが》の宮で詠んだ「八雲立つ出雲八重垣妻籠《つまごみ》に八重垣作るその八重垣を」だとされている。これを安万侶は「夜久毛多都　伊豆毛夜幣賀岐　都麻碁微尓　夜幣賀岐都久流　曾能夜幣賀岐袁」と表記した。

一七個の漢字と六個の仮名で計二三個の文字が連なっている。一個の漢字と日本語音一音は、夜（や）、久（く）、毛（も）、多（た）、都（つ）、伊（い）、賀（か）、麻（ま）などというふうに対応する。これは万葉仮名のハシリである。ハシリではあるが、対応は定着していない。たとえば「か」は「賀」だけではなく、「下・加・可・仮・何・価・河・架・花・香」なども流用された。

万葉仮名は真仮名、真名仮名、男仮名（男文字）とも呼ばれたもので、用法としては仮借（音による当て字）にあたる。安万侶が発明したわけではない。すでに稲荷山古墳出土鉄剣（四七一）にワカタケル（雄略天皇）を示す「獲加多支鹵大王」や宮処をあらわす「斯鬼《しき》宮」が、隅田《すだ》八幡の人物画像鏡（五〇三）に「意柴沙加《おしさか》宮」「斯麻《しま》」が、難波宮《なにわのみや》跡から発掘された木簡（六五二以前）に「皮留久佐乃皮斯米之刀斯《はるくさのはじめのとし》」などが、先行していた。

このような音仮借は日本人のオリジナルでもない。インドの陀羅尼《ダラニ》を中国語翻訳するときに音写や仮借が使われていた。だから安万侶は万葉仮名のハシリではなく、万葉仮名多用のハシリだったのである。

かくてこれらを受けて『万葉集』の表記が確立していった。誰か特定の人物が確立したわけではなく、柿本人麻呂や大伴旅人らの万葉歌人たちが歌集を編むときに万葉仮名による表現表記を試み、これを奈良末期に大伴家持が集大成したのだったろうが、そのプロセスのあいだに、まさにオリジナルな工夫が誕生していった。それでどうなったのか。万葉仮名から草仮名《そうがな》や女文字が、草仮名や女文字から平仮名が生まれた。

日本人が仮名を発明したことは、日本語の歴史にとっても世界の言語史においてもすこぶる画期的なことだった。表意文字（真名＝漢字）から表音文字（仮名＝日本文字）をつくったのだ。ドナルド・キーンは「仮名の出現が日本文化の確立を促した最大の事件だ」と述べた。

とはいえ、これは書記という文字を書くプロセスで生まれたもので（スクリプト・プロセス）、もともと中国漢字のカリグラフィ（書道）に真行草のスタイルがあったこと、つまり楷書《かいしょ》・行書・草書の書法変化があったことが作用して、それを日本の書き手が好んで試みているうちに草仮名が「いろは」五〇文字ほどに定着したものだった。

最初の兆候は天平時代の正倉院文書にも二、三の例が見られ、貞観年間にその兆候がだんだん拡大したのだが、草仮名が平仮名という新しい「文字」に定着していったのは、やはり十世紀になってからである。その記念碑的な結実が紀貫之を編集主幹として練り上げた『古今和歌集』（九〇五）だ。以降、和歌は漢字仮名まじり表記に定着する。

安万呂の日本文字第一次革命が貫之の第二次革命に継がれたのは幸運なことだったけれど、いくつかの時代文化の充実がかかわっていた。

まずは宇多天皇が菅原道真を重用して譲位し、醍醐天皇がこれを受けて次の村上天皇とともに「延喜・天暦の治」という和風文化の機運をつくっていたこと、その菅原道真が『三代実録』『延喜格式《きやくしき》』の編纂とともに漢詩と和歌を対にした『新撰万葉集』を「春夏秋冬恋」という部立で編んでいたこと、しかし道真が失脚し、貫之が御書所預《ごしよのところのあずかり》となり、醍醐天皇から勅撰《ちよくせん》和歌集の編集勅命を受けたこと、そこに紀氏という「家」の名誉・栄達がかかっていたこと（その後に藤原摂関政治とともに紀氏は没落する）、さいわいにもこういうことがうまく絡んでいた。

貫之はずいぶん鮮やかな手際を見せた。紀淑望《よしもち》が書いた「真名序」（漢文）と自身の手による「仮名序」（仮名書き）を和漢に並列させ、日本の風土と貴族文化にふさわしい部立《ぶだて》を工夫し、「やまとうたは、人の心を種として、万《よろず》の言の葉とぞなれりける。世の中にある人、ことわざ繁きものなれば、心に思ふことを、見るもの聞くものにつけて、言ひ出せるなり」と言ってのけた。

貫之が日本語にもたらしたのはグラマーとしての「仮名書きの表現力」と「和文の魅力的な構成感覚」である。とりわけ晩年に創作した『土佐日記』がその可能性を女たちにもたらした。女たちにもたらしたばかりではない。日本語の表現世界にこれまでにない新風をもたらした。

冒頭に「男もすなる日記といふものを、女もしてみむとてするなり」と宣言したことは、それまで男性貴族が漢文でしか書いていなかった日記（日録に近いもの）を、仮名ばかりを用いて気持ちを述べる日記にして女たちに開放することになった。男しか書かなかった日記を女も書けるようにした、男には使えない仮名文字を使えるようにした。この二つを同時に世に問うたのだ。貫之が女に仮託して綴ったこのトランスジェンダーな試みについては、ぼくも何度も称賛してきたことであるけれど、これこそは日本の仮託表現史の金字塔であって、また仮名文学の劈頭《へきとう》を飾るものになった。

小池は『土佐日記』によって磨かれた和文表現が、その表現の裏にひそむ「心情と意図の二重性」を日本語表現にもたらすことになったことも強調した。それは掉尾《ちょうび》を飾る「見し人の松のちとせに見ましかば遠く悲しき別れせましや」という歌にも象徴されている。これだけの仕込みが一挙に仕掛けられたのである。効果はてきめん、貫之の画期的な実験の数々は『伊勢物語』から『源氏物語』へ、『和泉式部日記』から『更級《さらしな》日記』へと、あっというまに広がっていった。

やがて貴族社会が藤原摂関文化に覆われていくと、漢字仮名まじりの表記文化は当たり前のものになっていく。そのなかで日本語は「をかし」「すさび」「もののあはれ」「はかなし」「いろごのみ」などの感性表現に長《た》けていったのである。

貫之の登場や仮名日記の普及の次に日本語の言葉づかいに画期をもたらしたのは、藤原俊成と藤原定家の父子だった。第三次革命とまでは言えないかもしれないが、歌人グループによる日本語革命だ。父子は御子左家《みこひだりけ》に属して、和歌におけるニューウェイブの風をおこした。いわゆる新古今調である。

オールドウェイブは藤原公任《きんとう》が『新撰髄脳』に示しているのだが、「古《いにしへ》の人、多く本に歌枕を置きて末に思ふ心をあらわす」というふうに、歌枕を先に掲げて叙景を前に出し、そのうえで下の句で叙心に入っていくというものだった。ニューウェイブの新古今派はそこをひっくりかえし、上の句に叙心をあらわし、そのあとは心の動きなどにふれずに叙事を詠む。俊成はこれによって歌に「余情《よせい》」があらわれるとみた。

こうした「風」がおこったのは、九条良経の文芸サロンを俊成が仕切れたことが大きい。建久四年（一一九三）に良経邸で開かれた空前の「六百番歌合」がターニングポイントになった。俊成が率いる御子左家系の良経・家隆・慈円・寂蓮・定家らが、オールドウェイブ派の六条家を圧したのである。かくして御子左家の和歌は良経サロンから後鳥羽院のサロンへ、その日本語の歌語の精華を尽くした表現は「有心《うしん》」から「幽玄」へ、さらには正徹《しょうてつ》や心敬の「冷えさび」へと向かっていく。

本書はこのあと、三七歳をすぎた定家が次から次に歌集や物語や経典などを書写していったことに注目する。ぼくはその夥《おびただ》しい数の書写一覧に驚いた。ほぼ毎日、書写に徹したのではないかと思うほどだ。

小池は、定家がこの作業を通して独自の「方法」に達したと強調する。その方法とは「定家仮名遣《ていかかなづかい》」というものだ。その頂点に定家が綴った『下官集《げかんしゅう》』があった。大野晋も小松英雄も小池清治も、『下官集』においてこそ日本語はその後の仮名遣いや言い回しを決定的なものにしていったのだとみなした。下官（下っぱの役人）とは定家のことである。

縄文以来オラル・コミュニケーションに遊んできた日本語は、仮名の発明によってその表現性を文字にも「分かち書き」や「散らし書き」などの書にも示せるようになったのだが、それは法則や方式をもって出現したのではなかった。そのことに気づいたのが書写をしつづけていた定家だったのである。

仮名の革命は女文字がふくらんでいった平仮名だけではなく、漢字の扁《へん》や旁《つくり》を部分的に自立させた片仮名においても進行した。

これは経典を音読するときの声符やヲコト点から変じて派生したもので、便利な音節文字として主に僧侶たちが好んで活用した。アは「阿」の、イは「伊」の扁を自立させ、ウは「宇」のウカンムリを、エは「江」の旁《つくり》を自立させた。もともと読経のときの音便記号にもとづいていたので、平仮名とは異なって音声力に富む日本文字として、日本的な経典解読には欠かせないものになった。

仮名文化は仏教界にも及んでいる。仏教界も日本語の表現や仮名遣いに新たなものをもたらした。なかで注目すべきなのが「仮名法語」である。すでに源信の『横川法語《よかわほうご》』にその試みが始まっていた。

源信の『往生要集』は、「夫往生極楽之教行濁世末代之目足也道俗貴賤誰不帰者」というふうに、立派な漢文で綴られている。「それ往生極楽の教行は、濁世末代の目足《もくそく》なり。道俗貴賤、誰か帰せざる者あらん」というふうに読み下す。しかし漢文では広く民衆に極楽世界の教えを伝えられないと見た源信は、やがて五〇〇字あまりの『横川法語』を示すのである。「それ一切の衆生《しゅじょう》は三悪道をのがれて、人間に生まる事、大なるよろこびなり。身はいやしくとも畜生におとらんや」というふうに。

このような仮名によって教えを伝えるという方法は、法然や親鸞の和讃《わさん》によってさらに広まった。それも初期の漢文訓読調からしだいに和文調へ、七五調へと変化した。そこには今様《いまよう》に通じる親しみやすい歌謡性が芽生えた。他方、慈円の『愚管抄』がそうだったのだが、漢字片仮名混淆《こんこう》の文章を綴る者もあらわれた。「一切ノ法ハタダ道理ト云二文字ガモツナリ。其外ハナニモナキ也」というふうに。ちなみに「二文字ガモツナリ」の「が」の遣い方には近代的な用法が芽生えている。

定家と慈円は友人でもあったが、この二人が平仮名と片仮名をそれぞれ究めようとしたのは、まことに象徴的なことである。

ところで、古代日本人が出会った文字は実は漢字だけではない。八世紀前後からのことだが、しばしば「梵字《ぼんじ》」にも出会っていた。梵字は古代インドのブラーフミー系の文字のことで、このうちのシッダマートリカー系の文字が西域・中国・東南アジアを経由して、梵字あるいは悉曇文字《しったんもじ》として入ってきた。独特のカリグラフィによる音素文字である。梵字を研究する学問を悉曇学といった。

日本に梵字にもとづく悉曇学をもたらしたのは、林邑《りんゆう》(ベトナムのチャンパ国)の仏哲である。長安にいた。遣唐使の多治比真人広成《たじひのまひとひろなり》と学問僧の理鏡が渡唐したおりに仏哲と出会い、ぜひわが国に来て教えを広めていただきたいと懇願して、道璿《どうせん》とともにやってきて何冊かの漢訳の悉曇学を紹介した。

これにいちはやく関心を示したのが空海だ。長安から戻ってさっそく『梵字悉曇字母並釈義』を著した。のみならず自身で毛筆や板筆をとって梵字書や梵字擬書を認《したた》めた。ついで円仁が入唐して開元寺の宗叡に梵字を教えられ、全雅から『悉曇章』を授かり、さらに空海が恵果から密教灌頂《かんじょう》を受けていた青龍寺の宝月からは北インドの発音を学んだ(このことはのちに『在唐記』に報告されている)。

空海と円仁がとりくんだのは言葉や文字が秘めた「真言《マントラ》」の力というものである。この真言とは何かを求めて真言密教と天台密教が示された。

真言は言葉ではあるが、言葉の最も奥にひそむ真如の「音」を示すものとみなされたからだ。また梵字の形象は仏尊たちをあらわす「種字《しゅじ》」ともみなされた。真言を短く連ねれば陀羅尼となった。マントラやダラニにはどんな真実が象徴されているのか。そこを梵字の解明を通して読もうとした。これらは仏教の奥をさぐる学問であり、宗教であった。こうしたことを言語学からみると、空海と円仁によって初めて日本における音韻の本質が覗《のぞ》かれたということになる。

もともと言葉はオラル・コミュニケーションから始まっている。オラル（口語）とはいえ、そこには口と耳と舌と唇と歯による音声と、身ぶりが伴った。やがて身ぶりを適当になくしていっても音声言語だけでコミュニケーションが成立することがわかっていった。その音声の定着を求めて文字が発生した。石や板や紙の上に「記せる言葉」ができていったのだ。こうして言葉の多くが発音を秘めてふえていったのである。

それなら、文字になった言葉をもとの音声に戻すにはどうするかというと、ここで表音文字と表意文字のメリットとデメリットの差異が出る。アルファベットのような表音文字ならばそこそこ発音の見当がつくのだが、表意文字の漢字はそこがなかなかわからない。そこをどうリバースさせればいいか。

漢字といえども、もとはチャイニーズ（中国民族）の話し言葉や占術から生まれた。しかしつくられた漢字が扁や旁やウカンムリやシンニョウなどの組み合わせで発達し、その字数が膨大になっていくと、中国人だからといって或《あ》る文字を見て、ただちにこれらを発音できるとはかぎらなくなったのである。ここに工夫されたのが「反切《はんせつ》」というリバース・エンジニアリングの方法だった。当該文字の発音（字音）を示すにあたって、よく知られた既存の二文字を参照するという方法だ。

漢字のチャイニーズ発音は複雑ではない。声母（子音・父字）と韻母（母音・母字）であらわすことができる。

そこでたとえば「成」という漢字の字音は、声母を「是」で、韻母を「征」で示すのである。古い『広韻』という韻書では、これを「是征切」と説明する。最初の「是」を反切上字、「征」を反切下字といい、「成」は「是」（シ shi）と「征」（セイ sei）と発音するというふうにヒントを出すのだ。これが反切だ。反切法は二世紀の服虔《ふくけん》と応劭《おうしよう》の『漢書注』にあらわれ、六〇一年の陸法言の『切韻』で広まった。中国ではこれらによって多くの漢詩の押韻《おういん》が可能になった。漢詩で頭韻や脚韻を踏むたのしみだ。

日本でもこの反切法が生きた。悉曇学と結び付き、日本の音韻研究に役立った。安然《あんねん》の『悉曇蔵』、明覚《みようがく》の『反音作法』『悉曇要訣』、東禅院心蓮の『悉曇口伝』などがまとめられ、これらから日本語独自の音韻字表「五十音図」が生まれていった。十一世紀の『孔雀経音義《くじやくきようおんぎ》』（醍醐寺蔵）には、「呬キコカケク　四シソサセス　已イヨヤエユ　味ミモマ

メム 比ヒホハヘフ 利リロラレル」などの提示が見える。

その後、五十音図は真言密教僧の音韻研究によっていろいろ工夫がされ、江戸初期の契沖《けいちゅう》の『和字正濫鈔《わじしょうらんしょう》』によってまとまっていった。すでに五四四夜の馬渕和夫『五十音図の話』（大修館書店）に案内しておいたことだ。

契沖の日本語研究は、やがて「国学」の流れとなって賀茂真淵をへて本居宣長の日本語論探求に結実していく。宣長といえば、三五年にわたって書き継いだ『古事記伝』による「からごころ」（漢字にもとづく日本語感覚）を排した壮大なフルコト研究こそが偉大な成果であるが、本書はそちらにはふれないで、宣長の音韻研究がのちの国語学にもたらした功績を評価する。

宣長の音韻を重視した日本語研究の成果は明和八年（一七七一）から安永五年（一七七六）にかけて、『てにをは紐鏡《ひもかがみ》』、『直毘霊《なおびのみたま》』、『字音仮字用格《もじこえのかなづかい》』にあらわれる。漢音と呉音のちがいがもたらす仮名遣いの問題、「お」と「を」、「え」と「ゑ」などの遣い方のちがいを究めつつ、その後の国語学で「上代特殊仮名遣」と総称される分野を踏破した。

宣長は言葉があらわす「事《ワザ》」には必ず「意《ココロ》」があると確信して、「かがみに見えぬ心」を見つめることに徹したのだった。それが「古意《いにしえごころ》」の発見につながった。同郷の谷川士《たにがわこと》清《すが》の『倭訓栞《わくんのしおり》』などの先駆にも恵まれた。

皆川淇園《みながわきえん》の弟であった富士谷成章《ふじたにナりあきら》は宣長とほぼ同じ時代の日本語グラマーの研究者である。とくに『あゆひ抄』（一七七三）がすばらしい。ぼくが日本語の奥に本格的な関心をもったのは成章の『あゆひ抄』と、その子の富士谷御杖《みつえ》の『古事記燈《ともしび》』や『真言弁《まことのべん》』を読んでからのことだ。

成章とこれを承《う》けた御杖は、用言のことを「装《よそい》」、動詞のはたらきを「事《こと》」、形容詞を「状《さま》」、形容動詞を「在《ありさま》」、そして助詞・助動詞のはたらきを「脚結《あゆい》」と名付けた。また「装図」によって品詞分類を試みて、「名」（体言）、「装」（用言）、「挿頭《かざし》」（副詞・接続詞・感動詞）、「脚結」（助詞・助動詞）の四つに分けた。みごとな分析だ。初めて「文」や「文節」を捉えたのである。

宣長の長男である本居春庭《もとおりはるにわ》もすばらしかった。父を継いで用言の活用を研究した『詞八衢《ことばのやちまた》』で「詞」のはたらきを描いてみせた。こんなふうに綴る。「詞《ことば》のはたらきは、いかにとも言ひ知らず、いともいとも奇《くす》しく妙《たへ》なるものにして、一つの言葉も、その遣《つか》ひざまによりて事かはり、はたらきに随《したが》ひつつ意《こころ》もことに聞こえなどして、千々《ちぢ》のことを言ひ分かち、よろづのさまを語り分かつに、いささかまぎることなく……」。

『詞八衢』の二十年後に綴った『詞通路《ことばのかよいじ》』では構文論を展開した。ここで春庭が辿《たど》りついたのは、日本語はどんな言葉もどこかに掛かって文章をなすものだということだった。「かかる」ということ、これが日本語の特質だというのだ。このあたりのこと、千夜千冊では足立巻一の『やちまた』（一二六三夜）で案内しておいた。

さて、このような日本語についての見方の変遷をへて、日本はいよいよ明治維新に、近代国家づくりに突入していった。ここからは近代日本語が遭遇した紆余《うよ》曲折とその乗り切り方の話になっていく。

徳川後期、すでに蘭語《らんご》や蘭学などの洋学は入っていたが、明治期の日本人は文明開化の勢いにのって英語・フランス語・ドイツ語などと一挙に出会い、その翻訳語を次々に浴び、新たな近代日本語がどんな「国語」に向かうのかという言語ゲームに入っていった。それとともに明治日本の作家たちは、このさい新たな「言文一致」をめざすべきなのか、古きよき日本語との折衷を試みるのか、それとも幕末明治の「口語」を文学するべきなのか、さまざまに迷うことになる。

たとえば樋口一葉や尾崎紅葉や幸田露伴は、あえて雅文体や職人的な言葉づかいを好んだ。淡島寒月の影響が大きい。他方、岸田吟香や二葉亭四迷や夏目漱石は新たな日本語の表現に向かっていった。

慶応三年にヘボン（ヘップバーン）の『和英語林集成』を手伝った吟香は上海にいたときの日記に、はやくもこんな文章を書いている。「もうぢきお正月だ。けふのやうな日は、湯豆腐に、どぜう鍋かなにかうまいもので、くだらねェ冗談でも言つて、四、五人集まつて、酒でものむほうが、から（中国）にいるよりか、よささうだ。ここにゐてはおもしろくねェ。はやく日本へかへつて上野へいつて、格さん、とみさん等と一盃のみたいもんだ」。

これは口語そのままで、のちの現代日本語を先取りしている。一方、四迷は『浮雲』の内海文三にもう少し言文一致な文体を押し着せた。「心理の上から観れば、智愚の別なく人咸《ことごと》く面白味は有る。内海文三の心状を観れば、それは解らう」というふうに。四迷は「国民語」をめざしたのであるが、この文体は成功はしなかった。

明治の作家たちは「お話」を思いつけばそれでいいというのではなかった。「どのように綴るか」「どの漢字を使うか」「翻訳語をどのくらい入れるか」「旧仮名遣いはどうするか」ということにも腐心した。

漱石も苦労はしたが、一人称視点による会話体の限界の中から三人称の視点による言文一致にこぎつけ、こんなふうに綴った。「吾輩は猫である。猫の癖にどうして主人の心中をかく精密に記述しうるかと疑ふものがあるかも知れんが、此のくらいな事は猫にとつては何でもない、吾輩はこれで読心術を心得てゐる」。なんとも言いわけがましく、うまいともへたともつかない文章だ。しかし、ここには近代日本語の懊悩《おうのう》と却来があらわれていたのだと思う。

漱石は「彼」という三人称代名詞をあえて駆使してみることも心掛けた。『吾輩』で一一例、『それから』で三〇九例、『明暗』では一三四一例も使った。近代日本語の中に「彼」をつくったのである。

比較していうのなら、四迷は「文」を「言」に近づけるように試みて苦労したのだが、漱石は「言」と「文」との折衷に向かって切り抜けていったのだ。漱石がこんなふうにできたのは、『将来の文章』に「私の頭は半分西洋で、半分は日本だ。そこで西洋の思想で考へた事がどうしても充分の日本語では書き現はされない。これは日本語には単語が不足だし、説明法（エキスプレッション）も面白くないからだ。反対に日本の思想で考へた事は又充分西洋の語で書けない」とあるように、外国語と日本語のはざまにいたからだったろう。

徳川時代、西洋語に使用文字が極端に少ないことに本気で驚いたのは、日本の将来に関心をもっていた新井白石や本多利明である。司馬江漢も漢字を乱用しないほうがいいと思いはじめた。

長いあいだ、日本で「読み書き」といえば寺子屋で漢字をお習字することだった。やがてそのような漢字学習を有害だとみなす者があらわれた。幕府開成所の前島密《ひそか》だ。慶応三年に将軍慶喜《よしのぶ》に「漢字御廃止之議」を奉った。句法語格の整然たる日本語があり、簡易便利な仮名文字があるにもかかわらず、繁雑不便で難解な漢字によって教育をおこなうのは漢字の害毒に染まりすぎると主張した。これにはアメリカ人宣教師ウィリアムズの提言があった。

同調する者が次々に登場する。明治五年、大弁務官の森有礼《ありのり》は「国語として英語を採用すべき」というとんでもない主旨の提案を、イェール大学の言語学者ホイットニーに送った。ホイットニーは「国語を他国語に替えることは、他国の属国とならない以上はするべきではない」と一笑に付したのだが、それなら日本語の表記を英文字に切り替えたらどうかという提案がおこってきた。西周《にしあまね》、上田万年《かずとし》、外山《とやま》正一《まさかず》、矢田部良吉らはこのアイディアには将来の稔《みの》りが多いとした。

明治十八年に「羅馬《ローマ》字会」が発足し、ローマ字によって日本語を書くべきだという風潮が広まった。ローマ字表記には和英辞典を編集していたヘップバーンによるヘボン式と、物理学者の田中館《たなかだて》愛橘《あいきつ》による日本式が競いあったが、ヘボン式が標準式になった。これらの風潮はあきらかに欧化主義の過剰な旋風ではあったけれど、英文字と漢字とのちがいが歴然としすぎていたため、多くの論争が絶えなくなった。

案の定、ローマ字がむりなら仮名文字ばかりでいくのはどうかと、住友商事の山下芳太郎のように「カナモジ会」をつくる者も出てきたし、哲学者の井上哲次郎や言語学者の藤岡勝二《かつじ》などがそうだったのだが、新たに国字をつくったらどうかという議論も出てきた。志賀直哉などはいっそフランス語の国にしたらどうかという暴論を吐いた。当然、漢字廃止に反対する者も少なくない。三宅雪嶺《せつれい》、井上円了、杉浦重剛などが率先して論陣を張った。ここに「日本の国語」の将来は大いに揺れたのだ。

近代日本には、日本語とはそもそもどういう国語なのかを研究する者たちが登場している。明治二四年に『言海』を、明治三十年に『広《こう》日本文典』を世に問うた大槻文彦は、日本語の構文《シンタックス》がどのようにできあがっているかに初めて分析の目を致し、山田孝雄《よしお》は明治三五年に『日本文法論』で初めて英文法やドイツ文法に比較して日本語の文法の仕掛けの解明にとりくんだ。山田の国語文法論は国学の流れを汲《く》むもので、『奈良朝文法史』や『俳諧文法概論』はいまなお新しい。ぼくは山田の『櫻史《おうし》』（櫻書房↓講談社学術文庫）に耽《ふけ》ったことがある。

松下大三郎は海外の文法書を読めば英文でも独文でも仏文でも書けることに瞠目《どうもく》して、外国人の誰もが日本語を書けるようになる文法書をつくろうとして、一種のグラマー主義に徹した。ぼくもその一端を覗いたことがあるが、これはとうてい使いものにならない代物だった。日本語は欧米的な文法知識をかためてもつくれないのだ。

橋本進吉はもう少し別の視点をもっていた。橋本の国語学は音声や形態から「陳述」

を見ようとしたもので、日本語の文節に注目して、日本語がどこでどのように区切られてきたかを研究した。日本語には「連文節」が動いていると見たのだ。山田は日本語を「タマネギ型」に、橋本は「扇型」に見て、日本語の文章が述語中心構造にあると言いたかったのである。これらは当たらずとも遠からぬ指摘になっていた。

大正十四年、若き時枝誠記が「日本ニ於ル言語観念ノ発達及ビ言語研究ノ目的ト其ノ方法」という卒業論文を東京帝国大学国文科に提出した。時枝は西欧の文法にもとづいて日本語を見ることに不満をもっていて、むしろ国語にはその民族なり国民なりの言語観念があるのだから、それを研究すべきだと主張したのだった。

新しかった。時枝が持ち出したのは、日本語は「詞」と「辞」でできているというもので、それを視点にして日本語の文章を見ていくと、それは「タマネギ型」でも「扇型」でもなく、むしろ「入れ子構造型」というものになっているのではないかということだった。

時枝は日本語の「語」「文」「文章」はたんなる集合関係にあるのではなく、それぞれがいちいち「質的統一体」になっていて、それぞれにおいて入れ子をほしがっているというのだ。このような日本語には、イェスペルセンやソシュールの言語学の説明はあてはまらない。それをアテにするよりも、われわれは独自の国語学を世界に見せていくべきだと主張した。時枝国語学の誕生である。

時枝は言葉を人間の生きざまやふるまいに匹敵させたかったのだ。主著『国語学原論』（岩波文庫）や『国語学史』（岩波書店）に躍如した思想は「言語過程説」とも言われる。いっとき吉本隆明などが時枝国語学に関心を寄せていたが、いまこそあらためて注目されるべきだろう。昭和三五年に書かれた『文章研究序説』（山田書院）には、次のような一節がある。日本の言語学者の国語観として誇り高いものを感じる。

「文章が、一つの統一体であるといはれるのは、それが何ものにも従属せず、それ自身、完全に自立してゐるところから、文とは区別される。（中略）もし一つの文であつて、それが何ものにも従属せず、完全に自立したものである場合、例へば、〈天の原ふりさけみれば春日なる三笠の山に出でし月かも〉の如きは、一つの文であると同時に、一つの文章であると云つて差し支えない」。

今夜は、この時枝の言いっぷりをもって、ぼくの日本語案内の平成最後の化粧《けわい》だったとしたい。

第一六九七夜　二〇一九年二月七日

参照千夜

四八三夜：山本健吉『いのちとかたち』　五一二夜：紀貫之『土佐日記』　一七夜：堀田善衞『定家明月記私抄』　九九二夜：小林秀雄『本居宣長』　五八三夜：夏目漱石『草枕』　二〇六夜：二葉亭四迷『浮雲』　一五六九～七一夜：紫式部『源氏物語』　四一九夜：清少納言『枕草子』　一一八夜：世阿弥『風姿花伝』　九九一夜：芭蕉『おくのほそ道』　九八七夜：白川静『漢字の世界』　三五七夜：周興嗣『千字文』　一五〇〇夜：橋本達雄編『柿本人麻呂』　五〇一夜：ドナルド・キーン『百代の過客』　二八五夜：和泉式部『和泉式部日記』　一二一九夜：心敬『ささめごと・ひとりごと』　七七五夜：大野晋・浜西正人『角川類語新辞典』　一二三九夜：法然『選択本願念仏集』　三九七夜：親鸞・唯円『歎異抄』　六二四夜：慈円『愚管抄』　七五〇夜：空海『三教指帰・性霊集』　五四四夜：馬渕和夫『五十音図の話』　一二六三夜：足立巻一『やちまた』　六三八夜：樋口一葉『たけくらべ』　八九一夜：尾崎紅葉『金色夜叉』　九八三夜：幸田露伴『連環記』　一六二夜：新井白石『折りたく柴の記』　一二三六夜：志賀直哉『暗夜行路』　八九夜：吉本隆明『芸術的抵抗と挫折』

言葉は「耳の文字」でもある
真言僧たちが「声の日本語」のシステムをつくった

五十音図の話

馬渕和夫

大修館書店　一九九三

読むとは声を出すことだ。分かるとは声を自分の体で震わせることだ。分かるは声を分けることなのである。言葉や文字から声を抜いてはいけない。多くの言語学者や書家たちは声を忘れすぎている。空海はこれを一言で「声字《しょうじ》」と言ってのけた。日本の文字。日本のボーカリゼーション。すべては高野山や比叡山で考え抜かれたことだった。ということは、日本語という独自のシステムを構成していった功績のかなりの部分に、真言僧や天台僧がかかわっていたということになる。日本語という秘密のまことに重大な胎盤が密教僧によって充血していったということになる。

ぼくには日本のことや日本語を考えるときに、いったん契沖に戻ってみることがしばしばある。そこに分水嶺《ぶんすいれい》があるからだ。とくに契沖が浄厳《じょうごん》と深く交流していたことが気になっていた。

この交流は、歌学者であって国学者の嚆矢《こうし》でもあった契沖がそもそも仏教学者であって、しかも高野山に十年にわたって学んだ悉曇《しったん》学者でもあったことを示している。浄厳は当時の真言宗第一の学者である。その浄厳とほぼ同時期に高野山にいた契沖は、真言僧たちの悉曇学の深さを知ってたちまちこれに共鳴したのであろう。やがて自ら悉曇学を拓《ひら》くうちに和字や和音に関心をもっていく。その最初の成果が元禄八年（一六九五）の『和字正濫鈔《わじしょうらんしょう》』になる。

ここに「契沖の五十音図」ともいうべきものが登場するのだが、いろいろ調べてみると、その半ば以上の成果を悉曇学から貰《もら》っていた。

悉曇学とは日本の国語史を代表する文字と声の学問である。けれども、その対象はあくまで梵字であった。その梵字と漢字の関連を考えようとする学問だった。それが仮名の発達によって、悉曇学においても仮名との対応関係が追究されるようになってきた。そうなると、そこには「国語」や「和音」が浮上する。契沖が考えたことは、そこだった。契沖は悉曇学からこそ歌学と国学の主柱を冬虫夏草のごとくのばそうとした。それゆえ、あえていうのなら契沖の密教が歌学と国学を準備したわけだ。五十音図の歴史においても、契沖のところがひとつの大きな分水嶺だったのである。

五十音図の発生は従来から『金光明最勝王経音義《こんこうみょうさいしょうおうきょうおんぎ》』と『孔雀経音義』の二つにルーツがあると言われてきた。山田孝雄の名著『五十音図の歴史』（一九三八）が最初にあきらかにしたことだ。

いまのところこれ以上古い五十音図は見つかっていないので、たしかにここにルーツがある。二十年ほど前は、この表図を『アート・ジャパネスク』（講談社）の編集のために眺め回していた。けれども、その後にいろいろのことを知ってみると、醍醐寺《だいごじ》所蔵の『孔雀経音義』の巻末図はア行とナ行を欠いて四〇字しか並んでいない音図で、母音の順も「キコカケク」「シソサセス」というふうになっているし、『金光明最勝王経音義』は漢字に和訓をあてはめたもので、五十音図の原型ではあるけれど、いわゆる五十音図ではない。濁音借字に重心がおかれているのも、かなり不完全である。実際にも当時は「五音図」とよばれた。またその一方で「いろは表」の試みもされていた。

こうした試みを声字音義システムとしての五十音図に一挙に引き上げたのは、明覚である。天喜《てんぎ》四年（一〇五六）の生まれで康和三年（一一〇一）ころに没しているから、ちょうど『源氏物語』が読まれ出したころにあたる。天台僧だった。

明覚には『反音作法』『梵字形音義』『悉曇大底』『悉曇要訣』『悉曇秘』『梵語抄』とい

うふうに、著作がかなりある。そうとうの大学者だったとみてよいだろう。しかし、明覚にはどこか〝かぶせ音素〟とでもいうべき処理があって、いまひとつ五十音図は確定しきれないままのところがあった。

明覚を批判し、発展させたのが興福寺の兼朝と高野山東禅院の心蓮である。心蓮は『悉曇口伝』『悉曇相伝』で新たな一歩を踏み出した。心蓮でおもしろいのは、日本語の音の発生のしくみを順生次第・逆生次第・超越次第などに分け、これをさらに本・末に組み合わせているところ、さらに発音には「口・舌・脣《しん》」の三つがあると説いているところで（これを「三内」と名付ける）、こういう発想は世界の言語学を見てもない。密教的というか、日本的というか。

心蓮は梵語の発音を漢字や日本語の発音と結びつけようとして、新たな五十音図に挑戦したのだが、そこにはまだオとヲの発音のちがいなどを明確にする方法が出きっていない。こうして五十音図の完成はまた先にもちこされることになった。

あらためてふりかえってみると、日本にはずうっとボーカリゼーションの悩みというか、文字と音（声）をめぐる多様な選択というものがあった。

ひとつは倭人（先住日本人）が古来もってきた発音の仕方である。次に中国朝鮮から渡ってきた発音法があった。これは文字をまったくもっていなかった日本人にとっては青天の霹靂《へきれき》のようなもので、ともかく文字というものの組み合わせで自分のオラルな言葉を表示できることに心底驚いたのだが、その渡来の文字がほかでもない漢字であったことで悩むことになる。

漢字にはもともと中国人の発音（読み方）が備わっていた。しかし日本人の言葉とその発音とは、当然のことだが、ほとんど合いそうもない。おまけに中国人のネイティブな漢字の発音にも大きくいっても二つの流れがあった。それを漢音と呉音というのだが（さらに唐音がある）、その二つが仏教とともに日本にどっと入ってきた。「正」をセイと読むのが漢音（北方系）、ショウと読むのが呉音（南方系）である。これは紛らわしい。そこで日本人はいろいろのことを決める。工夫する。

まず、中国の発音法（読み方）のうちの漢音を「正音」とし、呉音を「和音」とした。ついで、それまでの日本語（倭語あるいは大和言葉）の発音に近い漢字の読みをさがして、たとえばアには麻や安や阿を、ソには素や曾や蘇をあてた。万葉仮名の登場である。もうひとつ、中国の漢字による漢文の読み方も工夫した。

漢文を中国人のように読むには中国語を習う以外はない。しかし、もしそうすれば、その時点で日本人は中国語文化そのものにとりこまれていく。これでは日本人が中国人になってしまう。そこで、漢文を「反切《はんせつ》」という方法によって和風に読めるようにした。

ある漢字の音を比較的やさしい別の二文字に分解して示せるようにしたのである。日本が中国になるかならないかの瀬戸際だった。

こうして奈良時代人たちは、漢字から二つの読み方を引き出すことに成功する。ひとつは、漢字を中国の発音にちょっとは近いけれどあくまで日本的な読み方をする「音読」と、もうひとつは従来からの倭語の読みかたをその漢字にあてはめて読む「訓読」である。こうして「音」はオンともネとも、オトとも読めるようになった。

けれども、このままでは漢文（とくに経典）を前にして読み方が分かれる。そこをどうするかが、とくに仏教界にとって大きな課題だった。僧侶は日々読経をしなければならず、そのたびに漢字の読みには苦労する。仏教界はボーカリゼーションの規則と例外をつくることに躍起になっていく。朝廷にとってもそれは見過ごせない。なぜなら当時の仏教は鎮護国家のための仏教であったからだった。

そこへ空海と最澄が入唐して、新たな密教体系とともに文字と発音のしくみを持ち帰ってきた。それが空海が将来した中天音（中央インド系の発音）と最澄が将来した南天音（南インド系の発音）である。これを漢音・呉音にうまく適合させなければならない。が、そうそううまくはあてはまらない。四つもの異なる発音例がある。このためいろいろ苦労した。たとえば今日の真言密教で『理趣経』を読経するときに、「一切如来《いっきいにょらい》」のところを「イッセイジョライ」と読むのは、真言ではめずらしい漢音読みなのだが、そういう個別的な工夫もいろいろ組み立てられた。

密教僧がこのような苦労をしたことが、結局は日本人の日本語に五十音をもたらしたのである。そこには第三の媒介項が加わった。密教僧たちは漢字の読み方を工夫精通しつつ、新たな「真言」とは何か「真音」とは何かということに取り組んでいくのだが、このときに梵語が浮上したのだ。

もともと密教はインドのどこかで次々に発祥したもので、そこにはサンスクリット語やパーリ語が君臨していた。それが仏教が中国に入るにつれて漢訳されていったわけで、日本ではその漢字だけによる漢訳経典をテキストにした。

漢訳経典にはインド伝来の「奥のボーカリゼーション」があった。そこは翻訳しなかった。たとえば玄奘《げんじょう》の漢訳では「ギャーティ・ギャーティ」などの陀羅尼《ダラニ》の部分はそのまま音写した。現代日本語が「ラジオ」「プレーボール」「シミュレーション」といった外来語をそのままカタカナ表記していることに似ている。こういうことに最初に気づいたのが空海なのである。

空海はすぐさま梵語や梵字の研究に入っていく。中国語の経典の奥にあるインドの文字と音の介在に気づいたのだ。それが梵字や梵語である。それを媒介に中国語から日本語システムの独自性が組み立てられていった。

このような密教的な梵字梵語研究が悉曇学というものになるのだが、その悉曇学が充実していったころに、他方で日本語の文字と発音の確立が時代的なテーマになってきたわけである。そこには日本人が初めて〝発明〟した日本文字である平仮名と片仮名の定着が待っていた。

日本語の表記システムと発音システムが生まれるためには、こうした工夫がいくつも準備されたのだ。空海以降も、さまざまな工夫がおこっていった。一方では仮名の登場が、他方では梵語の研究が、またべつのところでは条例や官職に使用する漢字の意味の把握などが、さらにべつのところでは和歌と漢詩の比較が一挙に進んでいった。

おそらく日本語の将来にとって、こんなにすごい時代はほかにない。明治維新にも森有礼が日本を英語やローマ字の国にしようとする動きがあったけれど、これは外国語にあわせて日本語や日本をつくるようなもので、比較にならない。さいわいにも、潰《つぶ》された。反対したのはアメリカのホイットニーで、彼は森のその提案を聞いて、ほとほと呆れて次のように言った、「とんでもない。一国の文化というものはその国の国語でつくらなければなりません！」。

こんな体たらくの明治初期にくらべると、菅原道真や紀貫之や小野道風の時代は、まさに言葉と文字と発音（声）と書に関するすべての多様な事情を睨《にら》みつつ、新たな日本語の文字システムと発音システムを起爆させる必要があった時代だった。このとき、密教僧たちの、とりわけ真言僧たちの独特の研究が次々に芽吹いたわけなのである。兼朝から心蓮へ、そのあとの寛海から承澄、さらには承澄から信範、その弟子の了尊へと継がれた真言僧たちによる五十音図の精緻《せいち》化の努力は、そういう時代背景の波動のなかに位置づけられる。

本書はこうした五十音図の歴史を倒叙法的に簡潔にのべたものであるが、著者が専門とする韻学史の視点がぞんぶんに生かされていて、そこがおもしろい。しかも問題を五十音図だけに絞っている。

五十音図は、ぼくも試みに学生や知人たちに尋ねてみてショックをうけたことがあるのだが、多くの日本人が〝明治以降の産物〟だと思っている。ひどいときには、欧米の言語システムに合わせて作成されたものとさえ思われている。そうではない。五十音図は奈良平安の苦闘を通過した日本人がつくりあげた文字発音同時表示システムなのだ。つまりは空海の声字《しょうじ》システムのひとつの到着点なのだ。そのプロセスには冒頭にあげた契沖をへて本居宣長にまで及ぶ国学の発生も含まれる。また、その後は大槻文彦や吉田東伍や山田孝雄の考究も含まれる。五十音図とは日本を考えるための歴史上最初のソフト・プログラムだったのだ。

このようなプログラムを日本人は五十音図以外にもうひとつ用意した。「いろは歌」である。やはり真言僧たちがつくりあげた（空海作といわれているのは俗説）。たいへんよくできている。今夜は「いろは歌」についてはのべないが、ここにも多くの試作がのこっている。「五十音図」と「いろは歌」、その奥に何重もの対比と相克と離別をくりかえした「真名」と「仮名」。これらのことを語らないで、どうして日本を問題にできるだろうか。

第五四四夜　二〇〇二年五月二四日

参照千夜

七五〇夜：空海『三教指帰・性霊集』　一五六九〜七一夜：紫式部『源氏物語』　五一二夜：紀貫之『土佐日記』　一六九七夜：小池清治『日本語はいかにつくられたか？』　九九二夜：小林秀雄『本居宣長』

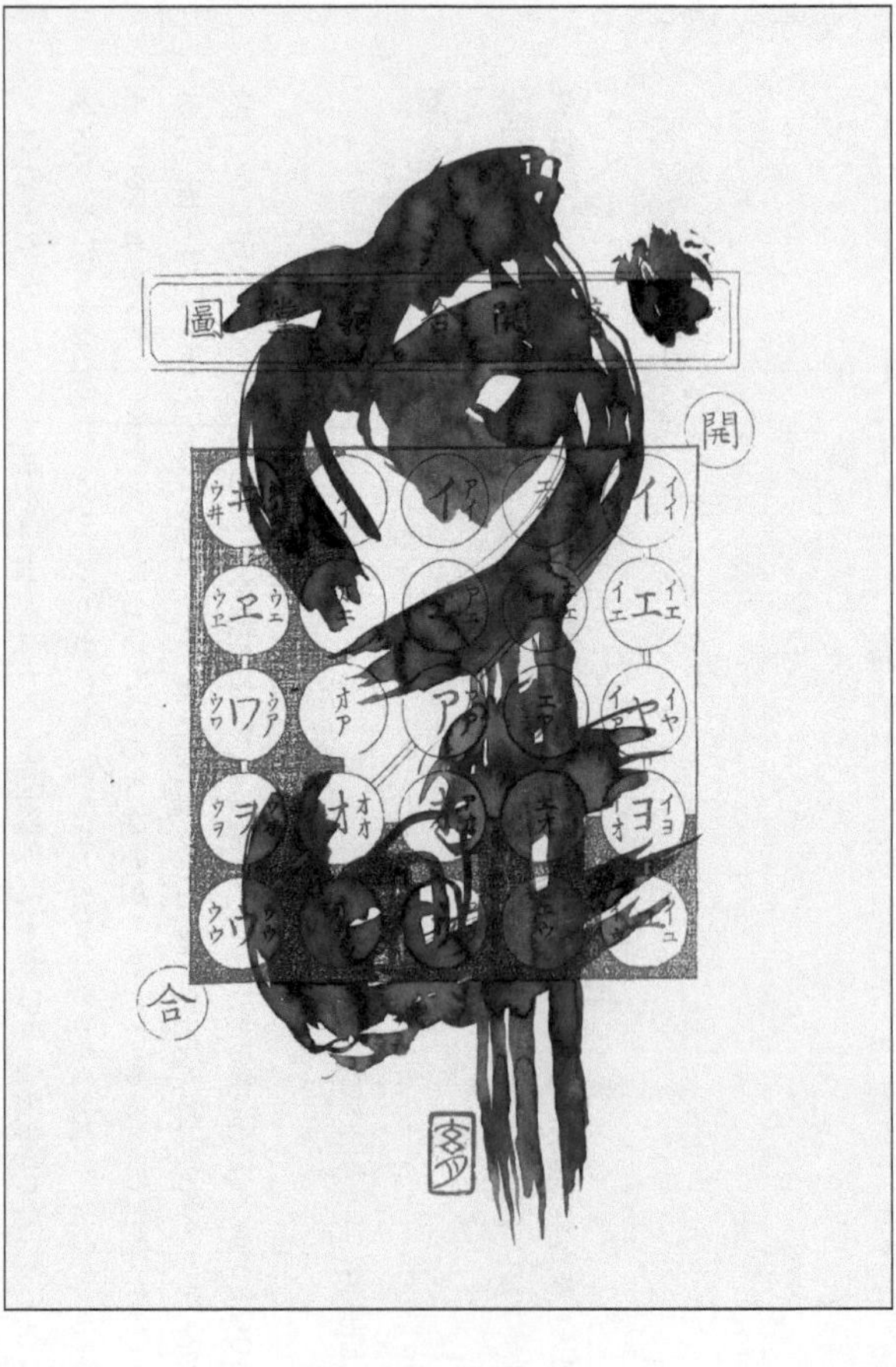

書：松岡正剛　「阿吽」

能読から能声へ
ボーカリゼーションで決まる日本語の妙

読経の世界

清水眞澄

歴史文化ライブラリー（吉川弘文館）二〇〇一

中世には「能読《のうどく》」とよばれた人物が何人もいた。読書家のことではない。能読とは読経がうまい僧のことである。後鳥羽院の御読経衆の慶忠は「持経者《じきょうしゃ》」として名高く、『孔雀経』を読ませるとその妙音はなんとも優美であったと記録にのこる。エキゾチックな密教呪文《じゅもん》の多い『孔雀経』にはキリキリキリ（希利）が十回くりかえされる有名な陀羅尼が入っていて、それが神楽歌《かぐらうた》にもとりいれられている。きっとそういう陀羅尼のところの唱え声で人を酔わせたのであったろう。

能読とはべつに「能声《のうしょう》」という名人もいた。これは念仏名人のことで、迦陵頻伽《かりょうびんが》のような声のことだというのだが、さて迦陵頻伽がどんな声で啼《な》きながら天空を翔《かけ》ていたのかはわからない。カストラートのようなのか、北島三郎やドミンゴのようなのか。また、

「能説《のうせつ》」という評価もあった。主として説経師に与えられた褒め言葉だ。これらは虎関《こかん》師錬《しれん》の『元亨釈書《げんこうしゃくしょ》』ではまとめて「音芸」とよばれていた。

本書は、この能読・能声・能説をとりあげ、こうした「音芸」にひそむ仏教世界と人々とのかかわりを綴って、出色恰好《かっこう》の一書となっている。こういう本があったらいいのにと思っていたら、こういう本が出た。著者は日本文学と日本語史の研究者のようだが、よくぞここまで踏みこんで、読経という世界を浮上させた。いささか網羅的で脈絡が整っていないきらいはあるけれど、その領域の設定に感心した。日本文化の解読にはボーカリゼーションの変遷を見ることが欠かせない。日本文化にはたえず「声」が響いていたのである。

日本の歴史的なボーカリゼーションには、大別すると基本的には二つの「声」があった。ひとつは倭人がつかっていた言葉の音である。よく大和言葉といわれる。いまでも祝詞《のりと》などにそのイントネーションやリズムが残響する。

もうひとつは中国の漢字を読む声だ。正式文書も経典も漢字だらけだった。それをどう読むか。どんな発音発声をしたか。この漢字の発音に漢音（北方中国語音）と呉音（南方中国語音）、および唐音（新たに流行しつつあった発音）のちがいがあったため、僧侶たちは読誦《どくじゅ》のボーカリゼーションを「漢音で読むか、呉音で読むか、それとも流行中のモードで読むか」の選択をしょっちゅう迫られた。聖武期から桓武期にわたる一三〇年間はもっぱら漢音が奨励されている。

なぜこんなことが重要になったかというと、中国では帝王というものは正字正音を継承するもので、その中国の正音を日本もちゃんと模倣すべきだと考えられたからだ。しばしば孔子の正名、荘子の狂言とはいうが、この正名《せいめい》には正字正音をともなっていたのである。とくに桓武天皇はこの正音継承に熱心だった。これをわが国では正字を四書五経などの筆写で、正音を各種経典の読経で学んだ。

平安時代になると、大学寮の明経道《みょうぎょうどう》（儒学）と紀伝道《きでんどう》（史学）をまなぶ学生には漢音の誦《ず》習《しゅう》が義務づけられた。天台・華厳・三論・法相《ほっそう》などの宗派が僧侶試験をするときは、経典読誦では一句半偈《はんげ》のボーカリゼーションを音《おん》博士がチェックをするという厳しさが要求された。

また、藤原氏の私学校にあたる勧学院でも試験が行われるようになると、そこでは引《ひき》音《ごえ》で読むというような指導も始まった。引音は試験官の笏《しゃく》にあわせて伸ばしたり縮めたりして読む工夫である。ちなみに本書にはのべられていないけれど、この笏によって引音を長短させることによって読誦するという習慣こそ、のちの能などで確立する「間《ま》拍子《びょうし》」を準備していったのではないかと、ぼくは推理している。

このような日本のボーカリゼーションを強く牽引《けんいん》したのは、密教、とくに真言密教だった。第五四四夜の『五十音図の話』にも書いたことだ。密教の言語音韻をめぐる研究の歴史こそが、日本のボーカリゼーションのエンジン部分を設計し、和漢にまたがる「読み」のインターフェースを開発してきた〝プロジェクトX〟だったのである。密教は五十音図やいろは歌のみならず、日本のボーカリゼーションの巨《おお》きな幹と枝葉の両方をつくったのだ。

それゆえ真言密教にはいろいろ凝った読経が生まれた。ぼくの体験でいうと、高野山で最初に『理趣経』を読んでいるのを聞いたとき、この音楽性はなんと豊饒なんだろうと驚いたことがある。広沢僧正寛朝《かんちょう》が《中曲理趣経》という曲をつくっていて、それが近世になってかなりとりこまれていったことをあとで知った。つまりそのころは密教社会には〝経典作曲家〟ともいうべき才能の持ち主がたくさんいたということなのだ。そのような作曲がいまも続いているかというと、おそらくおこなわれてはいない。ひたすら分派的伝統を継承しているだけである。

こうしてあれこれの苦労と工夫をへて確立してきた読経世界は、だいたいのところは次のようなシステムに収まった。

おおざっぱにいうと、読経には経典を見ながら読む「読」と、これを暗誦してしまう

「誦」がある。ついで、読経を行法としてマスターするには、経典を最初から最後まで文字に即して読んでいく「真読」、次々に大部の経典を読みこなしていく「転読」、仏の諸相を観相しながら読む「心読」、さらにはそれらの経典の教えを実行する「身読」などを通過することが要求された。

この読経のレベルにそれぞれ読み方が対応する。律動や抑揚が加わっていく。たとえば「直読」は単調だが力強い。その直読にも二つの読みがあって、しばしば「雨滴曲《あまだれ》」といわれるようにほぼ同じリズムで読経するばあいと、なんらかの節をつけていくばあいがある。これはよく「曲節《くせぶし》」とよばれてきた。曲節では天台の「眠り節」、三井寺の「怒り節」などが有名だ。

初心者の読経は「いろは読み」である。修験にはよくあるのだが、経典の最初と中央と最後を七行・五行・三行で略読するのは「七五三読み」などともいった。羽黒修験では「逆さ経」といって、般若心経《はんにゃしんぎょう》をさかさまに読む。

つまりは読経にも真行草があったのである。実際にも真読・行読・草読という言い方をしている宗派もあるし、時宗のように「念声一体《ねんしょういったい》」といって、どう読もうとも、ともかく思念と名号が一緒になるように読めばいいとするところもあった。むろん宗派によるちがいも多く、当時は「声ぶり」で宗旨がわかったほどだった。天台では行法を五段階に分け、その第二に「読誦品《ぼん》」をおき、浄土宗では浄土三部経を読むことそのものを

「読誦正行」、そのほかを「雑行」と分けた。

中世社会では、各寺院のそこかしこがボーカル・ミュージカルの会場だったのである。アカペラとはかぎらない。さまざまな楽器や音具もとりこまれ、多くのばあいはパフォーマンスも伴った。

しかし、この時代は僧侶だけがボーカリゼーションを独占したのではなかった。貴族・庶民・職人・遊女たちもそれぞれに読経をたのしんだ。一条天皇の時代では、解斎《げさい》の場でも管弦を用い、催馬楽《さいばら》・今様《いまよう》・朗詠をたのしんだだけでなく、「読経争い」「読経比べ」として経典読誦を遊びのように興じた。

こうして藤原公任のような朗詠名人・読経達人が公達《きんだち》のほうからも続々と輩出されてきたのである。公任と藤原行成と源為憲の三人が法華経を題材に詠みあい、漢詩を作りあい、書を交わしあった。きっと絶妙のものだったとおもわれる。

こうしたイベントは、そのうちしだいに「型」をつくっていった。『元亨釈書』はそのような音芸イベントがプログラム化されていて、「経師」による読経、「梵唄《ぼんばい》」による声明《しょうみょう》、「唱導」による説経、そして最後は「念仏」で締めくくられていたと報告している。「行」と「伎《わざおぎ》」はひとつだったのだ。本書はこの「経師」の名人系譜を何人にもわたって紹介する。

一方、本書にはふれられていないのだが、披講《ひこう》とか講式《こうしき》というボーカリゼーションの領域もあった。漢語調を歌うのを朗詠といったのに対し、和語による歌を披講といった。朗詠は多く楽器を伴ったが、披講はアカペラでよかった。藤原長家が後冷泉天皇から「歌仙正統」の称号をうけるのだが、この長家によって披講がおこり、その家系がのちに和歌の道を仕切ることになった御子左家《みこひだりけ》に成長した。

読経の能読能声はこのままでは終わらない。浄土信仰が広まるにつれ法文歌が派生して、これが和讃となったし、これらの披講、和讃、法文歌を背景に、遊女たちが「今様」を流行させた。今様は能読能声のポップス化であり、すべての仏教歌謡のフュージョンだったのである。

第六一二夜　二〇〇二年九月四日

参照千夜

六三一夜：アンドレ・コルビオ『カストラート』　五四四夜：馬渕和夫『五十音図の話』　二〇三夜：保田與重郎『後鳥羽院』　七二六夜：荘子『荘子』　一五八夜：藤原公任撰『和漢朗詠集』　一七夜：堀田善衛『定家明月記私抄』　一〇八九夜：尼ヶ崎彬『花鳥の使』　一一五四夜：西郷信綱『梁塵秘抄』

近代日本語を「国語」にするため
上田万年と保科孝一と山田孝雄が格闘していた

イ・ヨンスク

「国語」という思想

岩波書店　一九九六

日本語はどんな国語なのだろうか。いつから国語になったのだろうか。その国語は世界の言語とどこが異なっているのか。国語を、いま日本人はどのようにしようとしているのか。日本語と日本文化の特色はどのくらい重なっているのか。

国語とは何かという問題には、容易に答えが得られないほど大きくて深い難問がいくつも控えている。そのため言語学者たちの多くを悩ませてきた。たとえば今日を代表する二人の言語学者のうち、田中克彦は日本には「母語ペシミズムの伝統」があると困惑し、鈴木孝夫は「日本人は深層意識の中で日本語を呪っている」と書いた。日本人は日本語という国語に困っている、悩んでいるという感想なのだ。

ほんとうにそうなのだろうか。言語学者が悩んでいるだけではなくて、日本人が国語に悩んでいるといえるのだろうか。もしそうだとしたら、なぜそうなったのか。それは最近のことなのか。もっと以前からのことなのか。ついつい畳みかけて訊《き》きたくなるが、言語学者たちも納得する答えを見いだせないでいる。わかっているのは近代に国語が成立してからのことだということくらいだ。それなら話は、ひとまず明治初頭にまでさかのぼらなければならない。

明治維新は多方面にわたって日本に改変を断行させた。王政復古も徴兵制も、両から円への転換もチョンマゲ廃止も、それぞれ断行してみせた。なかには理解しがたいものもずいぶん混ざっていた。廃仏毀釈《はいぶつきしやく》もそのひとつ、漢字廃止論もそのひとつだ。そこには日本が千年以上にわたって律してきた文化や習慣にも大鉈《おおなた》をふるいたいという者も続出していた。それが日本語の〝改正〟の動きになった。

近代日本で最初に漢字の廃止を訴えたのは、意外におもうかもしれないが、郵便の父として名高い前島密である。前島は中国文明からの離脱と西洋文明への参画意思の表明として、漢字を廃止して仮名文字を国字にするべきだと考えた。ついで西周が「洋字ヲ以テ国語ヲ書スルノ論」を書いて、ローマ字表記を奨《すす》めた。どちらもたいした弁論をふるったわけではない。

一方、アメリカ代理公使であった森有礼はもっと本格的な日本語改革に乗り出そうとして、実用的な英語の導入を計画した。森は薩摩藩士で、慶応元年には五代友厚らとイギリスに密航留学をしたり、アメリカに渡って新興宗教に惹《ひ》かれたり、アメリカの教科書を集めたりするようなところがあった。このあと森は初代の文部大臣となって、殺された。それをもって「明治維新が終焉《しゅうえん》した」という歴史学者もいる。ただし、このあたりの事情については誤解されたまま伝わっていることも少なくない。

森がイェール大学の言語学者ホイットニーに「日本を英語の国にしたい」と言って、「一国の文化は一国の国語によって培われるべきです」と叱られたというのは、正確ではない。森は明治五年にホイットニー宛ての手紙に、「商業民族であるべき日本」が「急速に拡大しつつある全世界との交流」をすすめるためには「英語を採用することが不可欠」だと書いた。日本語を廃止したいとは書いてはいなかった。

そのかわり森は、「日本の言語のローマ字化」を提案し、かつ「日本国民の使用のために英語からすべての不規則性を取り除くこと」を主張して、簡易英語の普及を訴えたのである。

森がこのような大胆無謀な提案をした理由は、森の『日本の教育』序文に書いてある。日本語は不完全な言語であって、これを是正するには純粋な音声表記の原則にもとづいて、話し言葉を書き言葉に転ずる必要があるとした。森がそのように考えたのは、日本語があまりに中国語と漢字漢文の影響をうけてきたからだった。

森は次のように英文で書いている。「日本の書き言葉の文体は中国語同然である。われわれの言語は中国語の助けなくしては教えられてこなかったし、コミュニケーションのためにも用いられなかった。これこそわれわれの言語の貧しさのあかしである」。

いま、森の見解をどう見るかについて、定番の答えは出ていない。日本語が不完全であるという見方もいまだに残響している。しかし、言語学上の〝判定〟はともかく、こうした森の見解がよくもわるくもその後の国語の成立を促したということについては、今日の日本人もよく知っておいたほうがいい。

森の見解を暴論だとみなして、最初に激烈な反論をしたのは馬場辰猪《たつい》だった。中途半端な日本語是正と中途半端な英語の導入という改革二面作戦に腹をたてた。森が日本文字の大半が中国起源であることを非難したことも気にいらない。馬場は『日本語文典』（馬場辰猪全集・岩波書店）を書いて、口語の日本語にもなんらかの規則があるのだということを説いた。

しかしこんな程度では、漢字を排斥して仮名やローマ字を重視しようとする開明派の動きはおさまらない。外山正一らは「羅馬字会」を設立し、「漢字を廃することは国会開設よりも宗教改良より急務」だとぶちあげた。そこへ『古事記』を英訳したチェンバレンや「かなのくわい」の和学者物集高見《もずめたかみ》が加わった。これは二葉亭四迷や山田美妙らの言文一致運動につながって文芸界を変えていく。二葉亭は思うように文章が書けないとき、まずロシア語で書いてからそれを口語の日本語に逆翻訳しているうちに言文一致の重要性に気がついたのだった。

こうした論争や実感には、まだ日本語が近代の国語として妥当なのかどうかという議論は深まってはいなかった。

そこに登場してくるのが、本書の第一の主人公ともいうべき上田万年《かずとし》である。明治二七年にドイツ留学から近代言語学の知識をひっさげて帰国した上田は、すぐに東京帝国大学博言学講座の教授となり、国語研究室を創設して、時の政府が準備していた国語調査委員会と文部省の国語教育政策の主導者になっていった。博言学講座とはのちの言語学科のことをいう。

上田はもともとはローマ字推進派であって、のちに「日本語は日本人の精神的血液といひつべし」という主張に転換した国語学者だった。「国語」と「国家」を初めて結びつけたのも、「標準語」という概念を導入したのも上田である。しかし、上田はこのあとに意外な国語指導者となって挫折《ざせつ》する。

そのころローマ字派に対して、落合直文《なおぶみ》の『中等教育国文軌範』や関根正直の『近体国文教科書』や大槻文彦の『広日本文典』などが、国語の原点を中古文に求めようとして反撃の狼煙《のろし》をあげつつあった。日本古来の国文や国学こそ国語の原点であるという主張だ。この主張は日清日露の大戦とともに声高となっていった日本主義の気運ともまじり、すでに「国体」と「国語」の精神上の合致を説いていた三宅雪嶺や高山樗牛《ちよぎゆう》らの思想とも結びついていった。

が、上田はこれらを一蹴《いっしゅう》して、漢語漢文に依拠しようとする者も洋学に依拠して英語に走ろうとする者も指弾していったのである。そのうえで一気に「厳密なる意味にていふ国語」の確立に向かって邁進《まいしん》した。加藤弘之を委員長とする国語調査委員会は、上田の進言にもとづいて漢字を一二〇〇字に制限し、発音に近い「棒引き仮名づかい」を採用すると、余勢をかって仮名字体の統一に踏み切ったのだ。

こうして、いったん上田の新国字論が凱旋《がいせん》したかに見えた。凱旋した上田は「国語は帝室の藩屏《はんびよう》なり、国語は国民の慈母なり」と断じて憚《はばか》らなかった。ところがそのうち、上田は日本語を「東洋全体の普通語」にすることを構想する。日本主義者の国語論もそこまでは考えていなかったのに、上田は一足とびに日本語を〝東洋の国語〟にするべきだと考えたのだ。これで上田はすっかり孤立してしまった。

これで、日本語のローマ字化や漢字廃絶は避けられたが、ローマ字の併用や漢字の制限は進み、近代国語の表記の確立も試みられたのである。しかし上田は挫折した。計画は、保科孝一に踏襲されていく。上田の弟子には新村出《しんむらいずる》も金田一京助も橋本進吉もいたのだが(小倉進平も藤岡勝二も岡倉由三郎もいた)、上田の構想を継いだのは保科になった。

本書は発表とともに話題をまいた本である。韓国出身の俊英の社会言語学者イ・ヨンスクが、国語の確立を通して近代日本のもうひとつの幻像と原像を炙《あぶ》り出したというので評判になった。日本人は国語に対してペシミスティックになりすぎていると言うのだ。本書で初めて日本の国語問題の事情を知った読者も多いと聞く。

日本人が国語を呪うようなペシミストかどうかはべつとして、国語問題にからっきし弱いことは事実である。ぼくも何度か呆れたが、たとえば「五十音図」がすでに中世の密教僧らによって作成されていたことなど、ほとんど知られていない。漢字仮名交じり文の由来や当用漢字の制定の事情を知っている者はもっと少ない。のみならず、英語社会が浸透するなかで、外国人に向かって日本語で喋れない者も数多い。日本人に日本語コンプレックスのようなものがあるというのも頷《うなず》けなくはない。

一方、Jポップや日本語のラップなどを聞いていると、平気で日本語を英語に交ぜている例も多く、「シャ乱Q」「米米CLUB」といったどこの言葉かわからないバンド名も次から次に乱舞した。

芸能界ばかりではない。いっときのトヨタの「マイカー」やソニーの「ウォークマン」のように、日本製英語を世界に発信する企業も少なくない。どこかめちゃくちゃで、場当たり的なのである。こうした日本語の混乱した脈動は、しかし近代の出発の当初からかかえていたのではないかというのが本書の問題提起になっている。

もっとも、ぼくは「シャ乱Q」も「ウォークマン」も賛成で、日本語のこうした使いかたは近代以降ではなく、古代から始まっていたと見ているが、ここではそのことは、これ以上は議論しない。

さて、上田万年を受け継いだ保科孝一の国語観は、「国語教育ハ愛国心ヲ成育スルノ資料」という文部省の方針と「国語は帝室の藩屛なり、国語は国民の慈母なり」という上田の標榜《ひょうぼう》を合体させていた。

ただしここがややこしいところだが、保科は必ずしも守旧派ではなかったのだ。上田と同様に日本主義思想を批判し、国文国学至上主義に反対を唱えた。日本の国語の将来を憂えて、新しい国語文化をつくろうとした。けれどもそれが、当時の日本の韓国併合や満州政策による植民地拡張と結びつくと、日本国語による植民地の「同化」を重視するようになってしまった。ここに日本の言語的植民地主義という新たな問題が浮上するのである。

保科は、明治三三年の『言語学大意』(国語伝習所)やその二年後の『言語学』(早稲田大学出版会)では、ヨーロッパ型の近代言語学を徹底しようとしているだけだった。また、言文一致で書かれた『国語学小史』(大日本図書)においても、国語学を、①契沖以前の歴史、②契沖から本居宣長まで、③宣長から橘守部《たちばなもりべ》まで、④明治十九年まで、⑤それ以降というふうに区分して、それなりにしっかりと国語の特質を把握していた。

それが明治四三年の『国語学精義』(同文館)あたりから変わってくる。東洋における国語比較がしだいに多くなり、さらに大正三年の八〇〇ページをこえる『国語教育及教授の新潮』(弘道館)でプロイセンのポーランド地方に対する強い言語政策を紹介するにおよんでは、あきらかに明治四三年の「韓国併合」を意識した立場に転じていた。

日本が植民地下の朝鮮半島でおこなった言語支配は、しばしば「朝鮮語抹殺政策」とか「民族語抹殺政策」とよばれて、歴史問題化されてきた。今日、南北朝鮮で「国語醇《じゅん》化《か》運動」を絶やしていないのは、この日本の言語支配を忘れないようにしているせいだという見方もある。

いったい「同化」とは何かといえば、アイデンティティをともにする(ともにさせる)ということである。それを民族的なアイデンティティにもおよぼそうというのが同化政策だ。植民地政策というものは「同化」を重視する。

日本の同化政策は朝鮮半島においては徹底したものだった。朝鮮総督府を中心に神社の設置から小学校教育まで、ありとあらゆる同化政策が推進された。それが朝鮮民族にとっても幸福をもたらすはずだという確信をもって、朝鮮民俗の発掘や朝鮮芸能の調査に熱心に当たっていった研究者も少なくなかった。そういう研究者はどこかで自分こそが朝鮮におけるアーネスト・フェノロサやエドワード・モースであろうことを誇りにもした。

しかし、植民地の文化を発掘することと、その地に新たな国語を押し付けることはまったく一致しない。そんなことがうまくいくはずもない。それなのに日本はその「同化」を言語によってもおこそうとした。

すでに察した向きも多いこととおもうけれど、ここには、日本が自国の国語改革に乗り出した動機に、既存の日本語がダメ言語になっていて、それをやっと修正して近代的に強化しようとしたのだという自負があったことが大きい。また、〝改正〟した日本語の正当性をアジアで確かめたいという陰のシナリオも動いていた。近代の日本は新たな「すばらしい日本語」をつくりあげたのだと自信をもちすぎたのだ。そうだとすると、いわば近代日本語というものは適度に伝統をいかした人工的戦略言語だったということなのである。

では、そのような言語を日本はそのまま国語として引きずっていったのか。それが現代の日本語なのか。実はそうなってしまったのだった。

日本の言語同化政策は中国におよんで、失敗する。日本が満州に進出し、ここに満州国を捏造《ねつぞう》して「五族協和」を訴えたとき、日本の国語による同化は大きな矛盾にぶちあたる。五族の協和による「王道楽土」とは、そこにそれぞれの出自をもつ五つの民族がいて、それらが満州あるいは大東亜で協力しあおうというプログラムのことであるが、その満州の地に一つの国語を浸透させ「同化」させようというのは、そもそものスローガンの「協和」と根本的に矛盾する。政策としても矛盾していた。

ところが保科は、昭和八年に「国家語の問題について」という論文を発表して、ついに「国家語」という別種の言語を想定するようになってしまったのだった。国語ではない、国家語だというのだ。その国家語は、公用語・教育語・裁判語・軍隊語などでできていて、その下に民族語や地方語などによる〝小さな国語〟があるという図式なのである。それは昭和十七年の『大東亜共栄圏と国語政策』(統正社)でもっと赤裸々なものにまで達した。

保科の国家語計画は、満州にいた学者たちから猛烈な批判をうけた。建国大学の重松信弘は満州に一つの国語を浸透させるのは不可能なことを、丸山林平は満州には複合語はありうるとしても、そんな言葉はこの世のどこにもなく、ましてそこに日本語を強要するのは無理があることを断言した。

当然であろう。たとえ満州国がその後の長期にわたって〝継続〟されたとしても、日本語がその地域の国語になったとはおもえない。こうして保科の計画は瓦解《がかい》する。けれども、これらの紆余曲折にみられる国語国字問題は、やはり日本語というものの近代における認識があまりに片寄ったもので、また強引なものであったことを窺《うかが》わせた。そこには日本語コンプレックスがあったという意見を否定できないものがあった。日本の国語は、こうして歪《ゆが》んだ曲折をくりかえしているうちに敗戦をむかえ、そのまま走りきることになったのである。

本書は最後に、このような上田万年と保科孝一の国語観を痛烈に批判した山田孝雄をとりあげている。

山田はかつて馬場辰猪が森有礼に嚙《か》みついたとき、「馬場は日本の国語を救った恩人だ」と言った国語学者である。五十音図の研究にいちはやくとりくんだのも山田であった。その山田は「国語がむつかしいから簡単にせよといふやうな論」や「外国人に教へるのだから仮名遣ひは簡単にせねばならぬといふ論」に、ことごとく攻撃の矛先を向けた。同じことを矢内原《やないはら》忠雄も力説した。そういう学者たちもいたのである。いや、いまもいる。

そうしたなか、日本にはもっと特異な人物もいたということをイ・ヨンスクは指摘した。それは北一輝である。イ・ヨンスクは北の『国家改造案原理大綱』の「国民教育ノ権利」に、次のような一文があることに注目する。「英語ヲ廃シテ国際語ヲ課シ第二国語トス」というものだ。この「国際語」というのが実はエスペラント語のことだったのである。北は（実は大川周明もそうだったのだが）、エスペラント語をもっていれば、いずれロシアともイギリスともアメリカとも対等に戦えると考えて、天皇が五十年後にエスペラントを話している姿を予想した。

いま文部科学省や文化審議会は何をプログラムしようとしているのだろうか。日本語の将来については、何を考えているのだろうか。

第一〇八〇夜　二〇〇五年十一月二六日

参照千夜

一六九七夜：小池清治『日本語はいかにつくられたか』　二〇六夜：二葉亭四迷『浮雲』　一六八九夜：高山樗牛：『瀧口入道』　五四四夜：馬渕和夫『五十音図の話』　九四二夜：北一輝『日本改造法案大綱』　九五八夜：伊東三郎『ザメンホフ』　一六九九夜：水村美苗『日本語が亡びるとき』

古い日本語表記を捨てて
いったい君たちはどんな日本をつくりたいのか

福田恆存

私の國語教室

新潮社　一九六〇　文春文庫　二〇〇二

今夜は勝手な旧仮名遣ひで綴ることにする。

かねて福田恆存《つねあり》については『日本を思ふ』や『日本への遺言』（ともに文春文庫）をとりあげようと思つてゐたのだが、ぼくの昨日今日の体調からして、なんだかかういふときは、前に進むよりは後ろ向きにラディカルであることのはうがいいかと思ひ、かつて文壇に衝撃を与へたこの本の感想を綴ることにした。

本書は、以前から日本列島を制圧してゐる「現代かなづかひ」の度し難ひ迷妄を詳細かつ徹底して衝《つ》いたもので、相当の名著でありながら、その後はまつたく読まれてこなかつた。そればかりか、この本に指摘されてゐる重大思想を別のかたちで継承する者もほとんどゐないといふ有り様で、たとへば丸谷才一のやうにみづからこの思想を実践しゐる人をべつにすれば、いつたい福田恆存がなぜにまたこんなことを書いたのかといふことさへ、つひに忘れられてしまつたといふ不幸な名著でもあつた。

不幸な名著であるのは、この本が昭和三五年に新潮社から刊行され読売文学賞を得たのち、新潮文庫、中公文庫と引つ越し先を移して収められたにもかかはらず、なぜか次々に絶版となり、やつとこのたび文春文庫に入つたといふ運命にもあらはれてゐる。


敗戦直後の昭和二一年十一月十六日のこと、「現代かなづかひ」と「当用漢字」に関する忌まはしい内容が内閣告示された。いはゆる「新かな・新字」の指令である。

この日は憲法の公布から十三日目にあたつてゐて、いはば時を同じうして戦後日本人は憲法と国語の強い変更を迫られたわけだつた。その後も国語審議会を中心に「国語改革」が次々に実行され、この勢ひにはだれも抵抗できないといふ情勢だつた。

そこに敢然と立ち向かつたのが福田恆存で、執拗《しつよう》に国語改良に批判を加へていつた。福田の怒髪天を衝く猛威に大半が怖れをなしたなかで、あへて反論を買つて出た金田一京助との論争も、当時は話題になつた。しかし多勢に無勢、福田は賛意を集められない。そこで福田は論争にとどまることなく、国語問題協議会も組織して、その後もたへず日本語の表記を正統表記に戻すことを訴へつづけた。

かうしたゲリラ戦線とでもいふ闘ひのなか、福田はたんに歴史的仮名遣ひ（旧仮名づかひ）に戻すことを主張するだけではなく、「現代かなづかひ」の矛盾も暴いていつた。そもそも「現代かなづかひ」は現代人が慣行してゐる発音に従つて表記しようといふもので、「おめでたう」を「おめでとう」に、キウリはキュウリに、氷は「こおり」とする方針になつてゐる。しかしそれならなぜ、扇を「おおぎ」でなく「おうぎ」とし、狩人を「かりゅうど」でなく「かりうど」としたのか。かういふ矛盾がいつぱいにある。もつと決定的なのは「私は」「夢を」「町へ」の、「は」と「を」と「へ」だけは残したことである。それを残すなら、なぜ他の大半の表記をことごとく〝表音主義〟にしてしまつたのか。どうにも理解できないといふのが福田の出発点なのである。

われわれはいまでも、「こんばんわ」なのか「こんばんは」なのか、いつも迷はされてゐる。その一方、おそらくは椎名誠や糸井重里などが流行《はや》らせたのかとおもふのだが、「と、ゆーよーな」とか「ふつーの人々」といつた表記が乱舞する。しかし、問題はそのやうな出発点にとどまらない。ここには深い問題が大きく横たはつてゐた。

福田恆存は「語に随《したが》ふ」といふことを訴へる。これが福田の基底の考へ方である。同じイの音だからといつて何でもが「い」になつていいわけではなく、石は「いし」、井戸は「ゐど」、恋は「こひ」であることの重要性を訴へる。「おもひ」（思）と「おもい」（重）はこの仮名遣ひによつてこそ意味をもつ。それでピンとくるものがある。

かういふ感覚が日常の眼と耳の関係の中でしだいに鍛へられてこそ、日本語の音読と黙読との本来の関係が保たれ、それが本来の表記として維持されるはずなのである。表音主義にばかり走るのは過ちだと言ふのだ。そのことが理解できて初めて、たとへば「くらゐ」(位)、「しばゐ」(芝居)、「まどゐ」(円居)、「もとゐ」(基)などが、ひとつの同じ「ゐ」の世界をもつてゐることにも気がつけるのであると言ふ。さうでないと、出雲は「いづも」であつて「いずも」では決してないこと、小豆はあくまで「あづき」であり、梓が「あづさ」で、静御前は「しづか」でなければならない感覚が養へない。たとへば「訪れ」は「おとづれ」と綴るからこそ、そこから「音連れ」といふ文字が見えるのであつて、これが最初から「おとずれ」では、何かがずれてしまつて、古代も依代《よりしろ》もヒモロギもサナギもなくなつてしまふのだ。「ひざまづく」は膝《ひざ》と突くとが一緒になつてゐるのに、「ひざまずく」ではそのすくが変なのだ。

　福田恆存は何もかもを旧仮名遣ひにしなさいと言つてゐるわけではない。それなりの法則をつくつてもいいと考へてゐた。また、そのための古典教育に身を投じてもいいと覚悟してゐた。福田は教育のために言語があるのではなく、言語のために教育があると考へてゐるのである。

　しかし、本書を通してむしろわれわれが考慮するべきだとおもふのは、このやうな仮名遣ひの問題を内閣や文部科学省の上からの指令で無定見に守らうとするのではなく、またそれに従ふマスコミの表記にいたづらに溺《おぼ》れるのでもなく、かういふ指令の前でしばし立ち止まり、これを機会に日本語の仮名遣ひの歴史や変遷や、その奥にひそむ日本語といふものの本体の意味を考へてみるといふことなのである。

いま、「あやふい」(危)を「あやうい」と書く。たしかに「危ふい」はアヤウイと発音する。しかし「危ぶむ」はアヤブムと発音するから「あやぶむ」と綴れば、なんだか何かを踏んでゐるやうである。かういふ矛盾がいくらでもおこる。福田はこれに耐へられなかつた。それなら、「危ふい」にはもともと「ふ」が入つてゐたのだから、それを継続させておいたはうがいいはずなのだ。

われわれは古来、「ふ」をそのやうに時に応じていろいろの発音に変化させる能力をもつてきたのである。だからこそ「てふてふ」をチョウチョウと読めたのだ。それが「ふ」は「フ」でしかないとしてしまつては、何かが抜け落ちていく。

ぼくは「いろは歌」をたいそう愛してゐる者である。「色は匂へど散りぬるを」では、色即是空から諸行無常までが六曲屏風《びようぶ》の折りごとに見えてくるし、「わが世たれぞ常ならむ」からは大原三寂《さんじやく》や誰《た》が袖《そで》屏風がすぐ浮かぶ。「有為の奥山けふこえて」はただちに数十首の和歌とともに蟬丸も花札もやつてくる。最後の「浅き夢みしゑひもせず」はまさに百代の過客としての芭蕉をさへおもふ。

かうした「いろは歌」から旧仮名遣ひを奪つたら、何が残るであらうか。何も残らない。「匂」が「にほふ」であつて、「ゑひもせず」が「酔ひもせず」であることが重要なのである。

本書は、実のところは福田恆存が得意とする馥郁《ふくいく》たる文体で綴つたものではなく、国語審議会を相手にまはして憂慮に暮れずに実際の戦闘を挑んでゐるものなので、どちらかといへば実用の文章になつてゐる。それゆゑ、もつと福田らしい憂慮を感じたければ、『日本を思ふ』や『日本への遺言』を読んでもらつたはうがいいだらうと思ふ。

たとへば『日本を思ふ』だが、そこでは「みえ」といふことが議論されてゐる。戦後の日本人は外国とのことが気になつて「みえ」ばかり繕《つくろ》ふやうになつて、それが浅薄きはまりない民主主義や個人主義を作つてしまつてゐるのではないかといふのである。この「みえ」は田山花袋が『蒲団《ふとん》』において〝自我をどり〟をして人間の善を取り違へたことから始まつたもので、それがかつては文人としても文士としても恥ぢらひを伴つていたはずなのに、戦後はつひに当然のやうになり、「みえ」の本当の意味がわからくなつてしまつたのではないかと、福田は綴つてゐる。

かつて江戸時代のころは、「みえ」はもつと大事な「張り」や「意気地」のことで、それによつて単なる個人を超える意思が動いたのに、それが「みえ」を悪徳とみなす西洋倫理主義が壊してしまつた。それはよろしくない。福田はむしろ日本人は「非人格」を作れる思想と美意識を持つてゐるのだから、かへつて「みえ」を本気で持つはうが重要なのではないかと書いたのである。まさに国語表記の問題とつながつてゐることだつた。かういふ福田の見方はときどき思ひ出すべきものだらう。

しかし、一人の文学者が一国の国語問題に立ち向かふといふ壮挙を知るには、われわれは彼《か》の地のドレフュス事件の記録ばかりでなく、ときにはかういふ本にも目を通すべきなのである。後ろ向きにラディカルであることは、かつてマルクスが「後方の旅」と名付けたものであるけれど、現代保守思想の代表といはれた福田こそはマルクスの意思を知つてゐた人でもあつた。

第五一四夜　二〇〇二年四月九日

参照千夜

九夜：丸谷才一『新々百人一首』　五四四夜：馬渕和夫『五十音図の話』　九九一夜：松尾芭蕉『おくのほそ道』　七八九夜：マルクス『経済学・哲学草稿』

少女期からアメリカに住みながら
ついに英語に屈しなかった作家による切実な警告

水村美苗

日本語が亡びるとき

英語の世紀の中で

筑摩書房　二〇〇八

水村美苗《みなえ》の尋常ではない日本語に対する熱い思いを綴った傑作エッセイだった。「日本語に対する熱い思い」という意味には、かなり微妙で格別で複雑なものがあって、水村が委曲を尽くして本書を綴った狙いをちゃんと説明しておかないと、その真意は伝わらない。なにしろ『日本語が亡びるとき』だなんて、なんともセンセーショナルだ。まず、水村がこんなふうに思うに至った「氏と育ち」のことがある。うまく要約できるかどうか自信がないが、手短かに順番に説明したい。

水村は自分自身のことをこう説明している。「私は十二歳で父親の仕事で家族とともにニューヨークに渡り、それ以来ずっとアメリカにも英語にもなじめず、親が娘のためにともってきた日本語の古い小説ばかり読み日本に恋いこがれ続け、それでいながらなんと二十年もアメリカに居続けてしまったという経歴の持主である」と。

これだけを読むと、なぜ水村がアメリカにも英語にもなじめなかったのか、彼の地でどんな古い小説を読み耽《ふけ》ったのか、なぜ日本に恋い焦がれたのか、そこがとても気になるが、そういう水村はその後、作家になったのである。むろん日本語で書く作家になった。それもかなり意図的な日本語作品を書いたのだ。

三十代のおわりに、漱石が病状の悪化のために中断せざるをえなかった『明暗』の未完の部分を引き取って、これを入念な『續 明暗』（筑摩書房↓新潮文庫・ちくま文庫）として発表し、芸術選奨文部大臣新人賞を与えられた。それが一九九〇年のことで、二〇〇二年に今度はエミリー・ブロンテの『嵐が丘』を戦後の日本におきかえた『本格小説』（新潮社）を書いて、読売文学賞を授与された。

二つの作品のことは読んでもらわないと議論はできないけれど、おそらく読まずともこれらの作品を書いた意図に何かの「曰く」があると想像できるだろうと思う。水村には何かを「日本語にする」ということが重大な決意や計画にあたっていたのである。水村は日本語にこだわって、漱石やブロンテの〝置換〟にとりくんだのだ。たんなる日本語が関心の対象になっているわけではない。そこには水村の言語文化に対する譲れない見方や考え方があった。その譲れない見方にもとづいて、作品も、本書も、書かれたのだった。

多くの日本人は日本に生まれ、日本語を喋り、日本語の新聞や本を読み、日本語でものを考えている。そこでは、話し言葉も書き言葉も日本語としてほぼつながっている。そのためついつい書き言葉はきっと話し言葉を文字に移した（写した）ものだとみなされてきた。日本語はそういうふうに成立しているとみなされてきた。

しかし水村は、実際にはそうはなっていないという強い見方を出発点においている。本書はその見方についての議論で三分の一ほどを費やした。

そもそも文明の歴史において、多くの民族や国民は自分が話している言葉で読み書きをしてきたとはかぎらない。むしろ自分が所属する土地をこえた世界に流通する「外の言葉」で読み書きしていることのほうが多い。こういう言葉が「普遍語」である。"universal language"にあたる。ヨーロッパでは長らくギリシア語やそれに続くラテン語が普遍語だった。

普遍語は書き言葉としての力を発揮した。書き言葉の力の特徴は書くためというよりも、読む言葉としての普遍性を獲得していったことにある。叡智《えいち》を求めた者が等しく読める＝理解する言葉が普遍語になったのだ。そしてそのことにおいてサイエンスの言葉にもなった。こうした普遍語の流れのなかで最も純粋なルールを獲得していた記号群は数学言語になった。

これに対して、各地域でふだん話している言葉は「現地語」というべきもので、"local language"にあたる。普遍語に対して現地語はすこぶる多様なもので、巷間《こうかん》に流布し、世間に流通する。たいていはその地域の母語(mother tongue)にもとづいて喋られている口語であることが多い。こういう言葉は、文語すなわち書き言葉にならないわけではないが、そのままではひどく冗長になる。それゆえどんな地域でも手紙でさえ、たどたどしい文語で綴られることが多かった。

言葉にはもうひとつ、ある。それは「国語」だ。"national language"にあたる。これは近代の国民国家(national states)とともに確立されていったもので、普遍語でもなく、現地語でもない。歴史の途中から登場してきたものなので、当然、それ以前の現地語や普遍語を借りてきているところはあるが、あくまで近代国民国家のためにつくられた。日本でも帝都東京を中心にした明治国家の諸機能を整えるなかで、しだいに規則化されていった。

国民国家とともに確立した国語は、他国の国語とできるかぎり翻訳可能なものになるという交換力を要請された。別の見方をすれば、かつては現地語やその集合性でしかなかった言葉が、翻訳という行為をくりかえしながら各国別の普遍語のような装いをまとっていったもの、それが国語だった。

言語文化というばあい、水村はこの三つの普遍語・現地語・国語のそれぞれの変遷と特徴を比較しながら観察しなければならないと考えている。しかし実際にはどうだったのかといえば、これらは混同されてきた。また相互に侵されてきた。とくに普遍語と国語について見誤りがおこってきた。なぜなのか。そのことを議論するにあたって、水村はいくつかの足掛かりを用意する。

ベネディクト・アンダーソンに『想像の共同体』（リブロポート→NTT出版→書籍工房早山）という有名な一冊がある。ぼくもいちはやく千夜千冊した。国語と国民文学とナショナリズムの結びつきを論じた。

アンダーソンは、近代国家というものがあくまで人為的につくられた文化的な被造物であって、それ以前の歴史の必然性から帰結したものではないとして、そういう人為的近代国家に応じて「国語」もつくられたのだと見た。それなのに、いったんそのように国語が確立してしまうと、国語は国民にとって深いルーツをもっているもののように感じられ、しばしば国民（あるいは民族）のナショナル・アイデンティティの証《あか》しのように扱われ、新聞記事や国民文学などが書かれたり読まれたりするようになった。しかしそれは「想像の共同体」がつくりだしたものにすぎなかったと主張したのである。

国語がそんなふうになった理由を、アンダーソンは活版印刷の普及と資本主義の発達の重なりに求め、国民国家や国語は「印刷資本主義」(printing capitalism) が促進してつくりあげたものであると見た。印刷資本主義によって、現地語や口語などの俗語はより流通しやすい出版語にとって代わられ、扱いを受けたとしても出版語の中の一部で部分的に表現されることになり、ここに出版語としての国語による「想像の共同体」としての国民幻想が増殖されていったのである。

アンダーソンのような立場を「多言語主義」という。世界は単一の普遍語ではなくて、多くの民族や国民の言葉によって並列的に語られていくべきだという立場だ。

アンダーソンが多言語主義になったのは、彼自身がアイルランド人の父とイギリス人の母の間で中国の昆明《こんめい》に生まれ、『想像の共同体』のための材料を東南アジア (とくにインドネシア) の近代史的事情から入手したせいでもあった。本人は自分のことを『言葉と権力』(日本エディタースクール出版部) のなかで、こう説明している。「中国で生まれ、三つの国 (中国・イギリス・アメリカ) で育てられ、時代遅れの発音で英語を話し、アイルランドのパスポートを持ち、アメリカに住み、東南アジアを研究する」。

この自己紹介には一九六五年におこった九月三〇日事件のときに成立したスハルト政権を批判して、研究フィールドだったインドネシアから追放されたという苦い経験も戯画化されている。

それはともかく、アンダーソンは以上のような体験含みの多言語主義の立場から普遍語・現地語・国語を眺めて言葉の社会を議論したのであるが、水村はアンダーソンの見方がおおむね当たっているとしながらも、そこには決定的に見落としているものがあると判断した。それはひとつには古代宗教時代に誕生した普遍語を「聖なる言語」とみなしすぎたこと、もうひとつには英語がすでに各国の国語を食い破るようにして普遍語めいた力を発揮しているのを見過ごしたことだった。アンダーソンは自分が英語圏の言葉を使いつづけてきたことによって、見誤ったのだ。

アンダーソンの誤解をほぐして、水村はあらためて自身が向かう言葉の問題を正面に捉《とら》えようとする。それはヨーロッパの言語力、およびその後のアメリカ英語の席巻《せっけん》力によって歪んできた国語的思考に新たな息吹をとりもどすにはどうしたらいいのかということだった。

そのためにこそ水村はあえて日本語にこだわることを決意するのだが、そうする理由はそれを他の国語で試すのでは、かえってまちがいを冒すと思えたからだった。

国民国家が最初に成立したのは西ヨーロッパだった。西ヨーロッパではギリシア語やラテン語という普遍語で書かれたものを、現地語に少しずつ翻訳していった。活版印刷の普及にともなってこの勢いは増し、現地語で書かれたものを他の母語で生まれ育った者たちにも理解できるように、逆の翻訳も進んでいった。これらを通して現地語がそれぞれの国語に変身していった。

こうして西ヨーロッパのあちこちに「二重言語者」がふえていった。二重言語者という言い方は水村が好むもので、バイリンガルともいえるのだが、バイリンガルが「二カ国語を話せる」という意味であるのに対して、二重言語者は「自分が使う話し言葉とは異なる外国語を読める人たち」のことをさす。活版印刷の普及とともにふえていった。ラテン語とドイツ語のルター、ラテン語と英語のトマス・モア、ラテン語とフランス語のデカルトらは二重言語者の先駆をなした。

これらの出来事を背景に、西ヨーロッパにフランス語・英語・ドイツ語という三大国語による三極構造が仕上がっていった。三大国語を行き来する二重言語者たちの言葉の力はすばらしく雄弁なもので、たちまちこれまでの知識や学問の体系化をなしとげ、大学やアカデミーの学科を統一し、あまつさえそのもとに数学言語も搦《から》めとっていった。西ヨーロッパの国語間の交流は、それ以前のギリシア語・ラテン語の延長上に西ヨーロッパ三大言語による牙城《がじょう》を築いたのだ。

かれらからみると非西欧圏の言葉や東洋圏の言葉は「普遍語の流れ」から外れている

ものだった。非西欧圏や東洋圏が「普遍語の流れ」を表明したり説明したりしたいのであれば、三大国語のいずれかを使ってみせるしかなくなっていった。やがて二十世紀を通して、新たに英語の流通力がこれらをしだいに覆っていったのである。

話を戻して、水村が少女時代からアメリカで育っていたとき、水村の心身のそこかしこを侵食しつつあったのは、以上のような欧米言語文化の「言葉の圧力」や「言葉の差別力」だった。それは当初はアメリカにも英語にもなじめないものとして抵抗したものだったが、その奥に普遍語・現地語・国語の制圧と葛藤《かっとう》の歴史がトバ口をあけていたのである。

本書には、そんな圧力に抗しようとしていた水村がパリで講演したときの「二つの時間」というスピーチが収録されている。水村はジュニア・ハイスクールでフランス語を選択し、美術学校に行き、大学と大学院ではフランス文学を専攻し、二十歳のときにはフランスに留学もしていた。そこそこフランス語は喋れるし、読める。「二つの時間」はそういう水村がそのフランスの選ばれた聴衆に、「私たち日本人は、フランス語と日本語の深い非対称性の中にいるのです」という話をしたときの記録だ。

きっと胸に迫るスピーチだったろうと思ったが、そのなかで水村は自分が二番目に書いた作品についても紹介する。一九九五年に刊行された『私小説 from left to right』（新潮社→ちくま文庫）だ。

この小説は水村そっくりの主人公とその姉が少女期にアメリカに渡り住み、そこで実感する感情や出来事を〝私小説〟仕立てにしたもので、全編が横書きになっているばかりか、ところどころは英文のままに書かれた実験性の高いものである（会話の一～二割が英文のままになっている）。水村は「私はこの形式を通して、いま世界で露《あら》わになりつつある、英語と英語ではない言葉の非対称性を明らかにしたいと思いました」とスピーチしている。

読んでみて伝わってくるのは、主人公が自身のアイデンティティを「血」ではなくて、あくまで「言葉」に求めようとしていたということだ。水村はスピーチをこんなふうに結ぶ。「私は、なによりも日本語という言葉の、ほかのなにものにも還元することができない、物質性を浮き彫りにしたかったのです」。

漢字・ひらがな、カタカナ・ローマ字がまじる日本語の奇妙な物質性を通して、なんとしてでも「私」をあらわしたかったと言いたかったのだ。

本書はおわりに向かって、日本語の将来と不安に目を向けていく。社会情勢ではインターネット時代に安易に跋扈《ばっこ》する英語が目立ち、いっときの日本では英語公用語論（英語第二公用語論）が、文部科学省や時の文化庁長官らによって叫ばれた。

水村はその情勢のなかで、次のように書く。「一回しかない人類の歴史のなかで、あるとき人類は〈国語〉というものを創り出した。そして、〈国語の祝祭〉とよばれるべき時代が到来した。〈国語の祝祭〉の時代とは、〈国語〉が〈文学の言葉〉だけではなく〈学問の言葉〉でもあった時代である。さらには、その〈国語〉で書かれた〈文学の言葉〉が〈学問の言葉〉を超越すると思われていた時代である。今、その〈国語の祝祭〉の時代は終わりを告げた」。

英語が普遍語のフリをするようになって、英語以外の国語が「文学の終わり」を迎えるように追いこまれ、それとともに明治以来の日本語による国語の祝祭が終わりつつあるのではないか。水村はそう認識したのだ。いったい何がおこったために、こんな事態になりつつあるのか。叡知が国語を読まなくなったこと、水村はそれが国語の祝祭の終わりを告げていると確信する。

おわり近く、水村はしきりに福田恆存の言葉を引用し、日本語の表記がぐちゃぐちゃになっていく様子をともに悲しんでいる。それとともにジャック・デリダが音声中心主義が書き言葉の本質を失わさせているという批評を展開するのを尻目《しりめ》に、こっそり次のように書いて、筆を擱《お》いている。

……日本語や朝鮮語のような〈書き言葉〉は一見例外的な〈書き言葉〉に見えるが、実は、その例外的な〈書き言葉〉こそが、〈書き言葉〉は〈話し言葉〉の音を書き表したものではないという、〈書き言葉〉の本質を露呈させるものなのである。フランス人には内緒だが、そんなおもしろい表記法をもった日本語が「亡びる」のは、あの栄光あるフランス語が「亡びる」よりも、人類にとってよほど大きな損失である。

第一六九九夜　二〇一九年二月二六日

参照千夜

五八三夜：夏目漱石『草枕』　一二五夜：エミリー・ブロンテ『嵐が丘』　八二一夜：ベネディクト・アンダーソン『想像の共同体』　四三二夜：ネトル&ロメイン『消えゆく言語たち』　五一四夜：福田恆存『私の國語教室』

書：松岡正剛　「母語」

アメリカ人が日本語で文学する
その潜戸《くぐりど》から「令和」が聞こえてくる

リービ英雄

日本語を書く部屋

岩波書店　二〇〇一

中上健次は「おまえは和文脈にこだわりすぎているよ」と詰《なじ》ったようだ。リービは大和言葉による文章を偏愛してきた。しかし、なぜそうなったのか。民族や国家や歴史にまつわる言語文化の問題に淡々ととりくんでいるところが、本書の醍醐味《だいごみ》である。こういう本はあまりない。まず著者はガイジンである。父はユダヤ人で、母はポーランド系移民だ。プリンストン大学で東洋学を学んだ生粋のアメリカ人だ。それなのに日本語でしか小説を書かない。しかも仮名まじりの日本語を日本人以上に称賛しつくしている。

リービはその理由をいろいろ考えたすえ、それは自分のニューヨークに対する抵抗だったことに気がついた。マンハッタンには、たとえば「秋山の　木の葉を見ては　黄葉《もみじ》

をば　取りてそしのふ　青きをば　置きてそ嘆く」という万葉的なジェスチュアがまったくない。そんなことは当然だが、リービはマンハッタンの暴力的な力に馴染《なじ》めなかったのである。だからそのことに無意識に抵抗しつづけていたらしい。

あるとき、そういうふうに「何かに抵抗する自分がいた」ということに気がついた。あるときとは、日本を知ってからのことだ。そして、考えた。もしニューヨークについて短歌がつくれるようになれば、自分のトラウマを解消できるかもしれない。なぜなら、ニューヨークには長編小説も短編小説も、ギャグもコントも、ひょっとしたら俳句さえ生まれていくだろうが、これまで短歌が生まれたことはなかったからである。リービにとって短歌（和歌）がそぐわない文明は嫌だったのだ。

リービ英雄はスタンフォード大学で日本文学を教えていた。朝は『日本書紀』、昼は大江健三郎。やがて四十歳の誕生日の前に教授職を辞し、日本語で小説『星条旗の聞こえない部屋』（講談社文芸文庫）を書いた。

なぜ日本語で書いたのか。日本語が音に聞いて美しく、漢字仮名まじり文が目で見て美しかったからだ。西洋から日本に渡って壁を越え、日本文化の内部の潜戸《くぐりど》としての日本語に入っていく。リービはそのような日本語を「壁でもあり潜戸でもある日本語」というふうによぶ。これは今日の日本人にこそ宿ってほしいまことに適確な感覚だ。

そのようにリービがなっていったのには、むろん背景がある。たとえば若いころに『万葉集』の英文抄訳版をリュックに入れて大和路を歩きまわっていたときである。こういう体験をした。

山部赤人の歌「明日香の　旧《ふる》き京師《みやこ》は　山高み　河雄大《とほしろ》し」の英訳では、山がマウンテンに、河はリバーとなっている。が、実際に歩いてみた大和の山は山ではなく丘のようなものであり、けっして雄大ではない。河もまた河でも川でもなく、小さな水の流れがあるだけだった。最初、リービはそのことにひどく失望する。そこにはあまりのズレがある。英訳からは想像もつかない大和のささやかな風景なのだ。

しかし、そこで考えた。そのズレにこそ実は古代日本人の想像力があったのではないか。万葉の言葉から実景を差し引かなければならなかったのではないか。

あたりまえのことだが、リービ英雄には、単一民族という幻想のもと、日本人が小泉八雲《ラフカディオ・ハーン》に擬して自己オリエンタリズムに陥るような、そんな日本像をもつということがない。そういう日本人独特の錯覚がない。このことは、ぼくのような者がリービ英雄を読むことの重要性をもたらしてくれる。

たとえば、リービは『古事記』は清潔だという。中身は凄《すさ》まじいのに、スタイル（文体的なるもの）が汚れていない。なるほど、清潔か。そう思ってみると、その通りだ。日本語にしかもちえない律動や様式を感じるとも言う。リービはその理由は『古事記』のもつ日本語に豊かなイメージの他動性があるからだという。だからフレキシブルな世界像が描けているという。それもその通りだ。一語がひとつの意味しかもたないなんてことは、ない。日本の古言《ふること》は一語で多意味なのである。

もっと重大な指摘もする。西洋や中近東ではピューリタニズムやファンダメンタリズムが跋扈《ばっこ》したのに、また日本の近代にもそれにちょっと似た新宗教が出たことは出たのに、その陥穽《かんせい》に落ちなかったのは、そもそも『古事記』がそのような陥穽を免れているからだという指摘だ。これもハッとさせられた。リービは明治近代の国語の確立は失敗でもなく、また成功でもないと見たのだ。

こういう見方は、ふつうは一神教に対する多神教の柔らかさというものだと捉えられてきた。が、リービはそこを日本語の問題としてあかしていく。そして、そのような日本語の問題をセンシビリティとして解こうとした本居宣長に、たいそうな共感を寄せて、こんなことを言う。「やっぱり宣長に戻るんですよ」。

処女作『星条旗の聞こえない部屋』の第二部「仲間」には、ベン・アイザックという主人公が新宿に行きたくてアメリカから家出し、「キャッスル」という喫茶店でアルバイトをしてその場の日本人の仲間になろうと努力しながらも、そこにまじわれなくて新宿からも家出するという話になっている。

こうしたリービの作品を、そのあとの『天安門』(講談社)などとともに世評は「越境文学」(border-crossing literature)とか「境界文学」(borderland literature)と呼んできた。これは、ドゥルーズやガタリが注目した「ある少数民族の作家が自民族の言語でない普遍的な言葉で作品を書くことで普遍の中心性を問い、そこに非領域化(deterritorialize)をおこす」という方法の、逆照射に当たっていた。アメリカ英語というグローバルな言語を生得しているのに、あえて日本語という狭い言語によって「非領域化」を訴えたからだ。

日本人のぼくからすると、この「越境」や「非領域化」はとても新鮮である。ぼくはいっとき同時通訳者グループと一緒に仕事をしていて、そこに「完ジャパ」「半ジャパ」「ノンジャパ」「うそジャパ」といった言葉のプロが入り交じって活動していることがたいそうおもしろかったのだが、実は文学の実情はそういう「まぜまぜ」と「ちぐはぐ」によってこそ成り立ってきたものなのである。ただ、そのような「まぜまぜ」と「ちぐはぐ」が、言語表現の現場ではけっこうな〝闘争〟でもあることが、忘れられてきただけなのだ。リービ英雄はその〝闘争〟を呼び戻してくれた。

しかし他方、リービの「越境」や「非領域化」の試みは、日本人がグローバル中国の言語領域の中で余儀なくされた漢字から仮名を生み出していった〝闘争〟を呼び戻してくれるものでもあったのである。

というわけで、リービ英雄が何をどのように「越境」しようとしているかということは、最近のぼくが考えつづけていることとかなり密接な関連をもっている。

この「越境」は西から東への越境ではないし、外国人が日本を理解するための越境でもなく、日本人が日本語の中で自分自身を越境することでもない。日本人が日本語にならないと思いこんでいる世界観から、日本語を越境させることなのだ。

日本語を越境させること、そのためにアメリカ語から日本語に、漢字から仮名に入ってみること、その役目を引きうけたリービ英雄に、ぼくは言いようのない感謝のようなものを感じている。いわば共闘者への感謝だ。

生易しいことではない。日本語を越境させるにはむろん日本語に精通している必要があるし、そのうえでグローバリズムの全質量をローカリズムの一支点をもって向こうへ撥《は》ね飛ばしてしまわなければならない。これには言葉の力学もいるが、愛情の熱力学もいる。なによりも自身の内なる異人性を使わなければならない。これを日本人はどう引きうけるか。ラフカディオ・ハーンなら、それは可能だった。アーネスト・サトウやオギュスタン・ベルクにもそれは可能だろう。しかし、日本人はどうするか。

おそらく内村鑑三のような視点をもつ必要がある。内村は自身の内なる異人性をキリスト教に感得することができた。また、柳宗悦なら可能である。柳は朝鮮の文物にそれを痛いほど感じることができた。いま、そのことを可能にする方法はどこにあるのか。日本人として、日本語を使っている者としてその方法をさがしていく必要がある。それが、最近ぼくが考えつづけていることなのである。

本書はとてもやさしい日本語で綴られている。いろいろなメディアから依頼されたエッセイと講演をまとめた一冊だ。おそらくは日本人なら誰でもすぐ読める。けれども、本書の内容をちゃんと理解するにはそうとうの力量と真剣な態度が要求されるのではないかとおもう。実際には各エッセイには似た内容のくりかえしが多く、ひょっとすると退屈するかもしれない。しかし、そのようにくりかえしてリービ英雄が何を考えようとし、何を言おうとしているのかを一緒に感じていくことは、ぼくにはすばらしく気分のよい時間になった。

それは自分の事情を守る文化から、他者が信ずるものの文化へ投企するとは何かということを、一緒に考えられるからだった。

［追記］大川景子監督の《異境の中の故郷》というドキュメンタリー映画を見た。二〇一三年三月、リービ英雄が五二年ぶりに生まれ故郷の台湾（台中）を訪れたときの一部始終を撮影編集したもので、興味深かった。リービが少年の頃、そこはモーファンシャン

と呼ばれていた日本人街だった。植民地化した台湾の中に「模範郷」をつくったという日本政府の矜持《きょうじ》が響いていた街だ。リービはその体験を『模範郷』(集英社)という小説にもしている。しかし、訪れてみた台中にはもはやその残影はない。リービは十三歳に戻り、また星霜をへた初老者に戻り、どうしたら異境と故郷を言葉に換えていけるのか、そのことに耽《ふけ》っていく。

第四〇八夜　二〇〇一年十月二九日

参照千夜

七五五夜：中上健次『枯木灘』　七夜：ベンチョン・ユー『神々の猿』　九九二夜：小林秀雄『本居宣長』　一〇八二夜：ドゥルーズ&ガタリ『アンチ・オイディプス』　七七夜：オギュスタン・ベルク『風土の日本』　二五〇夜：内村鑑三『代表的日本人』　四二七夜：柳宗悦『民藝四十年』

日本語のどこが変なのか
ガイジンのほうがよくよく知っている

イアン・アーシー

怪しい日本語研究室

毎日新聞社　二〇〇一

イアンはスキンヘッドのカナダ人で、ブリティッシュ・コロンビア大学で日本史を学ぶうちに日本熱が高じ、一九八四年から日本の中学校で英語を教えたり、トロント大学の大学院に戻ったり、山口大学で研究生活に入ったりしているうちに和文英訳の専門家になった。本書も日本語で書いている。

そのイアンにとっていまだに日本語はとても怪しいものであるらしい。いや、日本語そのものが怪しいのではなく、いまの日本人がつかう日本語が怪しい。たとえば「お赤飯のほうをいただきたい、って言い方は日本語として正しいですか」とイアンが聞くと、日本人が「正しいんじゃないんですか」と答えてくる。「えっ、正しいんですか、それとも正しくないんですか」と聞きたくなる。「おまえバカか」の「か」もわからない。なぜバカな相手に「バカか」と聞くのかわからない。といって「おまえバカなんじゃないの」というのも、なぜこんなところで丁寧になるのか理解に苦しむ。「ごはん食べに行く?」と言うと、「うん、ぼくはいいけど」。この「けど」がわからない。二人しかいずに、こちらが「行く?」と聞いているのに、この「けど」とは何だ。一事が万事で、イアンはその鋭いユーモアで日本語探検に深く深くもぐりこんでいく。

ガイジンの日本語学習には、われわれネイティブ日本人にはとうてい気がつかない苦労がある。努力もいる。コーヒーはカップで飲んで、ビールはコップで飲む区別をおぼえなければならないし、「電車をホームで待つ」が、家のことではないことを知らなければならない。

フリーの乱用にも混乱する。「イアンはフリーの翻訳家だよね」と言われて、まったく理解ができなかった。束縛されない翻訳家という意味ではなく、ただ働きという意味でもなく、フリーランスのことだとわかるまでずいぶん時間がかかった。イアンと一緒に日本語をおぼえつつあったアメリカの友人が「お酒をのみすぎて二日よかった」と言った。みんなシーンとしたが、これは名詞の「二日酔い」を形容詞ふうに「酔かった」と活用させたつもりだったらしい。

苦労の一方で、大野晋もびっくりというくらいの、われわれ日本人が気がつきにくいことも鋭く学んでいる。「ビールでいい」は妥協論、「ビールがいい」は理想論、「ビールはいい」は拒否論だなどという解釈は、日本人にはなかなか気がつきにくい。

だいたいイアンは「正親町《おおぎまち》三条」という名前をえらくカッコよく感じて、しばらくこれをハンドルネームにしたくらいの日本贔屓《びいき》なのである。ただし、そのカッコよさが日本人にはいっこうに通じないので、かわいそうに挫折した。そもそも正親町をオーギマチと読める日本人があまりにも少なかったのだ。

イアンはこうした日本語の言葉の使い勝手の観察を通しつつ、怪しい言い回しが日本の社会をメッチャつまらなくさせている例にも目を注いでいく。

たとえば企業や代理店がのべつ使っている「ニーズ」だ。こんな英語をやたらに使うのはおかしいと忠告する。日本語には「必要」「要望」「欲望」「欲求」「要請」「必需」といったちゃんとした言葉がずらり揃っているのだから、これらを使い分けるべきで、「ニーズ」などという中途半端な言葉は使うべきでないと言う。

役人が文書に使う言葉もひどすぎると指摘する。「整備」もそのひとつで、「パソコンを買う」が「パソコンの整備」、道端に植木を植えることが「街路樹整備」、「働き口をふやす」が「就業機会の整備」というふうになるのが、おかしい。民主党が二人代表制にしたとき、「党首」といわないで「代表」という言葉を使ったこともおかしかった。だいたい代表はすべての党員や代議士にあてはまるもので、「党を代表する」は党員のすべての権利と義務と責任であるはずなのである。それを党代表などという一見ソフトな言葉で逃げているのが、イアンには気にいらない。そのうち公明党も代表と言い出して、がっかりした。

多くの外国人には日本人がランクや等級をなんとかソフトに言おうとしている理由が奇妙に見える。みかけの平等をつくるのだ。怪しく見える。「一等車」とせずに「グリーン車」とし、「老人」ではなくて「お年寄り」を選び、「障害者」よりも「体が不自由な人」を好む理由がまったくわからない。ぼくもわからない。こういうことばかりしていると、「戦争記念碑」というべきところを「平和記念碑」と言い換える奇妙もまかり通ることになる。イアンの国のカナダではどの都市にも「戦争記念碑」があるので、とくに異様に見えるそうだ。そのうちに「首相」といわずに「内閣代表」となったりするのではないかと心配してくれている。

イアンのような指摘はこれまでにもたくさんあった。めずらしくはない。むしろ、われわれがこうした議論をもっとするべきなのである。

ただし勘違いしてもらっては困るのは、イアンたちは正しい日本語や正しい英語を使ってもらいたいと言っているのではないということだ。本書にも随時例示されているのだが、「ゼネコン」「コンビニ」「リストラ」「セクハラ」といった四文字短縮のセンスは絶妙だ。英語圏にはこういう略式力はない。また、「メモる」「サボる」といった混合語は、それがぴったりしているのなら、いくらあってもかまわない。とくに「ダブる」「トラブる」は英語の発音に近くておもしろい。

ところが最近はこういう工夫が案外少なくて、やみくもな外来語使いのほうが真実っぽく聞こえる残念な日本社会になってしまった。わざわざ「ダイバーシティ」とか「サステイナブル」とか言いすぎる。この原語至上主義の問題を、むしろ俎上《そじょう》に載せるべきなのだ。

それにしてもなぜ、われわれはソフトな言葉遣いで社会問題をソフトに解決したつもりになったのか。このことは、「単純」と言うとつまらなく聞こえて「シンプル」と言うとよく聞こえるとか、雑誌名や店名に「クレア」「オッジ」「パルコ」「リブレ」「マイカル」などの何語だかわからない言葉をつかうと、買いたくなったり行きたくなったりするとか、ハリウッド映画のタイトルを日本語にしないで英語のカタカナ化をふやそうとするとか、そういう疚《やま》しい心情の現象にもつながっている。《ダンス・ウィズ・ウルブズ》《ワールド・イズ・ノット・イナフ》だなんて、まるで配給元やグローバリズムに媚《こ》びを売っているようで、いやらしい。

海外文化が好きなのは、いっこうにかまわない。そんなことは聖徳太子から信長まで、栄西から平賀源内まで、明治の洋風化にも昭和のモボ・モガ（モダンボーイ・モダンガール）にも大流行していた。けれども、そこには工夫があった。それなりの独創的工夫がつねに隣りあってきた。それがない。その「なさかげん」が、かなり極端になっている。ぼくも『日本流』（朝日新聞社↓ちくま学芸文庫）に書いたことだが、たとえば「イタ飯」なんていう言葉は、実におもしろい。スパゲッティを箸《はし》で食べるというのも、すばらしい。「たらこスパゲッティ」に細い刻み海苔《のり》がひらひらしているのは、もっといい。

しかし、かつて「女性自身」や「女性セブン」の表紙を金髪女性が何年にもわたって飾りつづけたころ、何かがおかしくなりつつあると気がついた。むろん大正モダンのときも昭和ロマンのときも海外モードの令嬢趣味は流行したが、婦人雑誌の表紙やポスターを金髪さんが飾ることはなかった。和魂洋才が解体したというのではあるまい。和と洋の意味がわからなくなっているのである。

和洋の区別をしないというのなら、それはそれでいい。しかし村田珠光が「和漢の境をまぎらかす」といって草庵侘茶《そうあんわびちゃ》の基礎をきずいたが、そのように和洋の境をとっぱらっているのとも、ちがう。なんだか何も考えなくなったようなのだ。それは逆ギレではないが、「和」をカタキにしすぎての「和と洋」の両方の喪失のようにも見える。

こういうことは、たとえば天皇陛下が和服を着ないということにまでつながっているようで、チョー気分が悪いんです。

第五七九夜　二〇〇二年七月十二日

参照千夜

七七五夜：大野晋・浜西正人『角川類語新辞典』　四五五夜：谷口克広『信長の親衛隊』　六八六夜：平川祐弘『和魂洋才の系譜』

「切った貼った」しているうちに
「小便をもらった」って?

誤植読本

高橋輝次編著

東京書籍 二〇〇〇 ちくま文庫 二〇一三

中国では誤植のことを「魯魚《ろぎょ》、焉馬《えんば》、虚虎《きょこ》の誤り」という。魯と魚、焉と馬、虚と虎は書きまちがいやすいということだ。また中国で「善本」といえば、良書のことではなく誤植のないエディション(版)のことをいう。それほど誤植は恐れられてきた。中国は文字第一の国なのである。

たしかに誤植はときに意味や事態を反転させてしまう。近衛文麿が戦時中に内閣改造をしたとき、朝日新聞がとんでもない誤植をしでかした。「新体制は社会主義でゆく」という大見出しをつけたのだが、これが致命的な誤植だった。みんな、腰を抜かすほどびっくりした。あの近衛が社会主義でゆくとは、と驚いた。兜町《かぶとちょう》が「すわ、日本も革命か」と大慌てした。ウォール街も驚いた。「社会正義でゆく」が正解だったのだ。

　ここまで天下を騒がせる誤植は少ないだろうが、誤植はつねに書物や新聞や雑誌のページに息をひそめて泡立っている。たんに誤植があるだけではない。少しずつ意味の意匠を着替えてオツにすましているということもある。「若い夢」が「苦い夢」に、「かぐや姫」が「がくや姫」になって、「小使をもらった」が「小便をもらった」になり、「手首」のつもりが「生首」になる。「学者風情の本懐として」が「こっそり「芸者風情の本懐として」というふうに誤植されていく。漢字をとりちがえてもそれなりに意味が通るだけに（しかもずっと意味深長に）、すこぶる厄介なのだ。

　ぼくも編集屋のはしくれとして、つねに校正と誤植には悩まされてきた。正直いって校正はあまり得意ではない。かつては手書き原稿が多かったから、みんな書き癖がひどく、それを文選工が読みとるのも技能のひとつになっていた。編集者や校正係はそれが活版で組まれたのち、ナマ原稿と活版ゲラを一字一句見くらべて校正をするのだが、どうも似たような漢字の誤差に気がつかない。それこそ虚と虎をまちがえる。

　これはあきらかに校正力がないためだが、それだけではなく、そのような「誤差をおこすニューロン」がワルサをしているのではないかというほどに、だいたい誤答率が決まっている。一〇〇〇字に一字という割合で必ず見損じが出る。

　その後ワープロやパソコンで文章を打つようになると、今度は自分で最初から打ちまちがえたままになっている。そのデータ原稿をネットで相手に送るようになると、向こうが困る。はたして、この文字でいいのかどうか、向こうは二重に訂正を引き受ける。申し訳ないことだが、どうも治らない。この「千夜千冊」もワープロ打ちっ放しでスタッフにまわしてしまうときは、つねに三〜四字が必ずまちがっている（ところが不思議なことに一〇字まちがうとか、一字しかまちがわないということは、めったにない）。

誤植の入った自分の文章に出会うと必ずサアーッと冷や汗が出る。これはまことに奇妙な感覚で、なんとも居たたまれない。無知を晒《さら》しているようで、とはいえ弁解も手遅れで、恥ずかしいやら情けないやら、奇妙な後悔に立たされる。

本書はそういう証文の出し遅れのような苦い感覚を綴った文章ばかりを集めたもので、著者は創元社で編集をしていた名うての本好きである。尾崎紅葉・森鷗外・佐藤春夫・斎藤茂吉から井伏鱒二・山口誓子・澁澤龍彥・森瑤子・泉麻人まで、それぞれの時に応じた「恥」と「弁解」を披露している。

単行本の帯には「失敗は成功の墓」（これは「失敗は成功の基」の誤植）とある。歴戦の文士たちが誤植に苦い思いをしてきた話をずらりと集め、これをニヤニヤしながら読めるようにしてくれた著者には感謝するばかりだが、それとともに、明日は我が身という恐ろしい思いをどうしても拭《ぬぐ》いきれなかった。

だいたいチョシャコー（著者校）というのがむずかしい。自分で書いた文章がゲラになって出てきて、これに自分で赤を入れるわけなのだが、ついつい自分の文章の手直しに向かってしまい、いちいちの文字を正す（質す）ということができない。自分で書いた文章だから、たとえば「私はレヴィ＝ストロースの民旅学の黎明《れいめい》期に疑問をもっている」などという文章の「族」が「旅」になっていることなど、てんから眼の鱗《うろこ》に引っ掛かってこないのだ。

しかし、あらためて冷静に考えてみると、なぜ誤植が居たたまれない感覚に満ちたものなのか、その理由ははっきりしない。むろん歴然たるミスであるのだからどこから咎《とが》められても当然ではあるけれど、その責任はいわば著者・編集者・校正者・版元に分散しているのだし、それに固有名詞の誤植や「社会正義」と「社会主義」というほどの誤植はともかくも、「捨てられた」が「捨てらりた」になったり、「切った張った」が「切った貼った」に、「止《や》むに止《や》まれぬ」が「止まるに止まれぬ」となったりしているくらいでも、この事実に気がついたとたんにみっともない気分になるというのは、この犯行感覚にはなかなか見逃せない異常なものがあるということなのである。

マルセル・デュシャンは「創造的誤植」という言葉をつくったほどだから、誤植なんかを恐れるなという方針である。実際にも誤植のヒョウタンから駒が出ることもある。

たとえばワープロやパソコンで「あくまでも」と打ったつもりが「悪魔でも」と、「こうして」が「抗して」と、「このくらい」が「この暗い」などと出たりすると、なんだ、これもおもしろいじゃないかという気にさせられる。

ぼくは基本的にはこのようなデュシャンの方針に依拠して、自分の怠慢を翻してきたのだが、さて、そう嘯《うそぶ》いてはみても、どうも事態はすっきりしない。実際に自分の文章のなかの可憐《かれん》な誤植に気がついたときの、あの消え入りたくなるようなコソコソ感覚は消えることはない。いったい、これは何だろう。

ミステークというものは、ふつうはその場で流されていく。言葉の言いまちがいも、なるほどみっともないものではあるが、一応はその場だけの「当座の恥」ですむ。誤植はそれが活字や印刷によって定着してしまう。「末世の恥」になる。しかも、たいていは〝おもいがけない誤植〟として残る。この〝おもいがけなさ〟がきっと誤植の真骨頂なのである。サッカーでいうのならちょっとしたバックパスのボールが相手に取られて、やらずもがなの一点を与えてしまったようなものだ。あるいはオウンゴールだ。これは呆《ぼう》然《ぜん》とするというより、居たたまれない。自分で自分に憮然《ぶぜん》とするしかない。

ところで誤植よりもがっかりすることは、新聞の漢字の使い方である。「破綻」を「破たん」、「攪乱」が「かく乱」、「凱旋」が「がい旋」、「親睦」が「親ぼく」などとあると、いったい何だとおもってしまう。「ほう起」とあるから何事かとおもうと「蜂起」なのである。これも厳密には事件によっては「烽起」もある。「ほう起」ではその事件の急速さが見えてこない。ホーキで掃除しているようだ。

漢字の熟語というものはたとえ読めなくともなんとなく意味はその字形のゲシュタルトのままに伝わるものなのだ。それを変えてはいけない。この字形のゲシュタルトが動くからこそ「破綻」が「破綜」になっていても、ついつい誤植に気がつかないという見過ごしもおこるわけなのである。

第五六七夜　二〇〇二年六月二六日

参照千夜

八九一夜：尾崎紅葉『金色夜叉』　七五八夜：森鷗外『阿部一族』　二〇夜：佐藤春夫『晶子曼陀羅』　二五九夜：斎藤茂吉『赤光』　二三八夜：井伏鱒二『黒い雨』　九六八夜：澁澤龍彥『うつろ舟』　三一七夜：レヴィ＝ストロース『悲しき熱帯』　五七夜：マルセル・デュシャン『デュシャンは語る』

第四章　ことばと背景

ヨン＝ロアル・ビョルクヴォル『内なるミューズ』
アンドレ・ルロワ＝グーラン『身ぶりと言葉』
大室幹雄『正名と狂言』
オリヴィエ・ルブール『レトリック』
ロジャー・C・シャンク『人はなぜ話すのか』
ダニエル・L・シャクター『なぜ、「あれ」が思い出せなくなるのか』
ガイ・ドイッチャー『言語が違えば、世界も違って見えるわけ』
ダニエル・ネトル＆スザンヌ・ロメイン『消えゆく言語たち』
伊東三郎『ザメンホフ』

「母なるもの」にひそむ
母語と母性と母国と母型の面影

内なるミューズ

ヨン＝ロアル・ビョルクヴォル
福井信子訳　ＮＨＫブックス　一九九九
Jon-Roar Bjørkvold: Det Musiske Menneske 1989

このところ「母なるもの」ということについて、あれこれ考えをめぐらしている。母語、母国、母性、母型といった「母なるもの」である。父としての空海ではなく「母なる空海」などということも浮かんでいる。

あまり厳密には考えていない。しかし考えるというのは、その考えたい正体を漠然と自分の心のスキーマのどこかの釘《くぎ》にひっかけておいて、何かにつけてその釘にひっかけた額の中の仮に描いた粗野なスケッチを眺め、だんだんその正体の特質を言葉や機能やイメージで形をもつものに彫塑していくようなことなのである。

そのため、急にその正体を特質づける何かが見えることもあれば、イメージのかけらがいくつか絡まって見えにくくなることもある。

またこういう時期には、できるだけその正体に触れているような書物を摘《つ》まむように読むこともするのだが、つまりは「母なるもの」なら、たとえばバハオーフェンの母権論やヴィゴツキーの言語教育観のものや幼児語の研究書や母国語をめぐる各国各民族のフォークロアなどを読むのだが、また、幼児の絵を見たり、民族音楽を聞いてみたりするのだが、これで新たなひらめきを得ることもあるし、そういうことをしたからといって考えが深まるとはかぎらないこともある。

そういう本や絵や音とつきあいながら、ときにおもいがけない夕焼けのような思索の光景がアタマの西の空にあらわれたとき、急速に正体についての考えが進む。そういうものなのだ。

ああだこうだと「母なるもの」を行ったり来たりしているうちに、この数年くらいのことでいえば、たとえば「母林」とか「母感」とか「デノミネーターの消息」とか「母なる思想」といった言葉がいくつか浮かんできた。デノミネーションは経済用語になっているが、このデノミネーターとは分母のことである。分母こそもう一度考えなおすべき問題であるように感じたのだ。これは「分子ばかりじゃしょうがない」という意味だ。分母のない分子は勝手に暴れ出して面倒くさい。

そのうち「マザリーズ」についても考えるようになった。

マザリーズは「母親が幼児に喋る言葉」のことで、子供がいないせいなのか、ぼくにはこれがたいそう気になった。このころから子をもつ若い母親たちが愛《いと》しくもなった。しかもこのマザリーズを追いかけていくと、どこかで「音楽的母語」とでもいうべきものに辿《たど》りつく。どうもこのへんのことが「母なるもの」の本質の何かと関係しているらしいと思うようになってきた。

そうこうしているときに、本書に出会った。著者はオスロ大学の音楽学者で、日本人が発音しにくい名前と髭面《ひげづら》からはいかにも厳しそうな印象を受けるが、どうしてどっこい、まことに柔軟な音楽的母語世界の案内をしてのけていた。母国の日々に自信をもっているというのか、徹底してノルウェーの音楽状況や音楽教育の現場を背景にしているところが頼もしく、また自慢げであった。

とりわけ幼児や児童の歌にひそむ「ミューズ的なるもの」を解くにあたって、認知心理学からロックンロールまで、ミハイル・バフチンからショスタコーヴィチまで、メルロ＝ポンティからナルニア国まで持ち出しているのが愉快でもあった。

本書のタイトルになっている「ミューズ」（ムーサ）は、ゼウスが記憶の女神ムネモシュネと交わってもうけた九人姉妹の知恵の女神のことである。九姉妹には歴史が好きなクリオ、抒情《じょじょう》詩を司《つかさど》るエウテルペ、踊りが得意なテルプシコレ、天体に詳しいウラニア、叙事詩を守護するカリオペなどがいる。オリュンポスの丘ではアポロンの指揮と竪琴《たてごと》で、ミューズたちが歌舞をする。

本書の「内なるミューズ」は音楽にひそむミューズ（音の女神）のことを言っている。著者は、そのミューズは胎児のころから芽生えているものではないかと推理した。ちょっと意外な仮説のように思うかもしれないが、胎児が、母親のもつリズムやメロディの影響を受けているのではないかという仮説はずいぶん以前からあった。とくにめずらしくはない。しかしそれがコレウィン・トレヴァルセンあたりから「相互同時性」(intersynchronicity) という考えに向かい、あるいはまた「生得的な間主観性」(innate intersubjectivity) として議論されるようになってきて、広く人間性の普遍的な正体として浮上してきた。

この正体は概念としてまだ規定されていないものであるけれど、本書の内容に即していえば「聞きおぼえがあるもの」に近い。この、なんとなく「聞きおぼえている」ということ、それがなかなか重要なのだ。もっと一般的にいえば「見おぼえのあるもの」「触り心地におぼえがあるもの」「食べおぼえのあるもの」などでもある。

このような〝おぼえ〟がどのようにミューズによってもたらされたのかということは、

まだはっきりしていない。

ひとつにはやはりマザリーズが大きな役割をもった。なんといっても母親や身近な者の言葉の使いかたやイントネーションは幼児に大きな分母のようなものを与えているにちがいない。

もうひとつは幼児たちの相互の「遊び」が重大な影響を及ぼしている。とりわけ「ごっこ」遊びである。ままごと、お医者さんごっこ、電車ごっこ……。「ごっこ」を通して子供たちはいろいろな役割《ロール》になれることを学んでいく。子供たちがもつ驚異的な副次連想力は、その大半がマザリーズによるものか、さまざまな遊びによっていると考えられる。ここまではヨハン・ホイジンガもジャン・ピアジェもロジェ・カイヨワも知っていたことだった。

しかし著者は、これらのもうすこし奥に分け入って、実は音楽的なるものが動いているのではないかと考えた。喃語《なんご》で喋ったり歌ったりすること、母親のあやしに笑うこと、リズムに乗ってちょんちょん体を動かすこと、どこかから聞こえる音楽に耳を傾けること、母親や父親やお兄ちゃんの声、テレビから聞こえてくるメロディ……。これらこそが内なるミューズのファンタジックな正体ではないかと考えた。

ここにはきっとウォルター・オングの「視覚は孤立させ、音は合体させる」という考え方があるのだろう。“NOTEN”（記的なるもの）に対比するに“TONEN”（音的なるもの）の重視である。これらの"TONEN"こそが次にマザリーズや遊びによる急速な発達を促すのではないかというのだ。

ぼくは最近の音楽人類学というものが片寄りがちになる「音楽は人類に共通する普遍的なもので、人々の心をつなぐんだ」という言っぷりについては、気にいっていない。多くのミュージシャンは排他的であるし、カラヤンや尾崎豊がそうであったように、民衆など信じていないばあいも少なくない。一方また、モーツァルトのように自身のミューズしか信じない者や、ヤニス・クセナキスのように数学的思考に徹する者の音に驚かされることも少なくなってきた。

音楽心理学という分野も、色彩心理学と同様にあまり信用していない。音楽で心理を解明されたらたまったものじゃない。音楽心理学者にかぎってジャズや常盤津《ときわず》やプレスリーやピンク・フロイドを毛嫌いするものなのだ。しかしながら、音楽人類学や音楽心理学が幼児に向かうとき、かれらは急に優しい目をもちはじめ、われわれがいままで見過ごしてきた多くのことに気がついてくれる。かれらは子供にとっての音や声というものがマザリーズなどの言葉によってもたらされる作用がやはり相当に大きいという確信をもてたのだ。

本書の著者も音楽人類学や音楽心理学の研究者であるが、本書はこの学問がもつ陥穽《かんせい》をゆるやかに脱していた。音楽が解放だとは言わないで、音楽は根っこにあるものだから、これを取り出しまちがうと、かえってとんでもないことになるという考えを披露した。それなら、いい。そこを考えていくのなら、そこにはきっとデノミネートな「母なるもの」に連なるものが見えてくる。

スワヒリ語に「ンゴーマ」という言葉があるらしい。アフリカ人にとっての音楽的なるものを意味する言葉で、全的感覚である「シキア」が派生しているという。「ンゴーマ」はいっさいの合図の原初でもあって、またそこからいっさいの類推的模倣が出てくるところの原感覚でもあるようだ。つまりはスワヒリ語を母語とするアフリカ人にとって「ンゴーマ」は音楽的なモダリティ（様相）の母型をあらわしているわけである。実際にも「ンゴーマ」からこそ、ブルース、ソウル、ゴスペルが生まれてきた。

著者はこの「ンゴーマ」にあたるものが世界中の幼児と音楽の関係にあるのではないかとみなした。それでいろいろ研究調査をしてきたのだが、その正体が何かということは指摘しきれなかった。「母なるもの」の起源には辿りつけないままになっている。

けれども、起源はいまのところはっきりせずともかまわない。ぼくは本書のような思索をたまさか通過することで、それなりのヒントをもらえたとおもっている。そのヒントが何であるかをここで書くのは事情があって遠慮しておくが、ただ一言でそのヒントが指し示しているものを言っておくのなら、こういうことである。
それは、おそらく幼児たちにいつしか芽生えている「仮想の他者」(the virtual others) というものだ。このことが本書を読んで、ぼくのアタマの中の釘にひっかかっている額の絵に加えられた新しいスケッチだったのである。そのスケッチによると、内なるミューズとは、幼児にも子供にも、われわれにも、いまもなおひそむ「音楽編集的他者」というものであるように思われる。九人のミューズたちはいまもアポロンの竪琴で、ああだのこうだの音を遊んでいるのである。

第六二五夜　二〇〇二年九月二五日

参照千夜

一〇二六夜：バハオーフェン『母権制』　七五〇夜：空海『三教指帰・性霊集』　一一三夜：メルロ＝ポンティ『知覚の現象学』　七七二夜：ヨハン・ホイジンガ『ホモ・ルーデンス』　八九九夜：ロジェ・カイヨワ『斜線』　六六六夜：ウォルター・オング『声の文化と文字の文化』　一三六夜：須藤晃『尾崎豊・覚え書き』

信仰と埋葬の奥にひそむ内言語
収穫と交換がつくる外言語

アンドレ・ルロワ゠グーラン

身ぶりと言葉

荒木亨訳　新潮社　一九七三　ちくま学芸文庫　二〇一二
André Leroi-Gourhan: Le Geste et la Parole 1964

白眉《はくび》は「人間はその思考を実現することができるようにつくられている」という一文にある。この、何でもなさそうな一文こそ、ルロワ゠グーランの思想と研究の目的のすべてをあらわしている。この一文こそ、ぼくをして「遊」を継続させ、編集工学研究に向かわせたエンジンとなった。

目標をたてて行動計画を実行するのではない。「思い」をもつこと、その「思い」にひそむ言葉を紡ぎ、それを採り出していく。そこに「その思考を実現できる」ものが見えてくる。ルロワ゠グーランはそのことを証《あか》すための研究にとりくんだ。

本書は、言葉の起源と進化をめぐる研究書にみえて、それをはるかに上まわる展望と推察を駆使した一書である。それまでぼくは凡百の言語文化論の数々にほとほと失望していたのだが、本書によって初めて「言語というものが技能のひとつであること」にやっと自信がもてた。ということは、ぼくの言語観はソシュールやチョムスキーによってではなく、また時枝誠記《ときえだもとき》やクリステヴァによってではなく、ルロワ＝グーランによって開眼させられたわけなのである。

ルロワ＝グーランは『身ぶりと言葉』の冒険的な記述を、あたかも偉大な科学者のように、左右対称性や前部強調などの動物の力学的体制の特徴から始めた。ついで、四足動物の歩行と把握の発達が人類の頭蓋《ずがい》や大脳皮質の発達を促したプロセスをのべると、最初の言葉の萌芽が石器の分化と並行していたこと、住居や衣服の発生が知的言語の基礎とつながっていること、あるいは死骨にたいする信仰や埋葬の慣習が一種の内言語を促していたことなどを次々にあかした。さらに旧人から新人にいたってようやく芽生える社会組織的なるものにふれ、そこに「リズムの進化」や「時空の構造化」という特質があったことを指摘した。

ここまででも充分に刺激的なのだが、これはまだ序の口で、ルロワ＝グーランはこれらの一連の知的な技能のおおもとに「共生の意思」「交換の利得感」「種から収穫にいたる周期性に対する感謝」などが踵《きびす》を接して育《はぐく》まれていったことを見抜いたのだ。大当たりだった。

のみならず、定住と遊牧の分化による格差が階級や階層をつくっていったこと、そのなかで運動機能に長《た》けたものから表現技術の飛躍がおこり、詳察機能が得意なものによって図示表現の飛躍がおこったことも説明してみせた。そのうえで、その図示表現の一部から書字能力が拡張していって、それが爆発的に言語能力を複雑にしていったのではないかと推理した。なんという堂々たる透徹であったことか。

いまではルロワ＝グーランの言語文化観（といってもここではパロールを中心にしているのだが）に関する推理のすべてが必ずしも正しいとはいえなくなっている。けれどもそんなことは、このさい、大目にみたい。

もともと、このフランス人は推理の途中にふれた一つずつの現象に足を止めたいのではなく、それらをつなぐ推理の筋書きを重視したのだった。だからこそ、言語を「思い」を実現するための技術ととらえ、その周辺に線的な刻印技術や絵画表現がどのように隣接していったかといった視点を配することができたのである。

第二部はさらに二一世紀的だった。「記憶と技術の世界」というはなはだ魅力に富む内容で、人間がどのようにして記憶を外部に保存し、その保存された記憶の貯蔵庫《アーカイブ》のしくみをどのように工夫していったかということを明らかにする。

ぼくの「遊《ゆう》」（工作舎）に始まって『情報の歴史』（NTT出版）に及んだアイディアの基礎は、ここにひしめいていた。ことに第八章「身ぶりとプログラム」が当時のぼくを奮い立たせた。証書・一覧表・文章・物語・辞典・目次・注解・カード検索といった編集機能の進化の歴史を、ぼくはこの数十ページではっきり自覚できたのではなかったかとおもう。

一方、第三部「民族の表象」は、イメージの古生物学というものがありうることを攻めた。民族のそれぞれがもつ価値観には必ずやリズムと身体の関係が埋めこまれているのだが、そこでは、「欠乏と制御」こそがその源泉になっていることをたっぷり示唆したのである。その通りであろう。リズムは何かが欠けていることから生まれ、そうであればこそ、そこにまだ見ぬ価値が派生するものなのだ。価値とリズムは「欠乏と過剰」を親とするものなのだ。

それに付随して、いまでも鮮やかにおぼえているのは、道教と仏教の結びつきが現世の円環的リズムから脱却するための方向をつくったのではないかといった意外な指摘とか、人間がまわりの世界を知覚するには二つの方法があって、ひとつは動的に空間を意識しながら踏破することだが、もうひとつは静的に未知の限界まで薄れながら広がっていく輪を自分は動かずに次々に描くことではないかというような指摘をしていたことだった。

とりわけこの後者の指摘は、世の中には「巡回する道筋によって得られる世界像」（循環的世界像）と、「二つの対比する表象によって得られる世界像」（対比的世界像）とがあって、そうであるのなら、それはオオカミの世界認識にもマンダラによる世界認識にも共通するものであるという確信をぼくにもたらした。それ以来というもの、「巡回」と「対比」は編集工学的な方法が最初に試みる楽譜になったのだ。

本書の最後は、第一五章「想像上の自由、およびホモ・サピエンスの運命」となっている。ここではぼくの編集エンジンなど、問題にもならない。J・G・バラードは「人類に残された最後の資源は想像力だ」と言ったけれど、まさにその想像力のためのエンジンが仮想設計されていた。

これは、まいった。やっぱりこういう着想を筋立てて表明できる思索者というものがいるんだと、素直に脱帽した。しかも、そのエンジンから出力されるのは、技術論のルイス・マンフォードやメディア論のマーシャル・マクルーハンの出力表には書きこまれていない内容が多かった。

たとえば、ラジオとテレビは手の退行とともに手の解放を意味しているのではないか。エレクトロニクスの発達はむしろ口頭文字の復活をもたらすのではないか。伝統文化とは出身母体の行動記憶との同一化のことではないか。われわれは新たにメディアに転移された人間像を考えざるをえなくなっているのではないか。このような逆マクルーハン的な〝予言〟も連打されるのである。

かくてルロワ＝グーランは、まとめていえば、われわれの想像力が選択する枝を次の三つに絞りすぎているのではないかと問うたのだ。

チョイス1。多くの人間が結果を知らないで考えている技術（たとえば原子爆弾）に自分たちを委《ゆだ》ねることをやめ、もっともっと結果がわからない人間そのものに未来を賭《か》けたらどうなのか。

チョイス2。人間も地球もいずれ終末を迎えるのだから、いまのうちにその終点からすべてを逆算して考えてみたほうがいいのではないか。

チョイス3。あらゆる技術が個人に向かっているのだから、個人の単位の中に少しずつ世界を注入できるようにして、集団や社会のことを忘れられる人工世界に未来を託す時代に期待するのもいいではないか。

二一世紀はこのうちのどのチョイスを選ぶだろうか。諸君はどうか。ルロワ＝グーランはこのいずれにも与《くみ》しない。こんな程度の選択肢は「想像力をつかっていない」と吐き捨てたのだ。

もっと個人性と社会性の関係を根本から捉えなおしたい、もっと地球の管理を偶然と必然のあいだにおきたい、もっともっと生活の細菌的な活動から脱したい。そこから想像力エンジンをつくりなおしたいと言うのだ。

ぼくの三十代に起動した編集エンジンは、こうして、ルロワ=グーランのメタプログラムを搭載して走ることになったのだった。

第三八一夜　二〇〇一年九月十八日

参照千夜

七三八夜：チョムスキー『アメリカの「人道的」軍事主義』　一〇二八夜：クリステヴァ『恐怖の権力』
八〇夜：J・G・バラード『時の声』　七〇夜：マーシャル・マクルーハン『グーテンベルクの銀河系』

孔子の「市場のことば」としての正名
荘子の「空白のことば」としての狂言

大室幹雄

正名と狂言

せりか書房 一九七五・一九八六

孔子は「必ずや名を正さんか」と言った。名と実はつながっていた。荘子は「われ、こころみに汝《なんじ》のために妄言《もうげん》せん」と言った。荘子はそのあと「汝もまた妄聴せよ」とつづけた。「名」は遊び、「実」も多様であってよかった。これが孔子の「正名《せいめい》」と荘子の「狂言」の対比対照である。

「名」を正しうすべきだというのは、現象や事物の名称をその実態に合わせていくべきだという考え方をいう。この「正名」が中国哲学であれば、「狂言綺語《きご》」に遊ぶのも中国哲学である。前者は政治の言葉としてのちに儒教や儒学の正統に発展し、後者は個人の言葉としてのちに無為自然の思想やタオイズムの傍系に流れていった。

なぜ中国哲学はその劈頭《へきとう》において、まったく相反するかのような二つの言語哲学の開示をもたらしたのか。

張儀は、秦《しん》の恵王《けいおう》の宮廷での司馬錯との論争で「名を争う者は朝に於《おい》てし、利を争う者は市に於てす」と俚諺《りげん》を持ち出し、何かを示唆しようとした。何を示唆したかというと、「言葉を制する者は王である」という中国原初の思想を、である。「制する」とは、その言葉が垂直的な帝王の言葉であって、かつ水平的な市場の言葉になりうるということだった。ただし、その制する方法に「正名」と「狂言」という二つの方法があった。

孔子は鬼神とともに巧言令色《こうげんれいしょく》を嫌った。だから『論語』には「予、言うことなからんと欲す。天、何をか言うや、四時は行われ、百物は生ず。天、何をか言うや」とある。天が何も言わないのだとすれば、責任は人間のほうにある。その人間たちの頂点に立つ天子や君子にある。そう、言うのだ。

そこで孔子は〝君子の言葉〟をつくろうとした。そうすれば君主論が成立すると考えた。このときまずもって言語価値の基準となったのが「名」というものだった。「名、正しからざれば、言、順《したが》わず。言、順わざれば、事、成らず。事、成らざれば、礼楽、興《おこ》らず」なのである。

このように孔子が考えたのは、もともと中国では「名」は「実」に合致することによってのみ力を発揮すると考えられていたからである。だから「名を正す」とは「名と実の合体」の如何《いかん》を問うことでなければならなかった。しかしながら、ついに孔子が自分を必要とする一人の君子にも出会えなかったように、社会というものは正名を確立するほうには必ずしもすすまずに、むしろ汚辱や混乱におちていったのである。もし正名に立脚する者があったとしても、その者はそうした非名非実に向かっていった者と対抗をせざるをえない。

　こうして登場してきたのが孟子である。孟子は最初はあえて汚辱や混乱に入ってこれを正そうとするのだが、そんなことが大中国におこるはずもなく、結局は自身の人倫を磨きぬくしかない。かくて正名はしだいに人格の代名詞になっていく。

　一方、荀子《じゅんし》はそのことを言葉の政治原理にまでもっていこうとした。無言の天があるがゆえに、だからこそ人知は「天が言わざる意味」をまっとうしなければならないと考えた。「天はもの言わざるも人は高きを推し、地はもの言わざるも人は厚きを推し、四時はもの言わざるも百姓はこれを期す」。

　儒家の森の孟子と荀子。よく知られるように性善説と性悪説とに分かれはしたが、二人はナイーヴな孔子の言語意識を広闊《こうかつ》な社会のカオスに引き出し、人格として自立しうる言語の心理を問うプログラムをつくったといってよい。かくしてここに「分別し名を制して実を指す」という知者のモデルAができあがる。それを現代思想ふうにいえば同一性と差異性の論理への踏み出してある。大室幹雄はこれを「市場のことば」がつくりあげたモデルとみなした。

荘子はまったくちがっていた。世界は不可解なものであり、そんなところへ抽象的な思考をもちこむ気はなかった。

そのような世界の前では、人間はむしろ不安定や了解不可能性を本質とするのであって、そこではたえず坐《ざ》忘《ぼう》・喪我・忘我のあいまにこそトランスがおこる。『荘子』斉物論篇では「人の生は固《もと》よりかくのごとく芒《ぼう》たるか、それ我のみ独り芒たるか、人は芒たらざる者あるか」と問う。

このような芒々《ぼうぼう》たる存在のありかたからすれば、言葉もまたおぼつかないものとなる。「それ、言《ことば》は吹《すい》に非ず。言は言うところのもの有りて、その言うところのものは特《ひと》りいまだ定まらず。果たして言あるか、それ、いまだかつて言あらざるか」ということになる。これこそ孔子の『論語』および『荀子』の正名篇と対照する古代中国のもうひとつの言語哲学、すなわち荘子の狂言篇であった。

荘子の見方は、事物・存在・世界について、いっさいの対象的な意識をもたないようにしている。これはあきらかに意識の頽落《たいらく》というべきものである。

しかしながら驚嘆すべきことは、荘子がこの頽落をあえて名付けがたい無言語的始源にまで無限にさかのぼってなお泰然として平気であろうとし、もっといえば、この遡行《そこう》によって頽落の現状を一気に解消しようとさえ企てたことだった。

タオ（道）とは、この無限の無言語的始源のことである。荘子がタオに戻ろうとしたのは、事物を実在の減退から解き放ち、言葉を名指しから離れさせるためであり、つまりはいっさいのありさまを無為自然とみなすためだった。荘子はこの状態をこそ「万物と我と一たり」と言う。

ここで重視すべきは、そのように考える荘子がそのことを説明するのにあえて狂言綺語を操ったということなのである。それは『荘子』全編を読めば、すぐわかる。荘子は世の中に流通する言葉を信じてはいなかった。いや、そういう言葉の正しさを信じてはいなかった。それが「市場のことば」をあやしみ、市場で成り立つ社会からの遁走《とんそう》を意図するものとなる。

けれどもこの意図は、もし意図的でないばあいにはすぐさま狂気に転化しかねないぎりぎりのものとなる。荘子が沈黙を選ばずに、沈黙に近いところで言葉を狂わせてみせたことは、たとえばミシェル・フーコーならただちに、それは「狂気の分割」だろうと言い出しそうなことだった。これを大室幹雄は「空白のことば」がつくりだしたモデルとみなした。知者のモデルBである。

孔子を筆頭とする「市場のことば」のための知者モデルAと、荘子を筆頭とする「空白のことば」のための知者モデルBというもの、ほぼ同時代でありながら、なんと隔絶し、なんと対比しているのであろう。

しかもこの知者モデルはそれぞれすぐれて方法的である。すぐれて言語的である。どちらにもモデルとしての出来のよさがある。大室自身は、孔子的正名による言語世界「市場のことば」と荘子的狂言による言語世界「空白のことば」を対比させながら、少しだけ荘子の世界のほうへ重心を移していった。ぼくが本書に惹《ひ》かれたのは、その僅《わず》かな荘子的狂言への偏奇というものだった。なぜなら、大室自身もそう書いているのだが、そこにこそ「遊」という世界が待っていたからである。ただし、ぼくならばもっと偏奇的にする。

本書に出会う前、ぼくは同じ著者の『囲碁の民話学』（せりか書房→岩波現代文庫）を読んでその叙述と視点の類例のない切れ味に堪能《たんのう》させられていた。そこへ本書が登場し、じっとしていられずに大室さんに会いに行った。「遊」に「桃と棗《なつめ》の時間論」を書いてほしいという依頼を兼ねて。

すでにぼくは白川静や澤田瑞穂や中野美代子の洗礼によって、中国文化史の愉快な渉猟をおもしろがっていたのだが、大室幹雄の登場は言語思想にもとづく歴史人類学の激震に遭わされたようで、かなり尖《と》んがることになった。とくに「正名」論と「狂言」論の対決には身が引き締まった。

その後、大室さんは『劇場都市』『桃源の夢想』（ともに三省堂）という大著をやすやすと発表すると、あたかも学界や論壇の有象無象《うぞうむぞう》をその大著の前後の見返しで振り切るかのように、さらに『園林都市』『干潟幻想』『檻獄《かんごく》都市』『遊蕩《ゆうとう》都市』（いずれも三省堂）というふうに、もっと充実した大著を連打していった。

それは、前人未踏のディスクール（言説）の森林に、まるでボロブドゥールやアンコール・ワットのような複雑きわまりない言語神殿を建設しつづけているようなものだった。あまりに稠密《ちゅうみつ》で巨大な思索の林立なのである。最初はなんとかついていこうとしたものの、ぼくもいつのまにか振り切られた。以来、どのように大室幹雄を取り戻すかということが、ぼくの他人に説明しにくい課題になっていた。

もうひとつ気になることがあった。それは、ぼくのような大室ファンはともかくも、他の読者たちは大室幹雄をどのように読んでいるのかということである。これはぼくの怠慢だとはおもうのだけれど、どうも大室さんの思索と叙述の成果については、ほとんど誰も言及していないように見える。批評もない。なぜ大室さんの巨大な成果はほったらかしにあっているのだろうか。

ここではのべないが、同じことが草森紳一の上にもおこっている。草森の中国文化論は、たとえば李賀《りが》論に代表されるようにすばらしい成果になっている。江戸デザイン論にも深いものがある。それにもかかわらず、草森の仕事を評価する者が少ない。これはおかしい。もし、誰もがその放置をつづけていくというのなら、いつの日か、ぼくがまた大室幹雄や草森紳一の密林に分け入ることになるのだが……。

第四二五夜　二〇〇一年十一月二一日

参照千夜

一二〇五夜：加地伸行『儒教とは何か』　七二六夜：荘子『荘子』　一五六七夜：孟子『孟子』　五四五夜：ミシェル・フーコー『知の考古学』　九八七夜：白川静『漢字の世界』　一四八六夜：草森紳一『本が崩れる』　一一七八夜：李賀『李賀詩選』

発想↓配置↓修辞↓表出
すべて言葉はトポスとつながっていた

レトリック

オリヴィエ・ルブール

佐野泰雄訳　文庫クセジュ（白水社）二〇〇〇
Olivier Reboul: La Rhétorique 1984, 1993

日本人はレトリックの本来を軽視しているか誤解している。レトリカルな話とかレトリックに長けているというと、飾った言葉ばかりつかって、中身が薄いとか内容が深まっていないという意味だと勘違いしている。そうではない。逆なのだ。レトリックが中身をつくったのである。本来のレトリックは修辞学であり弁論術であって、かつ記憶法であり推論のための構成技法であった。それればかりかレトリックは「情報を見いだす方法」のルーツにあたる。

ロラン・バルトがこだわったレトリック史によれば、古代ギリシアの当初にコラクスとティシアスの一冊の『弁論術《テクネー・レトリケー》』があった。かなり初期の両刀論法《ジレンマ》とでもいうもので、紀元前四六〇年ころのことだ。もっともこれは忘れてもいい。実際の弁論術はもうすこしあとの法廷弁論家アンティフォンと修辞教師ゴルギアスが実用的なものを作成したのをもって嚆矢《こうし》とする。

弁護士がいない時代である。そこでアンティフォンはどんな訴訟やどんな裁判にも通用できるプロトタイプとしての弁論術を考案した。弁論を五部構成とするもので、そのなかにいくつかのトポスを仕込んだ。ここではトポスとは、きわめて多様な訴訟に対応できる類型としての論法や論点のことをさしている（トポスについてはあとで説明する）。これが司法分野のレトリックの開闢《かいびゃく》になった。いまでも弁護士たちはアンティフォンに学ぶことがある。

ゴルギアスはシチリアからアテネにやってきて民会で演説して市民を熱狂させた。その技法がのちにゴルギアスによって教授され、文芸的なレトリックの開闢となった。演示的弁論術とよばれる。

それまでの定型的な韻文をやめて散文による言いまわしを定型にしてみせたのだ。均斉配置・並行体・合成語の使用・迂言法《うげんほう》・隠喩《いんゆ》が自覚的につかわれている。これがゴルギアスの弟子のツキディデスに継承され、歴史的記述を確立させた。いずれも「声のレトリック」である。

ついでプロタゴラスが登場して、トポスとトピカを重視しつつ「ソフィスティック」(詭弁と見えてそうではない弁論)と「エリスティック」(論争を挑んでいると見えてそうではない弁論)を区別した。ギリシア流の正名術と狂言術である。プロタゴラスはこうした弁論術を教えることにもすこぶる熱心で、いくつかのカリキュラムをのこしている。たとえば演説原稿を口に出して朗読し、そのあと記憶だけで再現する。ホメーロスやヘシオドスら詩人を批評して、論争的な口調にしてみる。どこにトポスを入れるかを学習してみる。そんなカリキュラムだ。

以上がレトリックの前史にあたる。ここでソクラテスが登場して、弁論術の長所と限界を問題にした。弁論に過ぎた者たちはいわゆるソフィストとして批判されたのだ。かくてソクラテスの二人の弟子、プラトンとイソクラテスが対立した。

イソクラテスはゴルギアスやプロタゴラスの弁論術が雄弁術でしかないことを指摘して、あえて節度を重視した。イソクラテス自身があがり症だったのである。イソクラテスは「弁論と理性は人間の本来的な知能である」とした。レトリックはちょっぴり哲学に近づいたのだ。

しかし本来の哲学をこそ確立しようとしていたプラトンは『ゴルギアス』を著して、レトリックが論破を目的とした正当性に偏っていることに注文をつけ、それでは不正を犯した者の弁護にもあてはまってしまうことを論難する。そういうレトリックはたんなる迎合ではないか、たんなる反復ではないかというのだ。

いま見ると、プラトンにも巧妙なレトリックがあった。プラトンはソクラテスを話者に立て、そこからゴルギアスやイソクラテスを批判してみせたのであるが、その方法そのものがレトリックだったのである。このことに気がついたのがアリストテレスだ。アリストテレスは哲学の本位をくずすことなくレトリックを救う。そのためにレトリックが扱う領域を、法廷弁論・議会弁論・演示弁論の三つに限定して、かつ、レトリックを「どんな相手をも説得する技術」ではなく、「一つの事例が含むすべての説得に役立つ情報を見いだす技術」と定義した。

驚くべき先駆性だった。今日でもアリストテレスの『弁論術』を読むと、ほとんど反論しにくいほどの説得力を感じる。ともかくもこれでレトリックはついに哲学の水準に達し、パイディア（教養）の仲間入りをはたした。その後、アリストテレスのレトリック論はキケロによって実証され、磨かれ、実用された。

次の古代ローマにおいて、レトリックは主たる四段階によって成立していった。「発想」「配置」「修辞」「表出」である。

キケロによると、「**発想**」は主題をよく理解して、その理解を強化するための知識や情報を集めてくる準備にあたる。そこから発想の翼をのばす。「**配置**」はこれらの収集した知識と情報を並べなおす。ここで構想が練り上げられる。次の「**修辞**」ではこの構想に語りとしての順序をつけ、新たなシナリオとし、発表のための工夫の言葉を加えたり引いたりする。最後の「**表出**」はこうしてできあがった原稿を何度も練習して読み上げかたを習熟していくことをいう。

弁論術では、この四段階をさまざまのレトリックで組み立てた。語ることはレトリックを使うことと同義だったのである。逆に、レトリックがなければ何も語れない。キケロやクィンティリアヌスは次のように組み立てた。

(1) **発想**　まずヘウレーシス（着想）を得るためのレトリックをつかう。それには、アリストテレスも指摘していたことだが、ひとつはパラディグマ（例証）を見つけて帰納的な推論ができるようにする。もうひとつはエンチューメーマ（説得）で、アバウトな三段論法をつかって演繹《えんえき》的な論証をしていく。しかしこれらを直接につかってはダメなのだ。そこにはトポスがなければならない。トポスが動くようにならないかぎり、レトリックは生きてはこない。

トポスとは情報が宿る極小の場所のことである。情報がアドレスをもつところだ。だからトポスを意識することは記憶術の技法になった。キケロは「トポスとはさまざまな論法につけた分類ラベルのようなもので、それを目安に議論を賛否いずれの方向にも動かすことができる」と書いている。十七世紀のデカルト派のラミは「どんな主題にも適用できる共通のトポスがある」と指摘した。

この両方の見解でわかるように、トポスは知識や情報を肯定・否定のどちらの方向にも進めていくための分岐点にあたっている。そのため、当時から外在的なトポスと内在的なトポスがあると考えられていた。トポスは知識や情報を次の方向へ動かすための論点としての場所なのだ。そのようなトポスを類型化した束は「トピカ」とよばれた。

(2) **配置**　タクシスである。トポスによってヘウレーシスやエンチュメーマをつかって発見された材料を配列することをいう。語るための情報を系列化する。そこには起承転結が想定された。

序論（プロオイミオン）は主題を予告するだけではなく、聴衆をその主題にふさわしい心的な状態に導くことを含む。次の陳述（ディエーゲーシス）で事実を提示する。簡潔で明示的でなければならない。ここでぐだぐだと言うのは失敗する。ついで証拠だて（ピスティス）で証明と反駁《はんばく》をする。ここでは最強の論拠を前にもってくるか後ろにもってくるかを選択する。それによっては「余談」が入る。結論（エピロゴス）では全体を要約し、弁論を締めくくる。ときに悲壮に訴え、ときに和やかに結ぶ。

(3) **修辞**　レクシスとよばれた弁論の様式をいう。モードであってモダリティだ。演説の文体でもある。シナリオに選ばれた語句がどのように組み合わされたかによって、モードと文体が醸し出されていった。

(4) **表出** ヒュポクリシス。言葉の演技を磨くところにあたる。身ぶり、口調、高低、発音が問われた。語りの俳優《わざおぎ》としての訓練が要求された言葉はパフォーマンスに達したのだ。この言語表出技術が演劇を、即興詩人を、巡礼歌人を、そして政治家を生み出した。

以上が古典ローマ的な弁論術としてのレトリックの概略である。大きな変更をうけることなく、だいたい二千年にわたって続いた。ということは、ヨーロッパの思索の表明の構造は約二千年にわたって変わらなかったということなのだ。

とくに付け加えたいことはないけれど、あきらかな特徴をもっていることを付言しておきたい。古典的レトリックは、理性と言説を分離することをはっきり拒否しているということ、および真理と美を分離することも拒否しようとしているということだ。

こうした古典的レトリックを土台に、ヨーロッパでは多くのレトリック技術が特定されてきた。曰《いわ》く倒置法、曰く誇張法、曰く同義反復法、曰く擬人法、曰く地口《じぐち》、曰くアレゴリー、曰くアイロニーなど……。

これらは大きくは「文彩のレトリック」と「構文のレトリック」に分かれる。ここではその大要と例のすべてを省略するが、文彩と構文を決定づける「思考の継ぎ目のレトリック」としてとくに重視されてきた「転義」のレトリックについてだけ、少々だが、案内しておく。

換喩・提喩・隠喩である。いずれも比喩のためのレトリックにあたる。ここでは「喩《たと》えられるもの」と「喩えるもの」とその「根拠にあたるもの」の関係で転義の技法が決まっていった。転義の広がりからいうとこの順なのだが、わかりやすくするため順番を替えて説明する。

隠喩（メタファー metaphor）は暗喩ともいう。類似性にもとづいて見立てをする。「白雪姫」は肌の白さを雪に見立て、「ぼた餅《もち》」（ぼたん餅）は餅を牡丹《ぼたん》に見立て、「月見うどん」は卵の黄身を月に白身を雲に見立てた。物知りのことを「生き字引」、がむしゃらに人々を引っ張る者を「ブルドーザー」というのも、「甘いマスク」「おいしい話」というのも隠喩である。隠喩の魅力はアリストテレスが『詩学』において直喩よりも隠喩を重視したときすでに、歴史のなかでの効能を発揮していた。

換喩（メトニミー metonymy）は、言葉（名辞）の入れ替えや変更を可能にするためのレトリックである。よく使われる。たとえば「キツネうどん」は油揚げを好むとされるキツネという言葉で油揚げを代替させている。駅の運搬を担当してくれる「赤帽」、童話の「赤《あか》頭巾《ずきん》ちゃん」も換喩である。漱石の『坊っちゃん』では、山嵐・うらなりは類似見立てによる隠喩だが、赤シャツは換喩になっている。換喩では何をもってイメージを代替させたのかがポイントになる。

提喩（シネクドキ synecdoche）は、言葉の意味の大小関係や包含関係をつかって比喩をつくる。「花見」と言えばいろんな花を見ることではなく桜を見ることであり、「そろそろごはんにしましょう」はとくに白米を食べようという意味ではなく、食事一般を「ごはん」であらわしている。喫茶店でコーヒーを飲んでも「お茶する」と言ったり、結婚式をあげることをたんに「式をあげる」と言ったりする。このように提喩は一般と特殊をたくみにくぐりぬける比喩なのだ。

最近は、これらをすべてメタファー（比喩）というふうに括《くく》ることも少なくないが、修辞学ではこれを厳密に区別する。むろん区別も重要で、だからこそかつての漢詩や連歌に見られるような華麗なルールというものも派生できた。

比喩能力というものは幼児にもそなわっていて、かつ最高級のアーティストにも横溢《おういつ》しているものである。もっとはっきりいえば、言葉の本質にメタファーが内属しているのではないかという気がしないでもない。ぼくとしては比喩の分類とはべつに、原メタファー思考というべきもの全般のシステム化や編集工学化が必要なのではないかとも思うのである。

たとえばアナロジーの理論、アブダクションの理論、メタファーの理論というものがまず用意され、これらを複合作用的に連鎖させている「大いなる見立てシステム」のようなものが想定されるべきなのである。そうでないと、「月見うどん」や「親子どんぶり」や「目玉焼き」を食べるたびに、メトニミーやシネクドキの悪夢を見させられて、たまらない。

第一〇二〇夜　二〇〇五年四月四日

参照千夜

七一四夜：ロラン・バルト『テクストの快楽』　四二五夜：大室幹雄『正名と狂言』　九九九夜：ホメーロス『オデュッセイアー』　七九九夜：プラトン『国家』　二九一夜：アリストテレス『形而上学』　五八三夜：夏目漱石『草枕』　一五六六夜：米盛裕二『アブダクション』

書：松岡正剛　「喩」

想起↓照合↓理解↓説明↓計画↓変更↓統合
どんな場面でも「話」が基本になっている

ロジャー・C・シャンク

人はなぜ話すのか

長尾確・長尾加寿恵訳　白揚社　一九九六
Roger C. Schank: Tell Me a Story 1990

われわれはよほどの事情がないかぎり、毎日、何かを話している。人間は話しまくるサルであって、話を聞きわける哺乳《ほにゅう》類なのである。けれども、われわれは自分がどのように話をしているのか、知ってはいない。

二十世紀後半のＡＩ（人工知能）の難産と破産をめぐる報告が、いまなおまことしやかに罷《まか》りとおっているなか、ギョーカイ（認知科学ギョーカイのこと）の連中ならいまさらロジャー・シャンクでもないじゃないかと訝《いぶか》るかもしれないが、ぼくは必ずしもそうは思わない。といって、かつてのシャンクを有名にさせたイェール大学でのスクリプト理論を持ち上げようというのではない。シャンクはシャンクなりにＡＩ以降の試みを確実に積み上げていて、そこではスクリプト理論を修正強化するアイディアも練っている。その後どこまで進んだかは知らないが、この本の段階では、それなりに編集工学と共鳴するところがあった。

シャンクの前提は「知識とは話である」ということにある。もうひとつの前提は「アクセスできない情報は情報ではない」ということだ。

「話」とは、話そうとするときにイメージから取り出される情報の単位のことだ。そこに、その取り出しにつかわれたインデックス、相手との会話を通して摑《つか》む話の進め方、話の連鎖のさせ方（これがスクリプト）、いったん活性化した話がほかの話の単位をとりこむ構造などが引き連れられる。こういうものの連合体が知識のまぎれもない実体であり、話の正体なのである。もっと正確に知識や話を説明することはできるが、このシャンクの説明でおおよそのことは把握されている。

シャンクは、このような数々の「話」の集合と離散によって統括されている知識の構造を追求して、これをなんとかシステム化（アーキテクチャ化）していこうとした。いくつかの試みがあった。これがちょっと参考になる。ざっとかいつまむ。

第一に、三つの「話し手」のモデルを想定した。その三つのモデルは、知識のインデックスをちゃんと引いてこようとする「司書のモデル」、気に入った話なら同じ話でもちょっとずつ変えて話したりおおげさに話したりするような「おじいさんのモデル」、話のいちいちの内容よりそれらの話に共通する階段を取り出そうとする「論理学者のモデル」、この三つだ。

第二にシャンクは、これらの三つのモデルの特徴を検討していくと、司書であれおじいさんであれ論理学者であれ、知識へのアプローチは「応答」の積み重ねによってできていること、その応答が進むのは「連想」がはたらくからであることに気がつく。司書・おじいさん・論理学者以外にも、たとえば法律家、夕食の支度をする主婦、何かに夢中になった子供、利益をあげようとする企業家、スコアをもつスポーツをふくむゲームプレイヤーなどを入れてもよかったろうが、これはたいした問題ではない。設計すべきシステムをやや複雑にするだけのことである。それより「応答」と「連想」こそが知識の秘密を握っていることに辿りついたことが大きい。

シャンクが第三に考えたことは、「話をすること」と「理解すること」は機能的にはまったく同じだということだ。これは少し注文をつければ「話を書くこと」も勘定に入れるべきだったのだが、それをのぞくと、やはり重要な見方をあらわしている。そして次の点に進んだことがさらに収穫だった。

すなわち第四に、われわれは話をするときには「なんとなくぴったりしたもの」を探そうとしているのではないか、もっと正確にいえば、話をするとは「それに似たような立場や経験を見つけるための観点」を用いようとして、その観点を動かそうとしているのではないかということに気がついたことだ。

この見方が、いい。「ぴったりしたもの」とは何かということは定義できない。なぜなら、当人がその場面で探している姿に依存するからだ。しかし、その「ぴったりしたもの」を求めて動いている観点を追跡することはできなくはない。ぼくはこれを「注意のカーソル」と名付けたが、ぼく自身、自分がどのようにそのカーソルをアタマのなかで動かしたのか、ずいぶん時間をかけて追跡し、その軌跡が取り出せることを確信したものだった。

余談になるが、この「観点を動かす」というニーズから世界中の母国語の文法が生成していった。母国語文法とは、その文化の民衆が動かしやすい観点にそってできあがったものなのである。ソシュールもチョムスキーも時枝誠記《ときえだもとき》もピアジェも杉本つとむも、このことをこそ研究してきた。しかしながらそのことはさておいて、つまりこの問題を「言語学」という立派で重たい体系にしないで、会話や話の進め方こそが情報や知識を動かすメカニズムにあたっているということに問題を集中させたことが、かえってシャンクに成果をもたらしたのである。

さて、ここからはこうした「話し手」や「話にひそむ応答と連想や観点の動き」をいったんおいて、話そのものの分類にとりかかる。

そこで第五に、話は次の五つの傾向をもつと仮定される。

①表向きの話
②創案あるいは脚色した話
③直接の体験あるいは共同の体験によって得た話
④なんらかの方法によって間接的に得た話
⑤文化として共有される話

①は結婚式のスピーチや会議の報告などが代表的なもので、スクリプトが一番はっきりしている。スクリプトというのはシャンクが格別におもいをこめて構築したスクリプト理論の主軸になるものだが、ここでは「状況の変化に応じて次におこりうる予測を集めた知識構造のこと」というふうに見ておけばいい。②は作家や虚言癖の者や井戸端のおばさんが得意なもので、スクリプトが次々に変わり、拡張や削除をともないながら進む話のことをいう。③はわれわれが子供のころから

試みてきたものだが、要点が特定しにくいという特徴がある。そのかわりランダムな連想にいろどられ、いつもフレッシュな装いをもつ。④は説明するまでもなく情報源にかかわりなく、ニュースや噂や人づての話を構成して話すもの、⑤はかつては同時代に語られていただろうが、しだいに思い出や引用の対象になることが多くなっていく話のことである。

シャンクはこのようなおおざっぱな分類をしたうえで、われわれが「創造」だとおもうものの多くが、この五つの話を相互に関係づけることで得られるはずだということを指摘した。

そして、ここからはいわゆる「創造性」とか「創造力」などという理想だけが先行しがちになる空語にこだわることから離れ、「関係を付ける」「編集する」「話の統合と分散」「話の成長」といったことに関心を進め、いささか機能主義っぽいところはあるのだが、次のような設定をしていく。

第六に、人々が話をする目的《ゴール》を設定した。これはごく簡単なもので、ぼくにはやや不満なのだが、こうなっている。括弧内にその機能を付与しておいた。

①自分がゴール（自己感情の浄化、注意を自分に向けさせる、賛成を求める、忠告を求める、自分の過去・現在・未来を描写する）

②相手がゴール（重要な事柄の表現、聞き手にある感情をもたせる、聞き手を夢中にさせる、聞き手に情報を譲る、話し手と聞き手が行動をおこすため）

③会話がゴール（会議、共同行動や分担行動の指示と確認、グループ・家族・集団などのなごみ）

ここからシャンクが導くのは、こうしたゴールのちがいによっても進められる話のなかには、共通して「理解のアルゴリズム」に対する「察知のアルゴリズム」が対応しているのではないかということだった。

たしかにそうだ。われわれはついつい自分の理解度や相手の理解度に目を向けすぎて、そこに察知が動きまわっていることに気がつきにくい。この察知のアルゴリズムがちゃんと機能すれば、実は話というものは自分の話しぐあいと相手の頷《うなず》きぐあいだけの関係にも、注目すべき編集が進行していることに気がつくはずなのである。

しかしシャンクはこの重要な場面にはあまり踏みこまずに、ここからは「理解のアルゴリズム」と「察知のアルゴリズム」の両方をインデックスでつなぐことに関心を向けていく。

こうして第七に、人々が「信念」だとおもっているものは、その人の「インデックスの数」や「インデックスの構造」にすぎないということを説明していく。これは哲学に対する大胆な挑戦か、ないしは軽率な断定ということになるが、シャンクは平気だ（オルテガが「信念」は「おもいこみ」、観念は「おもいつき」だとみごとに喝破したことについては、すでに第一九九夜でのべておいた)。シャンクは「主題ごとにインデックスのついた一覧表」を、これ以降、信念とか確信というふうによんでいく。

以上であらかたの準備をおえたシャンクは、「理解が進むための話」とは、結局は次の三つの進行によって表示されているのではないかと考える。

①インデックスを照合して話を検索している
②古い話の空隙《くうげき》の箇所に新たな話の要素をあてはめている
③あいまいな理解を深めるために裏付けを求めている

ここでは「理解」の本質を「理解しようとしている局面をより持続的な記憶に統合すること」とみなしていることがよくわかる。

この点についてシャンクはエイベルソンとの『スクリプト、プラン、ゴール、そして理解』(未訳)や『ダイナミック・メモリ』(近代科学社)という本のなかでもうすこし詳しい分析をしているのだが、詳しくしようとしてかえって失敗してしまっているところもあるので、あえて参照することもない。研究開発者というものはガイドラインを詳細設計にしていくプロセスでしばしば目鼻の付けかたに失敗するものなのである。こういうときは、これはぼくが大事にしていることなのだが、ガイドラインにこそ最も重大な細部や超部分があらわれていることに着目するべきなのだ。

　ともかくも、これらを総決算していよいよ「知識」「理解」「知性」というものの本体の説明に入る。「知識」を素材にして「理解」が進み、そこに「知性」がどういうふうにかかわっていくかという説明だ。ここからはぼくが『知の編集工学』（朝日文庫）や『知の編集術』（講談社現代新書）で、編集を八段階に分けたことと深く関連してくるのだが（ぼくはこれを「編集八段錦」と名付けた）、そこにはあれこれの相違もあって、興味がつきない。ここではシャンクの実用的な説だけを紹介しておく。

①想起する（まずはデータを探す、そして見つける）
②照合する（データを部分的に関係付ける、何かに適合させる）
③理解する（話のコンシステンシー＝一貫性を見出す）
④説明する（予測の束《たば》との関連を検討する）
⑤計画する（話を行動に移すことで話が理解されているかを確かめる）
⑥変更する（コミュニケーションによって話を一般化し、結晶化し、精緻化する）
⑦統合する（話したことと聞いたことが相互に立体化し、興味という世界が確立していく）

最も重要なのは④の「説明する」だろう。なぜならこの説明によって、人々は自分が予測してきたデータの束ではうまくいかないとか、相手が理解しないといった〝失敗〟を体験し、初めて理解の本体に一歩も二歩も入っていくことができるからである。

といったわけで、ロジャー・シャンクが「話」というものに焦点をあてて知識や理解の秘密にとりくんでいったことのなかには、いまなお参考にすべきものがいろいろひそんでいた。大事なことは、われわれがわれわれ自身の「理解の秘密」に気がつき、「知」や「分」（「自分」や「分際」の分）の編集性に気がつくことなのである。

第五三五夜　二〇〇二年五月十三日

参照千夜

七三八夜：チョムスキー『アメリカの「人道的」軍事主義』　一九九夜：オルテガ・イ・ガセット『大衆の反逆』　一二九六夜：リチャード・ワーマン『理解の秘密』

言葉は「記憶」と「記憶ちがい」とに
どんなふうにかかわっているのか

なぜ、「あれ」が思い出せなくなるのか

ダニエル・L・シャクター
春日井晶子訳　日本経済新聞社　二〇〇二
Daniel L. Schacter: The Seven Sins of Memory 2001

最初に、川端康成の短編『弓浦市』が出てくる。

ある女性が作家を訪れて、二人で行った弓浦の思い出話をする。ところが作家はそのことがどうしても思い出せない。そろそろ衰えが目立っていた作家はうろたえるのだが、女性はひるまず「あのとき結婚しようとおっしゃいましたね」と恐ろしいことを言う。彼女が去ったあと、作家はいろいろ思い出そうとして、念のため地図でその場所を調べると、そんな町は日本のどこにもなかったという、そういう話だ。

本書の著者のシャクターはハーバード大学の心理学部長で、記憶が専門である。その知識は広域にわたるとともに、よく整理分類されている。たまにこういう本を読むと、

その手際にホッとする。

科学書には主として二つの傾向がある。ひとつは未知の領域を思索が複雑にたどっていくのを傍らで同行するようなオムニプレゼントな充実がある虫の目による書物、もうひとつは鳥の目のようにその科学領域を俯瞰《ふかん》してみごとな色分けをしているオムニシエントな分解能のいい書物である。

もっともこの色分けはどこかで色が決まらない領域があきらかにされていないと、信用できない。しかもこの二つの傾向にさらに重量級と軽快派がある。本書はこの後者の軽快派の書物としてまずまずの出来だった。

例示が巧みで文章もうまい。ただしこういう書物にも欠陥がある。あまりに軽快で巧みに書いてあるのでどんどん読めるのだが、読み終わると、さて何が一番の重要な流れだったのか忘れてしまうのだ。その責任は著者よりもわれわれのほうにあることも少なくない。本書はそういうふうに読者を追いこむことも、狙いのひとつに入れていた。

われわれはしょっちゅう「物忘れ」をする。物忘れではないにしても、思い出そうとしたとたん、どうしても出てこないことがある。そこまで口に出かかっているのにその名前が確定できないこともある。ぼくも川端康成の小篇ではないが、かなりあやしくなっている。シャクターは、こうした記憶エラーはひとつの原因からおこっているのではなく、大きく七つに分けられるとした。

物忘れ＝時間がたつと去年の十月のことを忘れる
不注意＝さっき置いた鍵やメガネを忘れる
記憶の妨害＝どうしても目の前の男の名前がブロックされて思い出せない
混乱＝どこかで記憶の引き出しが混乱している
エラー暗示＝犯罪目撃の記憶ちがいなどにあらわれる擬似記憶
書き換え＝現在の立場や意識による過去の記憶の編集
つきまとい＝失敗や失恋などのトラウマによる記憶ちがい

記憶があやしくなる、記憶がまちがうというのは、その情報や知識が長期記憶されていないせいである。ところが長期記憶にはエピソード記憶や意味記憶や作業記憶があって、そのどれを使うかで再生がしやすくも、しにくくもなる。しかも組み合わせは複雑で、システマチックにはできていない。

物忘れ（transience）は歳をとるほどひどくなるが、これはもともと不完全に記憶していたせいか、記憶の合成を怠るようになるためにおこる。これを奪回するには再学習が最も効果的だが、最近になって、左脳の海馬傍回部分が記憶合成プロセスの「セーブ」にあずかっていることがわかってきた。また「音韻ループ」が記憶プロセスに介在していることもわかってきた。

二つ目の**不注意**(absentmindedness)はまさに注意が刷りこまれていなかったためで、その再生にはそのことに対する「想起」と「親近感」が関与する。ところが鍵やメガネの置き忘れは、置いた場所があまりに親近感のうちにあるところなので、かえって思い出せない。物忘れが多いときは、その大事なものをやや特定のところに置くことである。

三つ目の**記憶の妨害**(blocking)はしばしば固有名詞が思い出せないときにおこっている。人名や固有名詞には、視覚的印象・概念的印象・音韻的印象・語彙《ごい》的印象がかかわっている。これをごっちゃにしたり、関連語がしゃしゃり出てきて妨害されたりすると、いつまでたっても思い出せなくなる。

思い出すときに一度まちがってしまって、その語感や綴りが舌先に残って、いつもまちがえるのはTOT(舌先現象＝Tip-of-the-Tongue State)というやつで、ぼくなどのべつこのTOTに悩まされている。「ええっと、あの川田君が…(いや川田じゃなくていつも川田と言ってしまうんだけど、これはええっと川田ではない角田なんだっけ)、いや、あの角田君にね」「ああ、鎌田さんのことですか」。

妨害には、もっと深い問題もかかわる。いわゆる「想起の抑制」がかかってしまったばあいがそれで、幼少期の記憶が忌まわしくてそれを抑圧してしまったときなどにおこる。心理学はこれをリプレッサーの問題としている。

次の**混乱**（misattribution）の最も有名な例はデジャ・ヴュである。見ていないのにその光景を過去に見たと思ってしまう。原因は特定できないが、おそらく記憶結合のミスが異なる幻想をつくったと推定されている。デジャ・ヴュがさらに人間関係に発展するとフレゴリ錯覚がおこる。これは、特定のスターなどの人物が記憶の中にどっかと宿ってしまうもので、統合失調症に多い。

このことと潜在記憶が同種のものかはわかっていない。これは思い出した情報の起源について記憶ミスをしたままそれが定着されるので、このことからしばしば無意識の盗作がおこる。記憶の引き出しが混乱しているわけである。

五つ目の**エラー暗示**（suggestibility）とは「暗示されやすさ」ということで、現代ではマスメディアによる暗示がわれわれの記憶をほとんど全域にわたって侵しているといっていい。

著者はあるテレビ番組で被験者のアナウンサーを連れて公園に行き、そこで人々の行動を観察してもらった。二日後、このビデオを見ながら実際におこったことに関する質問をした。ビデオには実は似たような画面がいくつも挿入されていて、よほど記憶が鮮明でないと何が現実で何がニセの挿入かはわからない。著者は「いろいろニセの画面が入っていますから注意してほしい」と暗示をかけたのだ。アナウンサーはついに自分の目撃体験に自信がもてなくなった。犯罪に関する目撃の報告やマスメディアによる催眠術は、こうした暗示による擬似記憶づくりが少なくないと、著者は警告する。

ややわかりにくい**書き換え**(bias)は、われわれはつねに記憶を編集しているのではないかという仮説にもとづいて説明される最新の研究分野なのだが、まだまだわかっていないことが多い。著者は、一応、記憶編集に「型」があるとみて、「調和編集」「変化編集」「あと知恵編集」「利己的編集」「ステレオタイプ編集」という分類をした。

「調和編集」は現在の感情や意識にもとづいて過去の意識状態を編集しているもので、たとえば七年前に「日本の首相はどういう人物がなるといい」と予想していたかということを思い出すようなとき、はたらく。しかし、そのあいだに自分も変わったはずだと考えるのもよくあることで、このばあいは「変化編集」がおこる。これは恋人や友人関係につねにおこる。三年前の出会いを現在の変化のぐあいからみて、もとの情報を改定してしまうわけである。

著者はこの調和と変化の編集は「認知不協和」がおこりやすい現代では、むしろ有効な記憶の書き換えだとみている。しかし、最も多い書き換えは「あと知恵編集」で、「ずっとそう思っていた」「前々から知っていた」というやつである。選挙が終わるととくにこういった評論家が多くなるが、だいたいこれはバレる。「利己的編集」は、記憶を自分本位に組み換えてしまうもので、離婚をしたい夫婦が陥りがちになる。これらに対して「ステレオタイプ編集」にはつねに危険が伴う。とくに人種差別者はこの色メガネがいつまでも外れない。

最後の**つきまとい**(persistence)とは、忘れたいのに忘れられなくなった深刻な記憶エラーのことである。ここには心理学が「凶器注目効果」とか「反事実思考」とよぶ傾向がおこる。見てはいけないものを見てしまったという思いからその記憶が消せなかったり、ああすればよかったという失敗の訂正意識が他の代替シナリオになったりして、かえってその記憶がトラウマになってしまう例だ。

こうした「つきまとい」がくりかえされ再現されていると、大半の人々は鬱《うつ》病にかかっていく。ここにはリバウンド効果もあって、解消にはなかなかの障壁があるため一筋縄ではいかない。最近はPTSD(心的外傷後ストレス障害)が話題になって、これらのトラウマがかなり複雑な様相を呈していることがわかってきた。同じ場面がフィルムクリップのように何度も心を襲うわけである。

ちなみに「つきまとい」の療法としては、安全な環境でその同じ場面を追体験させることが効果的だということも報告されているらしいが、むしろ「証言療法」といって、その出来事に関する証言を多く語りあえる環境をつくるほうが効果があるという例もあがっている。

記憶とはほとんどわれわれの感情なのである。ことによっては記憶とは精神である。その記憶にエラーがおこることは、ぼんやりやボケや不注意ですむばあいもあるが、人間性における決定的な問題にかかわることもある。それが脳の部位障害と関係していることもある。

たとえばトラウマのいくつかの原因は、海馬に接する扁桃体《へんとうたい》の役割に関係がある。海馬の損傷は個人的な記憶をつくったり思い出したりすることができなくなるのだが、扁桃体の損傷は記憶障害はおこらないのに、その再生に感情が伴わなくなってしまう。アドレナリンやコルチゾールといった経験記憶を強化するホルモンが役立たなくなるらしい。

おそらく、われわれは記憶の世界の質と量を前にして、どこでトレードオフをするかということを決める以外はない。当分使いそうもない記憶を忘れてしまうメリットと、早くに忘れたことによる失敗のデメリットとのトレードオフである。

そこで最後に著者が勧めるのが、「記憶の編集の方法」をもっと見いだすべきだということだ。二つの意味でちょっと驚いた。なぜなら、それこそはぼくがずっと考えてきたことであり、それにしては著者のお勧めの編集方法があまりに単純であるからだ。
ぼくのお勧めは、こうである。記憶をアタマの中に入れるばかりではいけない。それではいつまでたっても記憶エラーからは逃れられない。もっと外に置いておくべきなのだ。仮想のハンガーに掛けておいたり、いくつもの色付きの抽斗《ひきだし》に入れておく。そうすると自分のアタマの中と外が分離する。編集とは内外で出入りするものなのである。これがうまくできるようになれば、つぎにはもう少し別な収容力をもつものにプロジェクトしてしまうのだ。たとえば書棚に、たとえば他人の記憶に、たとえば自然の景観に、たとえばダイヤグラムとして、たとえば茶室の中に。

第六〇六夜　二〇〇二年八月二七日

参照千夜

五三夜：川端康成『雪国』　二一九夜：岩田一男『英単語記憶術』　一〇四二夜：マイケル・ポランニー『暗黙知の次元』

民族と国家と国民を
言語は峻別《しゅんべつ》してきたのだろうか

ガイ・ドイッチャー

言語が違えば、世界も違って見えるわけ

Guy Deutscher: Through the Language Glass 2010
椋田直子訳　インターシフト　二〇一二

ユダヤ人はこう言う。「この世界には使うに値する言葉が四つある。詩歌のためのギリシア語、戦いのためのラテン語、悲嘆のためのシリア語、日常会話のためのヘブライ語だ」。このことは『タルムード』に書いてある。

神聖ローマ皇帝カール五世は、こう言った。「神にはスペイン語、女にはイタリア語、男にはフランス語、そして馬にはドイツ語だ」。なんとも乱暴で横柄な言い草だが、スペイン王にしてオーストリア大公で、イタリア＝ドイツ領土に君臨した神聖ローマ皇帝ならではのジョークだ。

日本人には、なかなかこういう危うい比較を先行させる歴史的人物がいない。新羅《しらぎ》・

高句麗《こうくり》・百済《くだら》の三国人とわたりあい隋《ずい》の皇帝に譲歩しなかった聖徳太子も、スペイン・ポルトガル・イタリアの宣教師の相手をしたはずの信長も、外国人の捕虜を審問していた新井白石も、日本語と朝鮮語と中国語とヨーロッパ語の特色を比較できたわけではないし、英仏の政商を天秤《てんびん》にかけてあしらった龍馬や日中を横断した宮崎滔天《とうてん》の三兄弟や、ユダヤ宗教やエスペラント語にも通じた大川周明が、日中韓の言語文化の気質を巧みに言い当てたなんてことは、聞いたことがない。

しかし実際には、日本人の多くは映画やテレビや街頭で朝鮮語と中国語を聞いて、自分たち日本人とは何かがかなり違っているだろうことを実感しているはずなのだ。実感してはいるけれど、では耳に騒ぐその言葉づかいから何かの文化的特質を言い当てられるかというと、そういうことはさっぱり苦手だ。そこは、ヨーロッパや西アジアの地続きの文化を長らく経験してきた言語文化知の歴戦の士たちのほうに、かなりの「歩」や「分」がある。けれども、かれらの「歩」や「分」が言語学的にいつも当たっているかというと、けっこうあやしい。

国民と言語については、昔から諸説紛々だ。フランシス・ベーコンは「民族や国民の特質はかれらが話す言葉から推論できる」と見ていたし、のちの言語学の基礎をつくったコンディヤックやヘルダーも「どんな言葉からもその民族や国民の知力と文化が窺《うかが》い知れる」とみなしていたが、そういう観察がどこまで当たっているかは、とうてい証明しがたいことだった。

なぜなら、どの民族や部族も他の集団語にはない語彙や言葉づかいや言いまわしをもっていて、それを別の言語文化が理解できるかどうかということ自体が、けっこうきわどい問題であるからだ。ダンテは『俗語論』のなかでイタリア各地の言葉づかい（いわゆる方言）を比較して、「ローマ人の言葉は崩れきっていて下品なもので、そのことはかれらの醜いふるまいからも推してはかれる」といったことを書いていたけれど、この判定はかのダンテにしてあまりに狭隘《きょうあい》だった。

或《あ》る民族言語に或る単語が欠けていることは、いくらでもあることだ。「パパイヤ」や「琥珀《こはく》」や「図書館」や「娼婦《しょうふ》」がその地になければそれに当たる言葉はその地になく、「南十字星」「トナカイ」「コンドル」「クリームソーダ」「携帯電話」を見たことがなければ、そんな言葉を思いつくことはない。日本語の「納豆」「十二単衣《ひとえ》」「切腹」「コギャル」「ゆるキャラ」は他のどこの国語にも入っていない。

しかし、こういうことから何を導き出すかということは、なかなか厄介なのである。キケロはギリシア語にラテン語の「イネプトゥス」（無礼、ぶっきらぼう）に当たる単語がないことを知って、それは古代ギリシアに無礼な態度が蔓延《まんえん》しすぎていたからだと結論づけたのだが、これはムリがある。

どんな意味のどんな言葉がどこの国語にあるかどうかということは、その国語の自慢にはならない。ヴォルテールはフランス語は明快さと秩序力がとびぬけてすばらしいと自慢していたけれど、だからといって「フランス語はどこにもないほどの言語力に富んでいる」とは言えない。英語には「エスプリ」に当たる言葉はないが、フランス語には「エスクワイア」や「ジェントル」に当たる言葉はなかったのである。

逆に、アメリカ人が「ヒップ」や「クール」に特別な意味をもたせたからといって、その感覚を言い当てる言葉が他の民族文化や国民文化に育っていないことを、非難はできない。ぼくは「コギャル」という言葉はよくできていると思うけれど、これを「あはれ」と「あっぱれ」をフランス人の前で講演したように説明できるかというと、とても自信がない。「小さいギャル」だと説明しても、そんなチビ少女の何がおもしろいのか、フランス人は理解しない。

本書の著者のガイ・ドイッチャーはこの綴りの名前からは出自がはっきりしないのだが、職能者としてはケンブリッジ大学のれっきとした言語学者である。オランダのライデン大学で古代近東語を研究し、マンチェスター大学で言語文化の表象論をコーチして、ドイツ語圏を母語としながらもヨーロッパの各言語に通じたようだ。国籍はおそらくイギリスなのだろう。

そういう知的経歴のあるドイッチャーから、たとえば古代バビロニア人はドストエフスキーの『罪と罰』を読んだらしかめっ面になるだろうと言われると、なるほど、そうなんだろうなどと頷ける。バビロニア語では「罪」と「罰」とは一つの単語で言いあらわしているからだ。

外国人にとって、その土地の母国語（母語＝マザリーズ）がどんな特徴をもっているかは、なかなかわからない。たとえばアジア人やスペイン人からはノルウェー語とスウェーデン語とオランダ語の区別はつきにくい。それは北欧人からはモンゴル語と中国語と朝鮮語と日本語の区別がつきにくいのと同じだし、タイ語・ビルマ語・インドネシア語の区別が西欧人や日本人につきにくいのと同じだ。

もっとも何かに慣れてくると、その区別が〝耳の似顔絵〟のようにわかる。ドイッチャーによると、ノルウェー語は切り立った岸壁のようで、スウェーデン語はどこまでもつづく平野のようであり、勤勉なプロテスタントである民衆がつくりあげたオランダ語は、海からの風がたくさんの子音を削ってしまったかのようであるらしい。われわれは中国語、韓国語、日本語の〝似顔絵〟をこんなふうに説述できるだろうか。

言葉には、気候風土や「なり」「ふり」にもとづくニュアンスや、伝達意志力がしからしめる言いまわしがある。そこには必ずやソージ（相似）とルイジ（類似）の特色がある。

ずっと前、タモリを伴ってイタリア大使公邸でのパーティに出たとき、タモリにイタリア映画の会話の真似や、中国人・イタリア人・ドイツ人・韓国人のマージャン議論のパロディを即興で演じてもらったことがある。そこにはレオ・レオーニや谷川俊太郎なども招かれていたのだが、イタリア大使のビアンケリもイタリア出身のレオーニも、タモリのいんちきイタリア語がそっくりだと言って大笑いしていた。

いまどき、こんな余興はできないだろうというような、懐かしいエピソードだが、こんなふうに「言葉の特色」は「聞き耳」のなかでソージやルイジが大いに強調されたり歪曲《わいきょく》されたりするものなのだ。けれどもその違いが感じられるからといって、その言葉の意味が理解できることは、ほとんどない。同じ日本語でも津軽弁と茨城弁と名古屋弁の意味がとれないことは、しょっちゅうだ。

ドイッチャーが本書で主張したことは、言語はすべて相対的にしか理解できないということである。わざわざその程度のことを主張したのかと思うかもしれないが、言語学の歴史ではこのことを実証的に主張するのは案外に大変なことだった。

なぜなら言語学の仮説には長らく「言語起源論」というものが君臨していて、レオン・ポリアコフが『アーリア神話』で暴いたと同様の「言語単一起源説」がずっとはびこってきたからだ。その神話を破るのが大変だったのだ。しかし言語の起源なんて、もともと一つじゃなかったのである。民族や部族の言語はその数がわからないほどに複数発生的で、かつ複合発生的だった。

キリスト教言語圏からすれば、オリゲネスやアウグスティヌスやセビリアの司教イシドールスが主張したように、ヘブライ語がただ一つの起源言語で、上代のあるときに「バベルの塔」が崩壊し人々が四散して、世界各地にさまざまな言葉がばらまかれたというふうになるけれど、決してそんなふうにはならなかったのだ。一部の「アダムの言語」がそうなっただけだ。

いやいや、バベル神話だけではなかった。なんらかの普遍言語や世界言語のようなものが、歴史の起源のどこかにあったはずだという逞《たくま》しい想像は、なかなか潰《つい》えなかったのである。

たとえば、ジョン・ウィルキンズの『マーキュリー、あるいは秘密にして迅速なる使者』（一六四一）、サイモン・ベリントンの『モザイク状の世界創造、大洪水、バベルの塔建設、そして言語の混乱に関する私論』（一七五〇）、ジェームズ・ハリスの『ヘルメス、あるいは普遍文法についての哲学的探求』（一七五一）といった謎のような本が次々に登場して、どこかに起源言語があるという万余の想像力をかきたてたのだった。

そうしたなか、言語文化を洞察したコンディヤック、モーペルテュイ、ルソーをへて、本書も注目したヴィルヘルム・フォン・フンボルトが議論を深めていくようになると、やっとインド＝ヨーロッパ語族の全貌や言語系統樹の青写真が見えてきて（これもあくまでヨーロッパ語からの比較推論だったが）、そこからソシュールの『インド＝ヨーロッパ諸語における母音の原初体系に関する覚書』（一八七八）のような、今日の言語学の基盤が用意されるようになったのだった。

しかし、それでも、まだ言語には「共通する普遍性」があるという見方は強い仮説力をもっていた。その代表的な仮説がノーム・チョムスキーの生成文法論という言語理論である。

チョムスキーは、すべての言語がその深いところで普遍文法と基本的概念とを共通させていて、それゆえ体系としての複雑さがどんな言語にもあらわれたのだと見て、譲らなかった。人類の心身に言葉の原型がひそんでいたというのだ。ただし、その延長の研究に勤《いそ》しんだスティーブン・ピンカーの『言語を生みだす本能』（NHK出版）などをもってしても、このことはいまだに実証されてはいない。

まあ、言語学史の話は本書の主題ではないので、今夜は追いかけないことにするが、ガイ・ドイッチャーの言語相対説はどこから来たかといえば、エドワード・サピアとベンジャミン・ウォーフの仮説にもとづいたのである（言語学ではサピア＝ウォーフ仮説とよばれる）。

それが蓋然性《がいぜんせい》に一番富む言語理論であるかどうかは、まだはっきりしない。

ところで本書の後半には、今日の言語社会が乗り上げつつある暗礁についての議論が展開されている。それは「なぜ言葉は差別感をもつのか」ということだ。とくにジェンダー語の事情に分け入った。少し、とりあげておく。

日本には新聞禁止用語や放送禁止用語がある。ここで例を出すこと自体が憚《はばか》られるほどなので例を書きづらいのだが、たとえばわかりやすいところでも「おまわり」「運ちゃん」「お給仕」「芸人」「百姓」「人夫」「線路工夫」「郵便屋」「興信所」「名門校」「未亡人」は自粛されている。ぼくはいつのまにか「婦人」という言葉が差別語扱いされるようになっていて、びっくりしたこともある。「婦人科」はともかく、「婦人警官」とか「看護婦さん」と言えなくなっただけでなく、明治以来の「婦人社会運動」も語りにくくなってしまった。

ぼくにはいまもって何がどう差別されているのか、そのリクツがよくわからないままなのだけれど、「婦人」や「OL」がダメで、「オヤジ」「おっさん」「女」「ガキ」はいいらしいと聞くと（いずれもテレビ番組のタイトルにも使われる）、いささか困惑させられる。

こうした風潮はアメリカのPC運動から広がった。PCとは「ポリティカル・コレクトネス」（political correctness）によってコミュニケーション用法を制御しようという運動のことで、初期には人種差別（アパルトヘイトなど）からの脱却をめざして大きな成果をあげたのだが、それが差別用語の粛正やジェンダー語にまで広がって、いつのまにか「言葉狩り」にもなった。けれどもジェンダー語によって差別の度合いをはかるのは、歴史的にはかなり乱暴なことなのである。

だいたい「ジェンダー」（gender）という言葉は、もともとは「タイプ」「種類」「種」のことだ。genus（種類）や genre（ジャンル）と同じ語源なのだ。古代ギリシアの哲人たちが「ゲノス」（種族・類型）の基準を、①男性＝人間・動物、②女性、③無生物という三つに分けたのが、ジェンダーの始まりだった。

このジェンダーが各地で別々の分類価値観で使われるようになったのである。アフリカのマリ地方のスピレ語には「人間、大きなもの、小さなもの、集合体、液体」という五つのジェンダーがあり、スワヒリ語には一〇のジェンダーがある。オーストラリアのガンギテメリ語にいたっては「男、女、犬、犬以外の動物、植物、飲みもの、槍《やり》のあれこれ」など、一五のジェンダーを数えた。

民族や国語や方言によっては、男性名詞と女性名詞の使い方もまちまちである。男性名詞や女性名詞や中性名詞が生ずることを、言語学では「文法的ジェンダー」とか「性文法」というのだが、その分類は各国語・各民族の歴史や習俗やマナーによってかなりの違いが出る。

たとえば、ロシア語では「雑誌」が男性名詞で、「新聞」が女性名詞、「家」が男性名詞で「学校」が女性名詞になる。「紅茶」が男、「水」が女、「ワイン」は中性名詞なのだ。この感覚はよほどロシア語やスラブ文化に詳しくないとわからない。

パプアニューギニアの各言語では、おおむね「大きくて長いもの」が男性で、「小さくてまるいもの」が女性とみなされる。これはなんとなく納得できそうであるけれど、ジェンダーがまったく逆になることもある。ドイツ語ではスプーンが男性、フォークが女性、ナイフが中性なのに、スペイン語ではフォークが男性で、スプーンが女性名詞になる（フランス語はフォークが女性名詞）。統一ルールなんて、あるわけがない。

おまけにトルコ語、フィンランド語、エストニア語、ハンガリー語、インドネシア語、ベトナム語、日本語には、そもそもジェンダー名詞の区別がほとんどない（日本語は一人称を「俺」や「あたし」に変化させる）。その理由も研究できていない。けれどもそこにジェンダー語が割り込んだ。しかも「ジェンダー」という言葉が「性」(sex)の婉曲《えんきょく》表現となったのはやっと二十世紀になってからのことで、性別や性差別の意味として使われるようになったのは二十世紀半ばからのことなのである。

ドイッチャーはこうしたジェンダー語があらわす意味の違いは、各民族の言葉が「青」や「緑」などの色について、どの色をどのように呼んできたかということにも似て、一概には確定できないはずだと主張する。

最近はジェンダー・マーカーについてもいろいろ喧《やかま》しくなっている。ジェンダー・マーカーは、接尾辞や接頭語の変化でジェンダーを示す言葉上の形態素のことをいう。ところが、これもまちまちなのである。「男らしさ」や「女らしさ」ははっきりしない。デンマーク語ではdag（日）とhus（家）は名詞としてはジェンダーをもたないのに、冠詞をつけるとジェンダー・マーカーが作動する。それにもかかわらず、ジェンダー・マーカーはしだいに肩で風を切るようになった。トルコ語から日本語まで、ジェンダー名詞の区別がほとんどない国でも、どんな言葉づかいが女性蔑視《べっし》になるのかだけはどんどんリストアップされているのだ。

英語が"he"や"she"などの代名詞にしかジェンダーをあらわさないのはよく知られている。それなのに（いや、そうであろうから）、そういう英語圏のアメリカからこそ性差別をする言葉に対してのポリティカル・コレクトな「言葉狩り」が始まったのだった。けれども、自分たちの国語はジェンダー区別をしない言葉になっているからといって、他の言語にも性差別をしないように奨めるのは、無理強いに近いものだった。

かくて本書は、各国語がどのように色彩語やジェンダー語を決めてきたかという研究を通して、そもそも言語は文化背景によって異なる複雑性に達するものであって、その点からするとどんな言語も相対的であるということを主張した。
しかし、以上のことは、言葉の秘密のまだまだごく一部の問題だった。ぼくが思うに、言葉は「漬物」のようなところがある。糠床《ぬかどこ》と塩加減と食べ方の関係を問題にしなければ、柴漬《しばづ》けも千枚漬けも野沢菜も、ない。言語の糠床はまだまだ探求しきれていない。

第一六九五夜　二〇一九年一月二三日

参照千夜

一六二夜：新井白石『折りたく柴の記』　一一六八夜：宮崎滔天『三十三年の夢』　九五八夜：伊東三郎『ザメンホフ』　九一三夜：ダンテ『神曲』　二五一夜：ヴォルテール『歴史哲学』　九五〇夜：ドストエフスキー『カラマーゾフの兄弟』　一六四二夜：鈴木宏昭『類似と思考』　一七九夜：レオ・レオーニ『スイミー』　一四二二夜：レオン・ポリアコフ『アーリア神話』　三四五夜：オリゲネス『諸原理について』　七三三夜：アウグスティヌス『三位一体論』　六六三夜：ルソー『孤独な散歩者の夢想』　七三八夜：チョムスキー『アメリカの「人道的」軍事主義』

世界の言語は半分に減った
その中で英語ばかりが殺害力を発揮する

ダニエル・ネトル&スザンヌ・ロメイン

消えゆく言語たち

Daniel Nettle & Suzanne Romaine: Vanishing Voices 2000

島村宣男訳　新曜社　二〇〇一

いま地球上にはおよそ六〇〇〇の言語がある。地球のどこかで話されている言葉の数だ。世界中の言語名、方言名、別呼称を総計すると三万九〇〇〇語にのぼる。けれども、国は二〇〇くらいしかない。それでも単純に平均すれば一国あたり約三〇の言語が使われていることになる。

言語というものは猛烈に多様なのだ。ただし近現代になるにしたがって、地域によって疎密ができてしまった。実際にはアフリカやポリネシアのように、地域によってものすごい数の言語たちが隣りあってひしめいているところと、ヨーロッパのように寡占状態のところがある。だから、この「一国三〇言語」という平均像はいつわりの数字であるが、しかしその程度に言語というものは数が多いのだ。

　実情はもっと複雑だ。世界に六〇〇〇言語があるといっても、この数は五〇〇年前の半分にすぎない。この五〇〇年間で世界の言葉は約半分が死滅してしまったからだ。しかも、その半分になった言語のほぼ二〇パーセントが、いままた瀕死《ひんし》の状態にある。それも加速的に消滅しつつある。

　本書はこのような広域でおこりつつある言語消滅に関する克明なレポートであり、かつ、その要因を政治・経済・社会の過激な変動に探して告発しようという提案になっている。

　七年前、世界中の名だたる言語学者がトルコの小さな寒村に集まった。コーカサス北西部で話されていたウビフ語の最後の話者が危篤になりそうだというニュースが伝わったからだ。

　こういうことがのべつおこっている。それも毎年だ。一九八二年にオーストラリアのムババラム語の最後の話者が死んだ。その二年後にはマン島語の最後の話者が死んだ。オーストラリアでは先住民言語が一年に一言語ずつ滅んでいるらしい。ヨーロッパ人と接触する以前のオーストラリアには、確認されているだけでも二五〇以上の言語が生きていた。

コロンブス到着以前の北米大陸だって、推計三〇〇言語が話されていた。いまはそれが一七五言語になった。ざっと半分が死滅した。半分が残っているとはいえ、話者がった十人以下の言葉が五一言語にものぼる。これらがまもなく死滅していくだろうことは目に見えている。ワッポ語の最後の話者のローラ・サマーサルばあさんが死んだのは一九九〇年のことだった。

なぜ言語（語り言葉）は消えていくのだろうか。駆逐されるのか、それとも自滅するのか。その両方ともいえるし、そんなふうに単純には説明できないともいえる。事情は複雑なのである。

たとえば一九三二年にエル・サルバドルでおきた事例は、まことに悲しい事情を物語っている。農民暴動がおきた。そこで服装や体つきでインディオと見なされた連中が片っ端から殺されることになった。その数、約二万五〇〇〇人におよんだ。三年後になってもラジオや新聞はインディオの暴動を警告し、暴動がなければ先進国からの援助も得られるというキャンペーンをしていた。そこで多くの先住民たちが、インディオと見られないようにするために自分たちの言語を放棄していったのだった。

こういう事態が各地でおこっているわけなのである。差別の激しいケニアの作家ングギ・ワ・ティオンゴは、果敢に自分の言語であるキクユ語による文章をあえて発表しつづけたため、投獄された。

服装なら変えられるし、髭《ひげ》なら剃《そ》ればすむ。髭はまた伸ばせばはえてくれる。けれども皮膚の色や言語の特徴はなかなか変えられない。言葉ははえてこないのだ。それらは身体の内側からつくられている。だから、北部同盟がタリバンを放逐したところで、北部同盟にパスティン人が残っていれば、その言葉はまだ続く。しかしかれらが死ねば、言語も死んでいく。ボスニア・ヘルツェゴビナやチェチェンやウイグルで、民族や部族が抑圧されたり殺されたりするような事態が進行すれば、その言語はひとたまりもなく壊滅してしまう危険性をもっているわけなのだ。

さらにもっと恐ろしい事情もある。英語がますます広まっているという問題だ。少数民族の言語を研究する者たちは、英語を「殺し屋の言語」とよんでいる。「アイルランド語は英語に殺された」というのは、かれらのなかでは合い言葉になっている。

一九六六年、すでに世界の七〇パーセントの郵便物が英語に、ラジオ・テレビの放送言語の六〇パーセントが英語になっていた。はっきりしたデータはないのだが、国際政治の場面や教育の現場でも英語がそうとうにふえている。インターネットによってさらに英語の殺傷能力は増してきた。英語をつかう者には加害者の意識はない。それなのに英語は殺し屋なのである。

英語という言語自体の文法や発音や言いまわしに殺し屋の要素があるわけではない。英語をつかう場面の強引と暴力が英語を強くしているにすぎない。ごく最近、日本でも英語を公用語にしようとか第二公用語にしようといった提案が出て、一部の者たちの〝国語の良心〟をいちじるしく傷つけたことがあったが、そのような提案に呆《あき》れることができる人数があまりにも少ないことにも、ぼくは呆れたものだった。

今日、使用頻度の最も高い一〇〇程度の言語を、世界総人口の九〇パーセントが話している。国連には六つの公用語しか用意されてはいない。ひどい寡占状態である。残された一〇パーセントの多くはアジア・アフリカにいる。とくに熱帯地域に多い。なかでもアフリカは重症で、すでに五四言語が絶滅し、さらに一一六言語が絶滅の危機にある。多言語地帯としてとくに有名なナイジェリアでは、いままさに一七言語が涸《か》れつつあるという。アフリカはまた、全体としては二〇〇〇言語があるにもかかわらず、二〇語系にしか仕切られていないという状態にある。

それなら、これらの言語は消滅するのもやむをえないほど特徴の薄い言語なのかといえば、そうではない。むしろ逆なのだ。たとえば、八一個の子音とたった三個の母音でできているウビフ語、五個の母音と六個の子音しかもたないパプアニューギニアのロトカス語など、多くの言語が言語学上でもいちじるしく興味深い特徴をもっている。イヌイットの言葉はたいていは犬の重さやカヤックの大きさと氷や雪の種類とが対応できるようになっているし、北米ネイティブ・アメリカンのミクマック語は樹木の種類を風が通る方向や音によって呼称できるようになっている。まことに雄弁なのだ。

ぼくが注目しているオセアニア系の言語の多くは、「譲渡可能な所有物」と「譲渡不可能な所有物」という区分けによって言語が分類できるようになっていて、世の中の品詞というものが男性名詞と女性名詞でできているわけでも、自然名詞と固有名詞に分かれているわけでもないことを、誇り高く告げている。

そもそも言語には、拡張しつつある特定言語に接触すると、しだいに単純化していくという性質がある。シンプルになる。単純な言語が複雑な言語を駆逐するというのではなく、特定の言語が政治力や経済力を背景にして大量に流れ、その大量言語に他の少数言語が接すると、その言語が単純化する傾向があるということだ。英語が殺し屋になるのはそのせいである。

しかし、エル・サルバドルの事例がそうであったように、言語というものは言語だけが自立しているのではなく、その言語が使える生活状況や政治経済状況がまとわりついて次々に生病老死をくりかえしているものだ。また、そこには侮蔑《ぶべつ》や差別や嘲笑《ちょうしょう》がつきまとう。いくら方言がすばらしいからといって、テレビで訛《なま》りのならない言葉づかいをしていたら、とたんに仲間から冷やかされて、そのまま意気消沈して芸能界を降りたタレントも少なくはない。

言語は多様であるにもかかわらず、その言語がもたらす文化の多様性を手放しては確信していられない。その言語を使う文化の場面がしだいに少なくなっていけば、そのまま言語の多様性も削られていく。そういう宿命をもっている。それにもかかわらず、生物が絶滅の危機に瀕していることには先進国はやかましく言うわりに、こうした「絶滅途上の言語種」については、まったく対策がたてられてはいない。

本書は、「生物多様性」というものがあるのなら、それに匹敵する「言語多様性」があるということを、ほとんど喉《のど》を嗄《か》らすほどに訴えている。本書はだから、グローバリズムに対する徹底抗戦を謳《うた》った一書でもある。しかしながら、どうも、このような絶叫に似た言語学者や言語生態学者たちの訴えは、ほとんどの政策決定者や知識人には届いていないようである。とくにグローバリズムやコンプライアンスが「言語多様性」を奪っている。逆にナショナリズムのほうも母語の多様性を単純化してしまう。

ぼくは本書を読んでずいぶん寒気をおぼえたけれど、そのように寒気を感じる読者数もおそらくはものすごく少ないのだろうとおもう。ぼくは以前から好きな造語を文中や会話の中につかうのが平ちゃらなのだが、新聞や出版社の校閲者からはたいてい訂正を求められるし、テレビ番組では「言いなおし」を強いられる。これでは、ぼく自身の言語感覚が絶滅種に近づいているというふうに言われてもおかしくないということになる。
ああ、無情。ああ、無常。

第四三三夜　二〇〇一年十二月三日

参照千夜

一六九五夜：ガイ・ドイッチャー『言語が違えば、世界も違って見えるわけ』　九五八夜：伊東三郎『ザメンホフ』

人工言語エスペラントが
バルト海の一隅に生まれた深い理由

伊東三郎

ザメンホフ

岩波新書　一九五〇

いまはバルト三国の一つのリトアニアに生まれたユダヤ人でした。白ロシアのビヤリストック（ビャウィストク）育ちです。これがザメンホフのすべてをあらわすとはいいませんが、ずいぶん重要なことを示しています。

ラザロ・ザメンホフが生まれたのは一八五九年ですが、このときビヤリストックには主な言語が四種類、細かくみればおそらく一三種類の言語が使われていました。北のほうはリトアニア語、南は白ルテニア語、ユダヤ人はイディッシュ語やヘブライ語、毛織り商人はトルコ語、それにポーランド語もロシア語も、フランス語も。

この地域は十四世紀はリトヴィア領国で、十六世紀はポーランド領、十八世紀はプロシア領、それからロシア帝国に編入されるまでに、ナポレオン軍が入ったり、臨時政府ができたりしています。この不安定きわまりない諸文明の継ぎ目か破れ目のような地域に、ヨーロッパ各地のユダヤ人が羽虫のように流れこんできていたのです。

しかし、この地域やその近くは近代になるにしたがって天才や異才や革命家を生んでいます。たとえばコペルニクス、カント、ショパン、シェンキェヴィッチ、キュリー夫人、ミツキェヴィッチ、ローザ・ルクセンブルク、そしてザメンホフ。

ザメンホフが人工世界言語エスペラントを考えだした背景には、以上のようなきわめて風土的でかつ地政的で、民族言語的な「厄介」というものがあったことが大きかったと思いますが、それとともに、父親が私塾をひらいて外国語と商業世界地理を教えていたこと、それが認められてユダヤ人でありながらロシア官立中学の教師になったこと、母親が信心深く、ザメンホフを筆頭に九人もの子供を育てるのに熱心だったことも関係しているでしょう。

あとで説明するように、ザメンホフがエスペラントの構想の主要な部分を思いつくのは学生時代です。いろいろ熟慮し、考案につぐ考案をかさねて組み立てたのではなくて、いわば突沸《とっぷつ》し、発露したようなものです。これは青少年期のプリミティブではあるけれど、なかなか複雑な社会環境要素の交差が不思議に大きな作用をもたらしたということで、そういう意味で外国語を独力で教えていた父親や、聖書の読み方を熱心に説いていた母親の姿が、エスペラントに投影したと見られるのです。伊東三郎は、父のヘブライ知的な情熱と母のヘレネー知的な理性が流れていたと言っています。

与謝野晶子が十人以上もの子供を必死に育てながら日本語を将来にも王朝にも飛ばして、新しい歌づくりや古典訳にとりくんでいた姿が思いあわされます。

ザメンホフは（ザメンホフというのはリトアニア語、ロシア風の呼称はラザロ・マルコヴィッチあるいはルードヴィコ・ザメンホフ）、ビヤリストツクの学校からワルシャワの第二古典中学へ移って、ひとつの大きな疑問をもちはじめます。

世の中には、強い国や大きい民族の言葉と弱い国や小さな民族の言葉とがあります。小さな弱い言葉は、大きな強い言葉に押され、歪められ、さらにおかしなことには、大きな言葉を小さな言葉が借り入れてしまっています。ワルシャワはザメンホフにとっては世界でいちばん大きな国際都市で、そこではそういうことが日常的に見えていたのです。こういうことが重なって、わずかながらもザメンホフの心に「自由独立の言語」というものはないのだろうかというヴィジョンが芽生えます。

考えてみれば、民族や地域や、農奴や市民や、領土や移民は、あるときに自由独立を求めて自立する行動をおこすのが歴史というものなのに、しかし、言語はそういうことをしてきているようには見えません。ザメンホフはそこに疑問と、そしていくばくかの期待というか、希望をもった。このヴィジョン（インスピレーション）はすばらしいものです。なぜザメンホフがこのようなヴィジョンをもちえたかということを推理してみるに、おそらくはまず、次の二つのことがおこったと思えます。

ひとつは、ワルシャワの古典中学でギリシア語やラテン語を学んでいったとき、その古典の内容を知れば知るほど興奮すべき感動があるにもかかわらず、そこに使われた言葉はいまはまったく使われていない古語であり、ほぼ死語になっていることに驚いたのだと思います。

のちにザメンホフは「やがて私は、昔の言葉を復活させることはできないのだと、はっきり考えるようになった」と書いています。この気づきは大きいものでした。昔の言葉が意味や感情や共感を呼びおこせるのに、それが生活や文学や政治のなかでは使えないというのは、そうとうに変なことなのですから。

もうひとつは、ザメンホフはその後にドイツ語やフランス語も学ぶことになるのですが（なかなか優秀だったようです）、これらの言葉はそれを母国語として子供のころから使っている民族や国民にとっては自然語であっても、あとから外国語として習って使うものにとっては、その言葉を努力して自分の中に刻みこむわけですから、こういう外国語は半分くらいは人工語なのではないかということ、この「言語の後天性や人工性」に気がついたことでしょう。

この二つの気づきが、ザメンホフに大胆ではあるけれど、ごくごく納得できる人工的な世界言語というものの「介在」を夢想させたにちがいありません。このことが、その後もエスペラントの理念となってザメンホフを動かしたのでした。

言語というものは、理念や知識だけではできません。ウンベルト・エーコが『完全言語の探究』(平凡社)というとてつもなく大事な、かつ興味つきない著作の中でも書いていたことですが、実は、完全言語や世界言語や普遍言語をつくろうという計画は、歴史上、かなりの数の試みがあったのです。中世カバラのラビたちも、ダンテもルルスも、キルヒャーもライプニッツもコメニウスも、みんな人工世界言語を夢想し、その理念的必要性を説いています。多少の試みに着手した例も少なくありません。

けれども、これらはすべて中断したか、難解すぎて流産したか、実用に乏しくて失敗したか、ともかくも砂上の楼閣におわりました。ぼくはいっとき、ジョン・ウィルキンズやフランシス・ロドウィックの人工言語計画を調べたり考えたりしたことがありますが、その理念もアイディア(理念とアイディアは英語では同じ言葉ですが、ほら、日本語では別の意味もも つ)も、たいへんおもしろいものではありますが、やはり限界を感じました。

そこには何かが欠けているのです。この欠けた何かは、ザメンホフにとっては意外なところからのヒントによって、突破できることになります。それは、やはりワルシャワという特異な国際都市にザメンホフがいたことと関係があります。

ポーランドはヨーロッパの歴史のなかでも最も苛酷《かこく》な抑圧と悲劇をうけたステートでした。一七七二年以来、三度にわたったポーランド分割がよく知られています。これでポーランド=リトアニア領域がポーランド語、ベラルーシ語、ウクライナ語に分かれたのです。そのため、ザメンホフの時代にはすでに自由や独立を求めた活動をするには、仲間やチームのあいだでだけわかるような暗号や符牒《ふちょう》や秘密用語を使わざるをえなかったのでした。

たとえばポーランドの貴族地主と闘おうとしたウクライナの農奴たちは、追っ手をのがれるために乞食《こじき》のような姿をとりながら、自分たちだけに通じる言葉をどんどんつくりあげていきました。これがのちに、第九四一夜の『神もなく主人もなく』(河出書房新社)で紹介したマフノ運動などにもつながるのです。

ザメンホフはこのような動きをそこかしこで見ていて、なるほど自由独立のための言語はありうるのだ、それは活動をおこそうとする内発の意志が仲間づたいに広まっていけば、必ず起爆できるのだと確信したのでしょう。

本書で何度ものべられていることは、エスペラントが広まったのは、それが小さな共同目標をもった人々のあいだのコモン・ランゲージ（小さなコモン・ネットワーク）として使われていったからだったということです。

ザメンホフは「仲間たちの家」のために、そこで使える言葉をつくりたかったと述懐しています。それがやがて世界言語あるいは世界補助言語として認められ、ついにはトルストイやロマン・ロランなどの文学者、ド・クルトネやオットー・イェスペルセンなどの言語学者、ジュゼッペ・ペアノやバートランド・ラッセルのような数学者や論理学者の、賛同と同調をうるようになったわけです。

日本でも、二葉亭四迷、土岐善麿、秋田雨雀《うじやく》、新村出、黒板勝美、それに大杉栄、北一輝、山鹿《やまが》泰治《たいじ》、長谷川テルなどが関心を寄せ、実際にも使用しました。

さて、話を戻しますが、ザメンホフは中学五年になって英語を教わり、この言語が特段に便利にできていることを知ります。ギリシア語・ラテン語・ドイツ語・フランス語を学習した直後だっただけに、そうとうに新鮮に映ったようです。

これでザメンホフは、おぼえるのに苦労するようなめんどうくさい文法は、本来の言語にはそんなに必要ないのではないかと考えるようになります。文法は「歴史上の言いがかり」なのではないか、そう考えます。

こういうことを感じていたザメンホフは、あるとき街角にかかっている看板に「シュヴェイツァルスカーヤ」（門番所）、「コンディトルスカーヤ」（菓子屋）という文字が並んでいるのにハッとしました。「スカーヤ」（屋）という綴りがそこに共通して使われているのですが、これを見て、このスカーヤのような接尾辞をうまく使えば、新しい人工言語がつくれるのではないかとひらめきます。

そこでいろいろ試行錯誤をしてみます。最初は「会話をする」というような言葉を「パ」なら「パ」と決めて、これにいくつもの接尾辞をくっつけて変化させるというやりかたを考えるのですが、このようにアタマでつくりだしたしくみは意外にも使いにくいことがわかりました。そこで次のように考えます。「この地球の上には、すでにたくさんの言葉がそれなりにできあがっている。これは新たに創られる言語の宝の蔵だ、これらのよさを活用しなければならない」のではないか、と。

こうしてザメンホフは、ローマン・ゲルマン系の言語（ロマンス語＝フランス語・英語・ドイツ語など）から単語の材料を採り、これらの材料をもとに必要最低限のルールを組み、とりあえずの人工語の見本のようなものをつくりあげました。ザメンホフが十九歳のとき、一八七八年のことです。

さっそく学校の仲間がこの人工語を使います。みんなははしゃぎ、歌をつくりあい、メッセージを作成します。このとき、ラザロ・マルコヴィッチは自分のペンネームをこの人工語でつくりたくなって、「エスペラント」（希望する者）を選びます。そして「ドクトーロ・エスペラント」と名のります。しばらくはペンネームだったこの言葉は、やがてこの人工語体系の全貌をさす用語に転用されました。

もっとも、エスペラントはこれで仕上がったのではなく、このあとザメンホフが貧困を背負いつつ、眼科医として故郷やワルシャワやモスクワなどを転々としながら改良を加えて完成したものです。それがどういう言語システムであったかということは、遺憾なことに本書には簡単な付録以外に説明がないのですが、ぼくが知るかぎりは次のようなものです。

エスペラントの文字は母音文字がアルファベットと同じ五音五字で、子音が二三文字あります。単語の数は約九〇〇語です。文法は簡潔な一六ヵ条だけで、発音は一字一音主義。アクセントの基本は例外なく第二尾音節にありますから、これは簡単です。

名詞の語尾はすべてローゾ(roso 薔薇)、フローロ(floro 花)というふうに「-o」で綴られます。複数はこれに「j」がついて、花でいえばフローロイ(floroj)のようになります。形容詞は名詞の語尾の「-o」を「-a」にするだけでよく、たとえばベーラ(bela 美しい)、グランダ(granda 大きい)というふうになります。副詞はこれに準じて、「-e」で語尾を終えるようにしました。

これでも予想がつくとおもいますが、多くの語彙は英仏独の言葉から採用されています。けれども発音に近い綴りを原則としていますから、たとえば犬はハウンドでなくフンドー(hundo)、猫はキャットではなくカトー(kato)です。

つまりザメンホフはアポステリオリ(後天的)な母型によって人工言語を構成したわけで、まったく新規な言語に挑戦したのではないのです。そこには「節約」の思想が生きているとぼくは思います。この「節約」は、ザメンホフ自身の年来の思想であった「ホマラニズモ」(homaranismo 普遍的友愛主義)から派生したもので、エスペラントの言い方でいえば、「サミデアニ」(samideani)です。同じ理想によって集える者たちが使える言葉をつくるという意味です。

ザメンホフの言語は、まさにその言語を共有したいと思う人々の社会思想そのものと、一緒にうまれたのでした。けれども、エスペラントの歩みはけっして容易ではなかったのです。

一部の者しか使わない人工言語なんて、すべての近代国家の中央言語権威主義とまったく対立するものであり、また、ユダヤ人からみても、たとえばシオニズムのようにユダヤ人が結束する民族主義とも背反するものとみなされたからです。

そのためエスペラントは、二十世紀の帝国主義と国民国家主義と排外主義と民族自立主義のすべてから敵視され、排外されることになるのですが、それにもかかわらず、少数の闘いに挑もうとする革命家や、逆にトルストイやラッセルのような普遍主義者からは熱狂的に迎えいれられるという、アンビバレントな道をたどることになります。

こうしてエスペラントは、かつてどんな天才や異才が掲げた人工言語よりもすぐれた言語だとして、まことに狭い水路を抜けていくようにではあったのですが、結果的には圧倒的な浸透力をもって世界中に広まっていきました。

この理由をザメンホフ自身は、次のように考えます。博愛と博識と博語は、人々の自由なコミュニケーションのためにはどうしても必要なときがあり、エスペラントがその博愛・博識・博語でできているかぎりは、必ずや困難を突破して人々の自由交信のためにつかわれるであろう、というふうに。

ここには示しませんでしたが、エスペラントの人気が高まると、当然、これを改良する運動や批判する運動もおこって、ついにはエスペラントとは異なる「イード」のような人工言語が考案されたり（これは元エスペランチストのルイ・ド・ボーフロンの抜け駆けでした）、資金の潤沢なホラックによる「ラング・ブルー」（青い言葉）といった挑戦が続いたりしたのですが、これらはいずれも挫折《ざせつ》をするか、非難をあびて退却しています。

ついでながら興味深いことに、エスペラントの改良も何度かにわたってエスペランチストによって試みられたのですが、どうも当初のザメンホフ案ばかりが生き残っていくのです。このことはその後、きっとエスペラントには社会労働性に関する本質が備わっていたからではないかという、研究者の推測も生んでいます。ぼくの手元にあるイェスペルセンの『イェスペルセン自叙伝』（文化書房博文社）にもこうしたエスペラントをめぐる毀誉褒貶《きよほうへん》がさかんにとりあげられているのですが、それらのすべての困難をこえてエスペラントは確実に、質実に、誠実に残っていったのでした。

これにはライバルたちが知的所有権をつねに行使しようとしたのに対して、ザメンホフやザメンホフ亡きあとのエスペラント協会が、つねに今日のコンピュータ・ソフト用語でいう〝フリーウェア〟を貫きつづけたことも、大きかったと思います。ザメンホフは世界の言語自由のためには、著作権など必要がないと考えていたのです。そうだとすれば、エスペラントこそは世界最初のフリーウェア・ソフトの凱歌《がいか》でもあったわけです。

その後、エスペラントは言語学上は「世界補助語」として認められてはいるものの、もはや往年の輝きを失ってしまっています。しかしながら、それは世界中がザメンホフのような試みを新たに再開することをやめてしまっているというだけのことで、はたしてこれから何が世界の言葉にとって必要なのかという問いとはまったく関係なく沈黙しているにすぎません。

かつてロマン・ロランはアンリ・バルビュスのザメンホフ賛歌にこたえて、次のようなメッセージを書いたものでした。ときどきは思い出してみたい言葉です。「いま、自分の運命を自覚した新しい人類の最初の仕事としてエスペラントが、われわれの前にさしだされた。それはまさに魂の握手であって、生まれ出ようとする生活本能が生みだした創造である。いま、新しい人類は、あのミケランジェロのアダムのようにめざめたのではあるまいか」。

第九五八夜　二〇〇四年四月一日

参照千夜

二四一夜：ウンベルト・エーコ『薔薇の名前』　九一三夜：ダンテ『神曲』　九九四夜：ライプニッツ『ライプニッツ著作集』　九四一夜：ダニエル・ゲラン編『神もなく主人もなく』　五八〇夜：トルストイ『アンナ・カレーニナ』　二〇六夜：二葉亭四迷『浮雲』　七三六夜：大杉栄『大杉栄自叙伝』　九四二夜：北一輝『日本改造法案大綱』

書：松岡正剛　「ザメンホフ頌」

付録

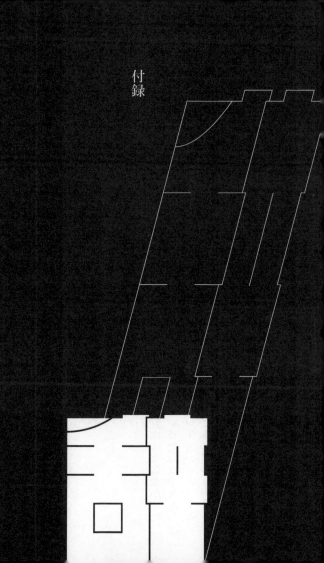

一光景一文章が
なんと九九連発の変化をマジカルに見せる

レーモン・クノー

文体練習

朝比奈弘治訳　朝日出版社　一九九六
Raymond Queneau: Exercices de Style 1947

レーモン・クノーがいなかったら、フランス現代思想を読みこむ気にはならなかっただろう。メルロ＝ポンティやロラン・バルトをおもしろく追いこんでくれたのは、なんといってもクノーだった。ともかく柔らかく、ともかく示唆に富む。レーモン・クノーの『文体練習』がなかったら、ぼくはイシス編集学校をつくらなかったろう。あの一冊こそ編集稽古の原典なのである。編集工学のためのエクササイズのバイブルなのである。

本書は、たったひとつの些《さ》細《さい》な出来事を、九九通りにもおよぶ書き換えによって構成した一冊で、知る人ぞ知る一冊だ。フランス語を学ぶためのテキストにさえなっているのだが、それはあまりに本書のできばえがよすぎるからで、フランス語を学ぶ以上に、文章や文体というものの本質がよく見えてくる。出来事やイメージや現象や事物というものは、つねに言い換えや読み替えや書き換えの渦中にあるのだということ、そのことが如実に見えてくる。

第一番にとりあげられた文章でわかるように、ここで扱われた出来事は、次のようなごくごくありきたりの出来事だ。

ある日、バスのなかでソフト帽をかぶった二六歳くらいの男が隣の乗客が押してくるので腹をたてるものの、その口調はたいした剣幕ではなくて、席があくとそそくさと座る。その二時間後、サン＝ラザール駅前のローマ広場でその男をまた見かけた。連れの男がいて「君のコートにはもうひとつボタンがいるね」と言っているのが聞こえた。

たったこれだけのことである。これを第二番では、わざとくどくどと書く。第三番ではたった四行の出来事にする。第四番では隠喩《いんゆ》だけで書く、第五番では出来事の順番を逆にして倒叙法で書く、というように、次々に文体を変えてみせていくのである。

こうして九九番では、五人がカフェで雑談をしていると、そのうちの一人が「そういえばさっきバスの中でね」というぐあいに、会話にさりげなく例の出来事が入ってくるというふうになり、さらに付録として俳諧《はいかい》の一句のようなものが提示され、それで文体練習全体がおわるというふうになっている。こういう句だ、「バスに首さわぎてのちのぼたんかな」。

それにしても、ものすごい言葉のアクロバットだ。最初にこの本があることを知ったときは、ほんとうに驚いた。たしかフランス文学の渡辺守章さんに教えられたのだと記憶する。同じ席にいた演出家の鈴木忠志が「それは舞台上のエチュードに使えるなあ」と言ったのを思い出す。

ともかく同じ内容に関する別々の文体が次々に列挙されるだけなのだ。まったく解説はない。読者は、えんえんとバスの出来事と男のボタンの話を手を替え、品を替えて、読ませられるだけ。まるで早野凡平の帽子の魔術のようなものだが、それがすべて言葉だけの編集術なのである。

言葉だけとはいっても、言葉でどうにでもなっていく。舞台装置も変われば、言い回しも変わるし、その出来事を見る視点も変わっていく。叙述形式によって印象が次々に変化する。音楽でいえばロック調や演歌調やカンツォーネ調にもなる。編集工学でモダリティとかエディティング・モードとよんでいる様相変化が巧妙なのだ。けれども、たしかにレーモン・クノーならこのくらいのことはやりかねない。

クノーは最初はブルトンのシュルレアリスムに加担していたが、一九三〇年代に入って韻文小説を書いていた。ついで文芸評論から美術批評まで手がけたのち、「君が想像するなら」の詩がジュリエット・グレコの歌うところとなって大ヒットする。寺山修司がカルメン・マキで「時には母のない子のように」を大ヒットさせたようなもので、事実、クノーはグレコやサルトルの屯《たむろ》するサン・ジェルマン・デ・プレ文化の静かな一員だった。

ついで小説『地下鉄のザジ』をさっと書くのだが、その真価がほとんど理解されなかったとき、これをルイ・マルが映画にして、また大ヒットした。ぼくもこの映画にはぞっこんだった。その後はルネ・クレマンやルイス・ブニュエルの映画のシナリオを書いたり、文学賞・映画賞の審査員をつとめたりする一方、しだいに高揚するヌーヴォー・ロマンのうねりと重なって、クノーの存在自体が奇妙な位置を占めていった。それを象徴するのが「ウリポ」(Oulipo)の活動である。

あまり知られていないようだが、「ウリポ」はレーモン・クノーを中心にアルフレッド・ジャリやレーモン・ルーセルたちによって表現力の改革をめざして形成されたグループだった。〝潜在文学工房〟の意味をもつ。正式名は〝Ouvroir de littérature potentielle〟という。

ボリス・ヴィアンやウジェーヌ・イヨネスコらも参画した。文学の様式性と数理性を徹底的に追求しようというもので、言葉を因数分解するどころか、微分も積分も射影もしてしまって、そのあげくに「言葉遊びを通した文学の方程式」をつくってしまおうという変な実験だった。といって大橋巨泉やタモリが好きなハナモゲラ語というわけでもなく、ウンベルト・エーコのような人工普遍言語の研究というわけでもなかった。いろいろ資料を見てみるとわかるのだが、クノー自身が醒《さ》めている。

話を戻して、クノーが『文体練習』を一九四二年に十二篇書いたあと、少しずつふやしていって、九九篇の一冊の体裁にしたのは一九四七年だから、ざっと五年をかけている。なかなか痛快な試みの本なので出版元のガリマール書店も、続編としてマサンによる『字体練習』とカレルマンによる『イラストレーション練習』を刊行した。それぞれクノーの序文がついた。

クノーがこんなことをしたのは、クノーがすぐれて技能的な世界観の持ち主だったからである。編集を尽した世界観だけに集中的な関心をもっていたからだ。そうなったのは、若いころに科学や数学に溺《おぼ》れていたのがよかったようで、何であれシステムにしなければ気がすまない思考癖をもっていたからだろう。むろんたいへんな博識である。その博識を自由自在に駆使するのも好きだった。

名うての読書家だったばかりか、『プレイヤード百科事典叢書《そうしょ》』ではほとんど一人で編集責任者としての切り盛りをした。このあたり、雑誌の編集やテレビのディレクターをしつづけていたウンベルト・エーコや、長らくアルゼンチン図書館の館長を楽しんでいたルイス・ボルヘスとも似ていなくもない。日本ならやはり寺山修司や高橋睦郎や和田誠の才能が彷彿《ほうふつ》とするが、どちらかといえば井上ひさしに数学の味をつけたというところだろうか。

ともかくも、クノーの魅力はやはり「遊び」なのである。遊術であり遊学なのである。いかに「知」を遊びきるか、その遊びを「知」のはざまにメビウスの輪のようにそっと戻しておけるのか、そのしくみを伏せないで見せること、これがレーモン・クノーの編集術なのである。

本書は朝比奈弘治のアクロバティックな翻訳が抜群にいい。また、あとがき解説がフランス語と日本語のあいだの〝うがち〟をとらえて、よくできている。ぜひ、そこも読んでほしい。また、日本語版の造本は仲條正義が担当しているのだが、これがとても美しい。手にとって見られたい。

それでは、以下に『文体練習』からめぼしいところを掲げておくことにする。まだまだ唸《うな》るような言い換えや書き換えがあるのだが、それは本書のページに直接あたられたい。では、ぞんぶんに堪能《たんのう》していただきたい。

1・メモ

S系統のバスのなか、混雑する時間。ソフト帽をかぶった二十六歳ぐらいの男、帽子にはリボンの代わりに編んだ紐《ひも》を巻いている。首は引き伸ばされたようにひょろ長い。客が乗り降りする。その男は隣に立っている乗客に腹を立てる。誰かが横を通るたびに乱暴に押してくる、と言って咎《とが》める。辛辣《しんらつ》な声を出そうとしているが、めそめそした口調。席があいたのを見て、あわてて座りに行く。

二時間後、サン=ラザール駅前のローマ広場で、その男をまた見かける。連れの男が彼に、「きみのコートには、もうひとつボタンを付けたほうがいいな」と言っている。ボタンを付けるべき場所（襟のあいた部分）を教え、その理由を説明する。

4・隠喩を用いて

一日の盛りに、白っぽい腹の巨大なカブトムシのなかに缶詰にされた回遊イワシの群のなかで、羽をむしられたひょろ長い首の一羽の若鶏《わかどり》が、もの静かな一匹のイワシに向かって、突然ときの声をあげた。湿った金切り声が、空気を切り裂いてあたりに振りまかれ、やがて若鶏は真空に吸い寄せられて、すっ飛んでいった。

その同じ日、くすんだ都会の砂漠のなかで、その若鶏が何やらボタンのことで油を絞られている姿が目撃された。

9・語順変換

まぬけな若い男に、乗ると、帽子に紐を巻いた、満員の、S系統の、首の、ある日、ひょろ長い、バスに、引き伸ばしたように、出会った。めそめそした、紳士に向かって、偉そうな態度のくせに、ちょうどその横にいた、文句を、声で、言っている。たびに、乗客たちが、ぶつかってくる、というのも、その紳士が、降りる、からなのだ。座りに行って、大あわてで、あくと、文句を言ったあと、席が、しまった。連れの男が、たって、広場（ローマ）で、コートに、ひとつ、また出会った、彼に、つけたらいいと、ボタンを、二時間、忠告していた。

53・ソネット

仏頂面に　憂鬱を　浮かべて苦虫　嚙《か》みつぶす
鼻もちならぬ　田舎者　首の長さは　まるで筒
奇怪な帽子に　紐巻いて　虚弱な肩を　丸めつつ
待つはいつもの　停留所　ラッシュアワーの　過密バス

ようやく待機の　時満ちて　我がちに乗る　Sのバス
狭いデッキが　巣穴なら　群れて押し合う　人は蟻

顔をしかめる　者あれば　もたれて憩う　人もあり
たとえば怪しき　似而非紳士《えせ》　ハバナくゆらし　羽根伸ばす
こんちくしょうと　言う声に　振り向けば此は　異なシーン
第一節の　首男　人の諫め《いさ》も　聞くでなし
隣の男に　刃向かいて　まわりの客も　皆しーん
おりよく席が　ひとつあき　これさいわいと　えいドタン
ところ変わりて　時も経ち　ダンディー気取りの　ろくでなし
かの首男の　コート指し　これはまずいよ　襟ボタン

69・リポグラム

ワンマンカーは、がらがらじゃなかった。中はわんさか。若さが勝った馬鹿な兄《あん》ちゃんが邪魔だった。兄ちゃんは肩から頭がやたら長かった。圧巻は飾った頭だ。「はあー、変わった型だな。なんだ、編んだ縄か。」ワンマンカーが、がたがた鳴った。雑多な旦《だん》那《な》方が、がやがやざわざわ。たまたま身体がさわったら、兄ちゃんが立ったまま、がなった。「あんた、肩が当たった。」さわった旦那は黙ったままだった。腹はわからなかった。

たが、逆らわなかったから、荒立たなかった。兄ちゃんは去った。穴場があったから跨《また》がった。

晩方、サン＝ラザーラだったか、また会った。悪漢がかったわがままな兄ちゃん。仲間があった。雨合羽《あまがっぱ》は真っさらだったが、外観がばらばらだったから、仲間がからかった。「安価なジャンパーだな。カラーが半端だ。生半可な穴は正さなきゃ。」

81・ちんぷん漢文

正午太陽在中天　巴里猛暑御見舞
貴賤不問是発汗　乗合大車揚砂塵
頭部看板其名S　後部開放台混雑
吾見奇天烈若者　小生意気青二才
其首細長如麒麟　其帽子周巻編紐
其若者卒然発憤　忘礼痛罵老旅客
彼曰「嗟爾隣之人　何故踏他人足乎」
怒鳴文句金切声　雖然弱虫抱怖気
発見空席大歓喜　一路遁走坐其席
二刻後太陽西傾　吾倚車窓望行人

於三裸猿駅広場　吾復見夫田子作
路上徘徊二人連　洒落朋友忠告曰
「汝須付加釦一個　過広開軽裘之襟」

第一三八夜　二〇〇〇年九月二七日

参照千夜

一二三夜：メルロ＝ポンティ『知覚の現象学』　七一四夜：ロラン・バルト『テクストの快楽』　六三四夜：アンドレ・ブルトン『ナジャ』　三四夜：アルフレッド・ジャリ『超男性』　二一夜：ボリス・ヴィアン『日々の泡』　四一三夜：寺山修司『寺山修司全歌集』　八六〇夜：サルトル『方法の問題』　二四一夜：エーコ『薔薇の名前』　五五二夜：ボルヘス『伝奇集』　三四四夜：高橋睦郎『読みなおし日本文学史』　九七五夜：井上ひさし『東京セブンローズ』

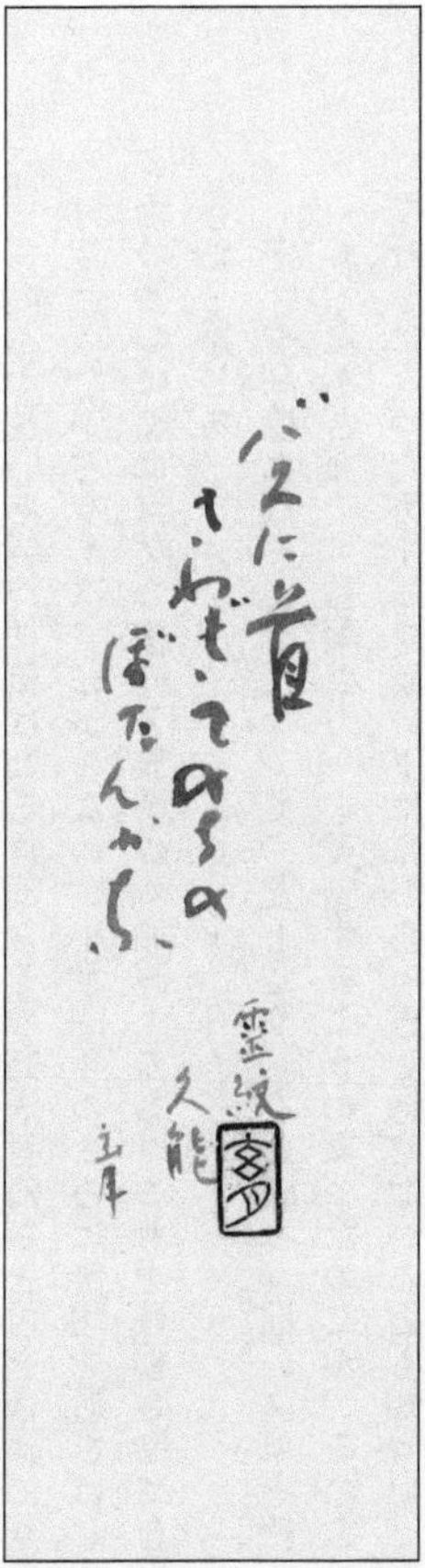

書：松岡正剛　「バスに首さわぎてのちのぼたんかな」

追伸

言葉にジャケットを着せる

ずいぶん長いあいだ、気になる言葉とその発信者たちと付き合ってきた。うまく付き合えたかどうかは、わからない。小学四年のころに俳句を遊びはじめたのが、その後のぼくに言葉の縮約と放埒《ほうらつ》の「加減」のあれこれを残響させてきたのではないかと感じる。

中学や高校に行くようになって、友と語り、本を読み、拙《つたな》い文章を綴《つづ》るようになって、なんとなく「言葉の力」を実感するようになったのだが、その力は新しい友や好きになったガールフレンドにはからっきし通じないことも知った。寺田寅彦がカッコいいこと、小川未明の泣ける話、浅沼稲次郎の刺殺事件の感想、ドストエフスキーの大審問官の意図、美空ひばりの歌い方、そういうことはそれぞれ別々の相手としか共有できないのだ。

そのうち学生運動の渦中に入っていくと、言葉は頑迷な主張や熾烈《しれつ》な暴力にもなることを知った。イデオロギーとしての言葉から逃れられなくなるのはまずい。そう、思った。そこで雑誌「遊」を編集したり本をつくったりしながら、できるだけたくさんの「言葉の使い手」と接するようにした。詩人、モノクロ写真家、作家、陶芸家、物理学者、マンガ家、ホモセクシャル、ダンサー、落語家、アナキスト、禅僧、フォークシンガー、電子技術者、芸者、デザイナー、脚本家、タレント、武道家、昆虫フェチ、構造建築家。みんなおもしろい。

そういうなか、出会ってみて刺激をうけたアルチザンがたくさんいた。最初は稲垣足穂と土方巽に、ついで寺山修司、唐十郎、寺田透に、さらに鈴木忠志、杉浦康平、井上ひさし、岩成達也に痺《しび》れた。おかげでそのあとは近松やヴァレリーやポアンカレや折口《おりくち》に、心敬やボリス・ヴィアンや大拙やヘルマン・ワイルに、中島敦やシオランやホワイトヘッドに飛ぶのがラクになった。

以来、「ことば漬」の日々である。なかで木幡和枝を頭目とした同時通訳グループを八年ほど預かったこと、白川静にのめりこんだこと、イシス編集学校を始めたこと、千夜千冊にとりくんだこと、リチャード・ワーマンと遊んだこと、藤本晴美と仕事ができたこと、みずから「連塾」を主宰してオンステージで話し続けたこと、いくぶんかのテレビ番組に応じたこと、何度か書店の棚を構成したこと、スタッフと共読してきたことが大きかった。いくばくかの本も書いてきたけれど、ともかくもぼくの仕事はもっぱら「エディトリアリティ」をどんなふうに表象させるかというほうに傾いていったのだ。

そんな日々をへて確信できたのは、言葉という文化と接するには、やたらに自分でいじってばかりいないようにする、ときどきリロケーション（転移）をさせる、惚《ほ》れた言葉にはジャケットを着せる、母国語に夢中になってみる、未知の分野の言葉づかいを覗《のぞ》いておく、こういうことが重要になるということだった。

本書には、折々に千夜千冊してきた言葉感覚をめぐる本たちが、組み合わさりながら入れ替り立ち替りして登場する。省略や語呂《ごろ》の芸当、類語辞典のたぐい、芥川や山頭火や寺山や俵万智、内なるミューズの疼《うず》き、リービ英雄や大槻ケンヂの目、エスペラント語の試みなどを配したが、とくに日本語（国語）についての議論が浮上するように構成した。

千夜千冊エディションとしては初めて「付録」とぼくの「書」をつけたので、愉《たの》しんでいただきたい。「書」は戯書のなぐさみだが、レーモン・クノーの「ウリポ」に接するだけでも、ギョッとするほど痛快な言葉の編集ができるのではないかと思う。

松岡正剛

千夜千冊 EDITION

「千夜千冊エディション」は、2000年からスタートした
松岡正剛のブックナビゲーションサイト「千夜千冊」を大幅に加筆修正のうえ、
テーマ別の「見方」と「読み方」で独自に構成・設計する文庫オリジナルのシリーズです。

執筆構成：松岡正剛
編集制作：太田香保、寺平賢司、大音美弥子
造本設計：町口覚
意匠作図：浅田農
口絵撮影：熊谷聖司
編集協力：編集工学研究所、イシス編集学校
制作設営：和泉佳奈子

松岡正剛の千夜千冊 https://1000ya.isis.ne.jp/

千夜千冊《せんやせんさつ》エディション

ことば漬《づけ》

松岡正剛《まつおかせいごう》

令和元年 6月25日 初版発行
令和6年 11月25日 4版発行

発行者●山下直久

発行●株式会社KADOKAWA
〒102-8177 東京都千代田区富士見2-13-3
電話 0570-002-301(ナビダイヤル)

角川文庫 21682

印刷所●株式会社KADOKAWA
製本所●株式会社KADOKAWA

表紙画●和田三造

●お問い合わせ
https://www.kadokawa.co.jp/（「お問い合わせ」へお進みください）
※内容によっては、お答えできない場合があります。
※サポートは日本国内のみとさせていただきます。
※Japanese text only

ISBN 978-4-04-400357-9 C0195

◆◇◇